M. Gonzalez

DICIONARIU BASICU ESTREMEÑU

DICIONARIU ESTREMEÑU

El extremeño casi ha quedado restringido a círculos sociales pequeños y principalmente en entornos muy rurales, con un vocabulario también reducido a estos entornos por que un día quedo atrasado o bloqueado por el castellano normativo.

La mayoría de la gente no sabe que el castellano también fue en una época un habla rústica que apenas se escribía, y tuvo un proceso hasta que empezó a escribirse y más tarde, a normalizarse.

Si decimos que el extremeño es castellano "mal hablado", se puede decir que el castellano también es latín "mal hablado". Decir higo, hacha o hacer (en castellano) no son sino deformaciones de los términos más arcaicos "jigu", "jacha" o "jadel", que conservan aspiraciones procedentes de efe inicial latina y que en Extremadura si pronunciamos. Tenemos la paradoja de que la forma más cercana al latín es la desprestigiada, la "peor vista".

Hay quién cree que el habla debe imitar a la escritura cuando es precisamente al revés: la escritura surge para representar e imitar el habla. A cada letra no corresponde un sonido (véase la h; o la u de guerra o queso en castellano) y el extremeño, al igual que por ejemplo el francés o el inglés, está simplemente más alejado de la norma ortográfica escrita, lo que no hace ni mejores ni peores a estos sistemas lingüísticos.

Hay un prejuicio generalizado entre los extremeños al decir que hablamos mal, es de enorme gravedad (que suele subestimarse) no hay argumento que pueda sustentar tan extraña tesis. Se trata, además de un prejuicio debidamente fomentado por la RAE y los medios de comunicación.

Los profesionales de los medios de comunicación emplean únicamente el habla de la gente de la calle cuando se trata de programas poco serios en general, siendo presentados en cambio los telediarios o los programas serios y culturales por personas que imitan grotesca e infructuosamente el habla de los madrileños, lo cual constituye una tremenda catetada.

DICIONARIU BASICU ESTREMEÑU

Principales señas fonéticas:

En el extremeño disponemos de tres letras para representar la aspiración en la escritura, que son: la H, la J y la G.

Aspiración selectiva al hablar de la h: "jierru", "jambrina", "jelechu" (j muy suave). **En este caso podemos escribir estas palabras como** hierru/jierru/gierru, hambrina/jambrina o helechu/jelechu/gelechu.

Aspiración de la f: cuando va seguida de algunos diptongos: "juenti", "juerza", "juímus", etc.

Al hablar, aspiración de la s final y antes de consonantes: "loh tiempuh de lah cahtañah".

Cierre vocálica de las átonas finales en "u" e "i": No se pronuncia una "u" o una "i" exactamente. Tampoco se aplica con carácter general a todos los términos por ejemplo las vocales finales acentuadas no pueden ser cerradas. Incluso el mismo vocablo puede ser pronunciado de ambas maneras según se sitúe en la frase o el sentido que adquiera: "entoavia no a veniu naidi".
Cuando se usa la palabra para llamar la atención de alguien el cierre de la última vocal se pierde.

Pérdida frecuente de la -d- intervocálica: "Endonau", "estau", "perioicu", etc.

Atonas iniciales: "Intierro", "istiercol", etc.

Intertónicas: "Lluviendu", "chiminea", etc.

Uso de la preposición "a" con el sentido de "en" con los verbos "estal" y "andal" indicando localización temporal: "Estuvun a Cazris", "andan al corral", etc.

Reducción de diptongos e intercambio de vocales: "cuidiau", "truenal", "antuencis", "acituna", "concencia", etc.

Sustitución del sonido z o c suave por un sonido más próximo a d: "juidiu", "cereda", "holgadán", etc. En otros lugares de Extremadura la letra z suena como una z sonora (entre z y s) y se representa al escribir con la letra Ç: zancajo seria "çancaju", zapatón seria "çapatón", etc.

Intercambio de la r y la l, a veces se pronuncia una especie de "rl": "alreol", "correol", "Piolnal", etc. Sin embargo existen algunas cuantas zonas (Villamiel, parte de Las Hurdes) donde esa -r se omite como en bajoextremeño: rompé, traé, ardó, abrió,...

Diminutivos y aumentativos: diminutivos en "inu" y en "itu" ("guarrapinu", "malitu", "ramitu", baldaitu, "calditu", etc.). En el lenguaje popular no se suelen utilizar otros diminutivos, salvo para los topónimos: "el molinillu", "el torrisquillu", "el praillu", etc. Mucho uso del sufijo "illu" en topónimos. Para los aumentativos en cambio hay profusión: "au", "arru", "on", "atu": "puñau", "cestau", "chivarru", "grandón". A veces se doblan o se combinan expresivamente varios sufijos: "chiquinininu", "muchachonatu", "cuencarroninu", etc.

Pronombres personales y demostrativos: "nujotrus", "mujotrus", "vujotrus", "aquesti", "aquesi", etc.

Contracción de en + artículo: nel, ena, enus, enas/enes.

Pronombre posesivos con el artículo antepuesto: "la mi calle", "la su casa", "el su prau", etc.

Cambio de genero con respecto al castellano: "la color" (el color), "la gamona" (el gamón), "el sierru" (la sierra), "la aceiti" (el aceite), etc.

Cambio de consonantes: "v" en "g" (güelve), "b" en "g" (güeno); "v" o "b" en "m" (muñuelo), "g" en "b" (abuja), "f" en "c", y viceversa (Gelipe, cenefa).

Cambio del grupo -dr- a -ir- en el interior de palabra: mairi (madre), cuaira (cuadra), etc.

Uso de la forma arcaica imus (o dimus) para decir "vamos".

Utilización del plural para objetos en singular: "las estrévedis", "las pavis" (placenta), etc.

Uso de gerundios derivados del tema de perfecto, como en cántabro o alguna que otra variedad del dominio castellano: pusiendu (poniendo), tuviendu (teniendo), etc.

En ciertas variedades se dan ejemplos lexicalizados del fenómeno de aspiración de la -s- intervocálica, conocido para las hablas andaluzas como jejeo (que se da también por ejemplo en cántabro: vujotrus (vosotros, al lado de vusotrus), pejeta (peseta), e incluso ji o jei (sí).

Uso de algunos "genitivos partitivos", concretamente en expresiones como "unus cuantus de", "unus pocus de" y "demasiáu de": unus cuantus de días, unus pocus de añus, etc.

Formas aglutinadas: megu (conmigo), tegu (contigo), segu (consigo) (del lat. MECUM, TECUM, SECUM).

Uso del refuerzo lo (o lu), pu y pui ante interrogativos: ¿Lo cuándu vinisti?, ¿Pu, es el?, ¿Pui, cuandu vien?, ¿Lo qué andas landeandu?.

Uso de formas de primera persona del plural en algunas variedades del estilo: nusotrus palremus (en vez de 'nusotrus palramus', "nosotros hablamos"), cantemus, etc.

Pronombre interrogativo arcaico: "cuyu" equivalente a "de quién". Los mayores aún lo utilizan como única forma: "¿cuyu es esti muchachu?", "¿cuya familia rescrei?".

Formas verbales diversas: "anduviendu", "supiendu", "trujun", "trujierun", "ponianlis", "juímonus", "habemus" (como en latín).

Uso abundante del adverbio de lugar pahí (ahí, por ahí) como una partícula de indeterminación (como también se hace por ejemplo en las hablas salmantinas): -¿Lo qué guardas en essi bolsinu? -En él guardu cosas pahí (cualquier tipo de cosas, cosas heterogéneas).

Formación abundante de sustantivos derivados de verbos indicando acción o estado mediante los sufijos -aeru e -ieru: "Aburrieru", "acabaeru", "acarreaeru", "ajinaeru", etc.

Contracción de la terminación -iera y similares en -iá y terminaciones análogas en algunas formas y palabras en el habla no enfática, como en algunas hablas andaluzas o murcianas: siquiá (por "siquiera"), tuviá (por "tuviera"), quisián (por "quisieran"), etc.

Al igual que en hablas meridionales como las andaluzas o murcianas, aparece alguna vez el uso en el pretérito imperfecto de subjuntivo de formas coincidentes con las del verbo sel en vez de las del del verbo habel o tenel: "Si juessin cantáu" (si hubiesen cantado).

Interjecciones de cólera, tristeza, sorpresa o alegría: "joili!", "coili!", "coila!", "coiru!", "corciu!", "corchis!", "coila!", "mu!", "bu!" (interjección que denota incredulidad, sorpresa), "ábi!" (¡claro!. Interjección de uso variado), "qué te pah'a tí?" (asombro,

extrañamiento, admiración, etc.), "pui esu!" (asombro,
extrañamiento, etc.), "dati cuenta!" (asombro, extrañamiento,
admiración, etc.).

Una de las expresiones más versátiles es la utilizada al
encontrar algo o indicar donde se encuentra alguien o algo:
velequi ("velequí el hombri"; he aquí el hombre), "velequilu",
"velequila" (hela aquí, aquí está), "velaquí", "veriquili", "veílu",
"velailó", "velellilu" (helo allí, allí está), "velallí", "velaí", "velaili",
"veleilu".

La "Y" y la "I":
Razón lingüística: si las lenguas romances tienen un derivado
vocálico del "et" latino (gall. e, port. e, cat. i, fr. et, it. e, ed), no
hay necesidad ninguna de tener una "y" que en estremeñu
siempre suena "ye" (pues tampoco escribimos "rey" o "ley", sino
rei, lei). Es el castellano el que se aparta de las demás lenguas
romances con esa grafía, resto del lío que había en la
Antigüedad entre "i", "y" y "j".

NOTA:
En este diccionario no se prescinde de las letras LI y V para
emplear en su lugar Y y B. En la fonética extremeña no
distinguimos del sonido LI - Y y el betacismo (V-B, "deiba" en
vez de "diva"). Respetamos también las demás grafías

castellanas incluida la S final de sílaba, que se pronuncia con una ligera aspiración. En nuestro diccionario las consonantes finales R y Z desaparecen por L y S (encandilal, pas, etc.). Así mismo la Z en formaciones ZA, ZO, ZU no la representamos ÇA, ÇO y ÇU (çapatu, çocalu, caçumbus) en nuestro diccionario. Prescindimos de hacer una distinción entre el sonido fino de la S castellana y del sonido extremeño SS (la S sonora i la S sorda) que se produce en determinadas palabras, por lo que ambos sonidos siempre los representaremos empleando una sola S.

DICIONARIU/ IZIONARIU/ PARABRERU

A

-Abajo: Abaju, embaju, pabaju/p´abaju (hacia debajo de, por abajo), jondón/jondoná (parte de abajo de algo).
-Abalanzarse: Abanzalsi, abanzasi.
-Abandonado: Abaldonáu, aburriu ("esi güertu esta aburriu"; "ese huerto esta abandonado").
-Abandonar: Queal (quedar), abandonal.
-Abarcar: Albarcal, abadal.
-Abarullar: Tracamundeal (tb. es confundir, revolver, etc. Siempre en el sentido de poner algo revuelto, poner algo "patas arriba". "Se tracamundea al palral").
-Abarrotar: Embarrotal (llenar de personas un lugar).
-Abatido: Abarrancau, amancornau, aloncrau, jundíu/hundíu.
-Abertura de una puerta: Portau.
-Abecedario: Abiciariu.
-Abeja: Abeja terriza (salvaje).
-Abejaruco: Albejarucu, bejarucu.
-Abierto: Abiertu, espampaná (se dice de una puerta o ventana totalmente abierta; "abierta de par en par").
-Abierto de piernas: Escarrapachau.
-Ablandar: Amollecel, ablandial.

-Abobado/a: Chirulatu/a (tonto, abobado, ido), papón (persona inútil, abobada o sosa).
-Abochornar: Bochornal.
-Abofetear: Agofeteal.
-Abonar: Abunal, vicial (estercar, abonar mucho la tierra).
-Abonarla: Abonála.
-Abordar: Enristral (atacar, intentar, emprender, abordar. De "en ristre"; preparado para usarse, lanzarse, étc).
-Aborto: Enchanqui/echangu, albortu.
-Aborrecer: Aburrecel.
-Abrasado: Turrau, achicharrau.
-Abrasar: Turral, achicharral.
-Abrazadera: Abrazaera, brazaera.
-Abrazar: Abrazal.
-Abrigado (demasiado): "Tenel o lleval muchius enjalmus" (de jatus; ropa).
-Abrigar: Abrigal.
-Abrigo: Chamarra (especie de abrigo), pelliza, anguarina (capa o abrigo de los labriegos).
-Abrir mucho: Descancarral, encancarral.
-Abrir puerta con la llave: Espechal.
-Abrir las piernas: Esparratacalsi.
-Abriste: Abristi.
-Abrochar: Abruchal.
-Absolutamente: Rondaenti (totalmente, absolutamente, por completo).
-Absoluto: Asolutu.
-Absorto: Clisau.
-Abstracto: Astratu.
-Absurdo: Asurdu.
-Abstenerse: Atenési.
-Abstiene: Atieni.
-Abubilla: Poipa (tb. persona delicada y llorona), bubilla.
-Abuchear: Joreal.
-Abuelo/a: Agüelu/a.
-Abultado/a: Pandu/a ("estal pandu/a" 1. es estar poco abultado o convexo. 2. poco profundo).

-Abundancia: Albondu, abondu, un disparati de, una jartá de, montonis de, verbo + "de lo lindu" ("divertisi de lo lindu").
-Abundan: Albondan, abondan.
-Abundante: Albondu, abondu, abundanti/abondanti.
-Abundantemente: A basi de (con mucho, muchas veces, abundantemente. "A basi de bien", "a basi de muchu efuerzu", "a basi de suprical", "a basi de muchu i güenu", etc).
-Aburrido: Apurriu, ranciu (aburrido, soso. Aplicado a personas).
-Aburrimiento: Apurrimientu.
-Aburrir: Apurril.
-Aburrirse: Apurrisi.
-Abusar: Despasási (abusar, propasarse, pasarse, aprovecharse, etc.).
-Abuso: Abusión.
-Acá: Acaina (mas acá, mas cerca).
-Acaba: Acabija, arremata.
-Acabada: Acabá, acabijá, arrematá.
-Acabado: Acabijáu, acabáu, arrematau.
-Acaban: Acabijan.
-Acabar: Acabal, acabijal, arrematal.
-Acabe: Acabi, acabiji.
-Acabo: Acabu.
-Acacia: m. Acaciu, pan i quesu/pan i quesitu (flor de la acacia robinia).
-A cada momento: Acaná.
-Acaloramiento: Calorina (bochorno, acaloramiento, sofoco).
-Acallar: Ajurreal (abuchear a alguien, hacer burla de alguna persona).
-Acaso: Acasu.
-Acatar: Acatal.
-Acatarrado: Costipau, amuermau (resfriado).
-Accidente: Acienti.
-Acción: Ación, jechu.
-Acciones: Acionis, jechus.
-Acebo: Acebu.
-Acebuche: Aciuchi, azauchi, azuchi.
-Aceite: Aceiti.

-Aceitera: Acitera, ditera.
-Aceituna: Acituna/acetuna.
-Acelerado: Acelerau.
-Acelerador: Aceleraol.
-Acelga: Tenca (tallo de la acelga. DRAE: penca).
-Acentuada: Acentuá.
-Aceptar: Acetal.
-Acera: Aceráu, cera, enceráu.
-Acercar: Acarreal.
-Acercarnos: Acercalmus.
-Acercarte: Acercalti.
-Acero: Aceru.
-Acérrimo: Cérrimu.
-Acertado: Aciertáu, atinau.
-Acertar: Atinal, agural, endirgal.
-Acertijo: Acertón, acertajón (tb. adivinanza).
-Acertó: Atinó.
-Acicalado: Curiosu ("me ví a punel curiosa, que vieni el mi noviu").
-Acicalarse: Abialsi (tb. vestirse, arreglarse).
-Acido: Acéu, áceu/a (DRAE: acedo; ácido, agrio), huerti/juerti, reciu (fuerte. "Esta naraja esta mu recia"), botu (adj. sabor acido que se nota en los dientes después de comer una fruta ácida; "tengu los dientis embotaus").
-Acidularse: Aceal.
-Acierta: Atina.
-Acierto: Tinu (acierto, cordura, sensatez, juicio. "No tié tinu"; "le falta cordura").
-Aclarar: Acraral, desclarecel (1. act. aclarar, poner claro. 2. empalidecer. "Se quedó esclareciu del sustu").
-Aclarando: Acrarandu, desclareciendu.
-Acobarda (se): "S´achanta" (de achantarse).
-Acobardarse: Achantalsi (achantarse), achicalsi, acagazasi, acocalsi, acocasi (tb. emborracharse), achastasi.
-Acometer: Enristral (atacar, intentar, emprender, abordar. De "en ristre"; preparado para usarse, lanzarse, étc.).
-Acomodar: Endilgal (tb. endosar, colocar, encajar, poner,

meter, facilitar, etc. Tb. dirigir, encaminar), aparranal.
-Acomodarse: Aparranalsi, endilgalsi (tb. endosar, colocar, acomodar, encajar, poner, meter, facilitar, etc. Tb. dirigir, encaminar).
-Acompaña: Arrejunta.
-Acompañado: Arrejuntau.
-Aconsejar: Aconsejal.
-Acontece: Aconteci.
-Acordado: Acordáu, aterminau (de acuerdo; "ya lo tengu aterminau, sedrá de coló brancu"), aconllegau.
-Acordar: Acordal, recordal ("no me pueu recordal"; "no me puedo acordar"), aterminal (de acuerdo; "tengu que aterminalu cone vendedol"), arregru ("de acuerdo a"; "arregru a").
-Acordarse: Recordalsi.
-Acorralar: Acorrical.
-Acosar: Acorrical (acorralar).
-Acostar: Jechal.
-Acostarse: Jéchalsi.
-Acostumbra: Estilasi (se usa, se acostumbra), empica ("se acostumbra"; "s´empica").
-Acostumbraba: "No me jacia" (no me acostumbraba. "No me jacia a trabajal con esa maquina").
-Acostumbrado: Empicau, enseñau.
-Acostumbrarse: Empicalsi.
-Actitud: Atitú.
-Activa: Ativa, chispoleta (persona muy viva, nerviosa, activa).
-Activar: Atival.
-Activo: Ativu.
-Acto: Atu, chingal (ord. "follar", fornicar, hacer el acto sexual).
-Actores: Atoris.
-Actriz: Atrís.
-Actúa: Atúa.
-Actualiza: Atualiá.
-Actualmente: Atualmenti, uguañoti (actualmente, hoy en día).
-Actuar: Atual.
-Acuático: Acuáticu.
-Acude: Acúi.

-Acuden: Acúin.
-Acudieron: Acuyerun.
-Acudió: Acuyó.
-Acudir: Acudíl.
-Acudo: Acuigu.
-Acuerdo: Acuerdu, arregru ("de acuerdo a"; "arregru a").
-Acuesta: Jecha ("jecha al perru en la camilla").
-Acuéstate: Jéchati.
-Acunar: Bullil.
-Acuñar: Atacuñal.
-Acurrucado: Acorrucau.
-Acurrucarse: Acorrucalsi.
-Achacado en la vejez por dolores o enfermedad: Padeciu ("el mi pairi esta mu padecíu").
-Adapta: Ajorma.
-Adaptar: Ajormal, adatal.
-Adaptarlo: Adatálu.
-Adaptarse: Adatalsi.
-Adecuado: Arregru ("arregru a la su edad"; "adecuado a su edad"), pintiparau (semejante. Igual. "Es pintiparau al su pairi". Adecuado. Perfecto).
-Adelantada: Alantrá.
-Adelantar: Alantal.
-Adelante: Alanti, alantri, palantri/palanti (para adelante).
-Adelantos: Alantus.
-Adelgazar: Endergazal.
-Además: Amás (además, aparte de), itó (además, también), "tras que… encima…" ("además de que… también…").
-Adentro: Drentu, aentru.
-Aderezar: Engalanal.
-Adiestrar: Enseñal (aprender, acostumbrar, habituarse a una cosa).
-Adiestrado: Enseñau (acostumbrado, habituado, adiestrado).
-Adiós: Aiós, con dió.
-Adivinado: Acertau, adevinau.
-Adivinanza: Acertiju, acertajón, acertón.
-Adivinar: Acertal, adevinal.

-Adivino: Veedol, veeol (veedor, curandero, futurólogo, brujo, adivino, etc.).
-Adjetivo: Aljetivu.
-Administración: Alministración.
-Administraciones: Alministracionis.
-Administrar: Almenistral, gobernal/goberná ("gobernal el capital", "gobernal las perras").
-Administrarse: Gobernal, goberná.
-Admiración: Almiración.
-Admirada: Amirá.
-Admirar: Almiral.
-Admita: Almita.
-Admite: Almiti.
-Admiten: Almitin.
-Admitir: Almitíl.
-Admitirle: Almitíli.
-Adobe: Aobi, adobi, ladobi.
-Adobo: Arrebuju, mestura (mezcla).
-Adónde (a que lugar): Andi, aondi, ondi.
-Adoptado: Adotáu.
-Adoptan: Adotan.
-Adoptar: Adotal.
-Adormecido: Clisau.
-Adormecimiento: Modorra, cabezá (sueño breve).
-Adormilado: Clisau.
-Adornar: Adorni.
-Adquirir: Alquiril.
-Adrede: Adré, a posta (adrede, intencionadamente).
-Adular: "Jacel papelis", paripé, coscón (que muestra excesivo cariño para conseguir algo o el favor de alguien).
-Adverbio: Alverbiu, averbiu.
-Advertencia: Alvertencia, aviertencia.
-Advertir: Alvertil, aviertil.
-Advierto: Alviertu, aviertu.
-A en: An.
-Aeropuerto: Airupueltu.
-Afanarse: Emperralsi, empecinalsi (poner gran afán en algo).

-Afectivo: Afetibu.
-Afecto: Afetu.
-Afeitado: Afitáu.
-Afeminado: Parguela.
-Afianzar: Repañal (coger con afán una cosa).
-Afición: Encascal (tomar obsesionadamente una afición; estar habituado a una cosa), cebiqui (obsesión, apego, hábito, afición, vicio. "Comu no dejis el cebiqui del juegu, te vas a arruinal". "Estás encebicau con esa mujel").
-Aficionado: Empicau.
-Aficionarse: Empicalsi, encebicalsi (aficionarse, dedicarse excesivamente a algo. Emperrarse con algo. "Esti zagal miu esta encebicau cone furgu").
-Afilador: Fílaol/afilaol, amolachin (persona que afila, afilador), aguzaera (piedra de afilar).
-Afilar: Amolal, aguzal ("aguza el lapi"; "aguza el oiu").
-Afinidad: Afiniá.
-Afinidades: Afiniáis.
-Afirmar: Afilmal.
-Afirmarlo: Afilmaeru.
-Aflicción: Ajincu (aflicción grande. AHINAR (h aspirada), v. reí. Afligirse mucho. "Tristi y ajinau de la ermita me juí pa la vera". G. y Galán).
-Afligir: Ajinal (afligir mucho, agobiar, enojar).
-Afligirse: Ajinasi (agobiarse, enojarse), ajincasi (encolerizarse).
-Afrontar: Apencal (afrontar las consecuencias).
-Afueras: Ahueras, Ejiu (arboleda, campo a las afueras del pueblo).
-Agachado: Achantau, amonau, engaivau, agarvau.
-Agacharse: Achantalsi, amonasi, engaivalsi, agarvalsi.
-Agarrado: Agarráu, mísiri.
-Agarramos: Agarremus.
-Agarrar: Trincal.
-Agarrotado: Engarrotau ("engarrotau de friu").
-Agarrotarse: Engarrotasi ("engarrotasi de friu").
-Agazapado: Engazapau.
-Agazaparse: Agazapalsi.

-Agilipollado: Amodorrau.

-Agitar: Zocotreal (zarandear. Agitar bruscamente).

-Aglomeración: Tupa (mucha), estaribel (cosas puestas unas sobre otras con riesgo de caerse), riolá (montón, muchedumbre, gran cantidad de cosas en movimiento).

-Aglutinados: Aglutináus.

-Agobiado/a: Arrengau/a, atosigau/a.

-Agobiar: Ajinal (afligir, enojar), atosigal, ajinal, agobial, ajuncal.

-Agobio: Ajuncu (asfixia, apuro, fatiga, desmayo), descalientu/escalientu (sufrimiento, disgusto, preocupación, angustia, agobio).

-Agosto: Agostu.

-Agotado: Acabau, baldáu (cansado), tullíu (fatigado tras un esfuerzo físico DRAE: tullido), derrengáu, arrengau (baldado, muy cansado, rendido, doblado por los años, por el trabajo), aburriu (cansado de la monotonía).

-Agotamiento: Cansera, cansíu, derrengueta (flojera, desánimo), abarrancamientu (estado de agotamiento por una enfermedad), morgañera (palabra para expresar el estado de cansancio y "aplomación" anímica producida por los cambios del tiempo), acibarral (cogido, enfermar).

-Agotar: Aburril.

-Agraviar: Ensurtal (insultar), faltal, "sel faltosu" (insultar de continuo).

-Agradable: Agraabli.

-Agrada: Cumpri.

-Agradar: Cumpril (agradar, convenir).

-Agradaría: Cumpriria.

-Agradece: Agraeci.

-Agradezco: Agraezu.

-Agrandar: Engrandal (agrandar y engrandecer).

-Agredir: Agreíl, zurral (pegar, agredir. "Zurral la badana"; pegar a alguien), curral, jarreal (agredir, golpear).

-Agregar: Endilgal (endosar, colocar, enjaretar, encajar, poner, meter, etc. Tb. señalar, indicar), endonau (encasquetar, endosar, colocar, etc. "¡Los pairis s´han diu al cini i m´han endonau al zagal!").

-Agriado (estropeado): Perdíu; avinagrau.
-Agriar: Avinagral, aceal.
-Agriarse: Acealsi.
-Agricultores: Agricurtoris.
-Agridulce: Agridú.
-Agrio: Acéu, agriu, perdiu, botu (adj. sabor agrio que se nota en los dientes después de comer fruta ácida. "Tengu los dientis embotaus").
-Aguado: Aguachinau, aguachirri/aguachirli/aguachilrri (se dice de la bebida o comida poco consistente, con exceso de agua. "Esti sidru es aguachirri"; "este café está aguado").
-Aguador: Aguateru.
-Aguafiestas: Changabailis (changa-bailes).
-Aguantar: Apencal (aguantar, enfrentarse), chinchal (aguantar por no conseguir lo que se propone. "Te tiés que chinchal"; "te tienes que aguantar").
-Aguantarse: Chinchalsi (aguantarse por no conseguir lo que se propone), achantalsi (aguantarse con resignación).
-Aguantas: Chinchas ("te chinchas"; "te aguantas"), achantas ("te aguantas", con resignación; "te achantas").
-Aguantó: Achantó (aguantó con resignación).
-Aguárdate: Aguati.
-Aguardiente: Alguardienti.
-Agudos: Agúus.
-Aguijada: Abijá.
-Aguijón: Jerreti.
-Aguijonazo: Jarretazu (1. aguijonazo. 2. fig. recriminación, burla o critica hiriente o humillante).
-Águila (mediana): Aguiluchu.
-Aguilucho: Perdiceru (cenizo).
-Aguja: Abuja, aúja (f. Aguja. Citado y explicado por Menéndez Pidal en su Gramática Histórica Española. La forma aúja pierde la - b - como en otros casos; como caeza por cabeza.
-Agujerear: Abujereal.
-Agujero: Buracu, bochi (hoyo. "Enfochau" se dice de lo que esta metíu en bochi; "metido en un hoyo"), jochi (hoyo pequeño en el suelo), abujeru, bujeru, furacu, joyancu (hoyo. También "la

sepultura"), trueca (f. oquedad que se forma en el tronco de los árboles viejos. "Ese árbol tiene muchas truecas". Badajoz).
-Agujeta: Bujetas, abujetas, "estal aguau" ("estar aguado". Cheles. "Estar con agujetas" o "tener agujetas").
-Aguza-nieve: Aguanievi.
-Aguzar: Aguzal.
-Ahechador: Ajechaol.
-Ahechar: Ajechal.
-Ahí: Veleí/velaili/velai ("he ahi". Tb. "de ahi").
-Ahogadilla: Ajogaílla.
-Ahogar: Ajogal, apercollal (ahogar, estrangular).
-Ahogarse: Ajogasi.
-Ahondar: Ajondal.
-Ahora: Ugañu/uguañu/uguañoti (hoy en día, el presente), agora, ora, ara , que contri! ("que contri!; "¡ahora mismo!". Indica decisión, resolución para hacer una cosa o salvar una dificultad).
-Ahorcar: Ajorcal.
-Ahorcarte: Ajorcalti.
-Ahorrar dinero: Jorral, ajorral.
-Ahorrar: Aconduchal (aprovechar, hacer acopio de algo que escasea).
-Ahumado: Ajumáu.
-Ahumar: Jumeal.
-Aire: Airi, ventucinu (aire fuerte), viruji (1. corriente de aire. 2. frío), resenciu/recenciu (aire fresco y húmedo de la noche, de la madrugada o de la mañana), bocaná (soplo de aire, normalmente molesto), al ventistati (locución adverbial. Lo tiene todo al ventistate. Tener algo al aire libre, sin protección. Proviene de la degeneración de la expresión latina ab in testate: bienes de una herencia sin testamento).
-Airearse: Oreasi.
-Aislado: Aisláu, solitariu (dicho de algo o alguien aislado, solo, o incomunicado).
-Aislante: Aislanti.
-Aislar: Aislal.
-Ajado: Chuchurríu (ajado, lacio, deslucido), maníu (1. adj. dicho de algo sobado, ajado, manoseado. 2. manido, casi

podrido. 3. dicho de una planta ajada, lacia. "Esta maceta está
manía". 4. viejo, deslucido.).
-Ajar: Percochal (limpiar mal una cosa), percudil (limpiar mal
una cosa; ajar la piel).
-Ajeno: Ahenu, desajenu (ajeno, despreocupado, libre).
-Ajetreo: Jarana (bulla, alboroto, fiesta), arfolín (barullo, jaleo),
zocotreu (1. ajetreo. 2. sacudida. 3. movimiento de vaivén que
se sufre al ir en algunos medios de transporte. Alburquerque).
-Ajo: Aju, aju porru (ajo bravío, ajo silvestre), aju simenteru
(seleccionado para simiente).
-Ajuar: Lajual (ajuar, ropa de la desposada).
-Ajustado: Entallau, cisti (ceñido, ajustado), ceñiu, receñiu.
-Ajustar: Ajustal, receñil (ajustar, estrechar), achancal (pisar el
barro. Encajar, ajustar).
-Al: An ("an pie la montaña").
-Alabanza: Alabancia, alabarcia.
-Alabar: Alabal.
-Alacena: Aljacena, jacena, chineru, bulancra, nesol (nesor).
-Alacrán: Alagrán, arraclán, alacrán/alaclán.
-Alagar: Alagá.
-Alambique: Alambiqui.
-Alardear: Fardal, "ponelsi foitu" (presumir).
-Alargar: Estiral, guibal (alargar el cuello buscando algo).
-Alarmar: Soliviantal (soliviantar. Alarmar, poner nervioso o
influir en el ánimo de alguien para inducirle a adoptar alguna
actitud rebelde u hostil).
-Alba: Arba, salía.
-Albahaca: Albejaca.
-Albañil: Arbañil.
-Albarca: Abarca.
-Albaricoque: Albarillu.
-Alboroto: Rapalinda (riña, gresca, alboroto), jarana (bulla,
fiesta, alboroto).
-Alburquerque: Abuquerqui.
-Alcachofa: Alcaucil, arcachofa.
-Alcalde: Arcaldi.
-Alcanzar: Arcanzal, recadal (conseguir, lograr, obtener,

alcanzar).

-Alcance: Arcanci.

-Alcayata: Arcayata, cáncamu.

-Alcornoque: Alcornoqui.

-Alegrar: Alegral.

-Alegre: Alegri, vivarachu, lanteru (hablador, dicharachero, vivaz, alegre), bullangueru (alegre, juerguista. De bulla).

-Alegria: Corrobla (sust. ¡Menuda corrobla había en el bar!. Grupo de gente alegre que se reúne para divertirse).

-Alejado: Deseparáu, desafiáu (separado).

-Alejar: Alejal, jondeal (1. alejar. 2. tirar algo lejos. 3. arrojar algo al vacío o al fondo. 4. tirar con honda).

-Alejarse: Alejalsi.

-Alelado: Pasmau.

-Alentar: Gaspaleal (1. achuchar, animar, incitar, estimular, excitar, reavivar, alentar, atosigar, etc. fatigosamente, con mucho trabajo. 2. moverse o andar con dificultad).

-Alero: Volaizu, vuelu, cordón (alero lateral).

-Alevosía: "A posta" (adrede, intencionadamente, con alevosía).

-Alfalfa: Falfa.

-Alfarería: Arfariria.

-Alféizar: Poyeti.

-Alforja: Serón (alforja de esparto que se colocaba en las caballerizas), daqui (conjunto formado por la parte delantera y trasera de la alforja).

-Algarada: Zafarranchu (algarada, tumulto, desorden).

-Algarroba: Alvejinis (arvejas), galroba.

-Algarrobo: Galrobu.

-Algo: Angu, algu/argu.

-Alguien: Anguién, angunu (alguno. "Angunu lo sabi?"; "¿alguien lo sabe?").

-Algún: Dalgún, angún.

-Alguna: Anguna, aliquandu (sinifica "alguna vez"; "aliquandu lloverá!").

-Alguno: Angunu.

-Alhucema: Alducema, aljucema.

-Alicaído: Alicaíu, mantú (triste, alicaido).

-Alicates: Alicatis, cortalambri.
-Aliento: Resuelgu, vajíu (vaho, aliento, vapor, emanación.
Nada, ausencia. "Dejó un vajiu nel mi corazón").
-Alimento mal cocinado: Callongu.
-Aliñar: Guisá/guisál, machal (1. aliñar aceitunas. 2. machacar.
3. trillar la mies con el manal).
-Aliño: Aliñu, guisu.
-Alisar: Alisal, cañeal (alisar una pieza en alfarería).
-Aliviar: Acalugal (RAE en Salamanca y Galicia. sosegar,
aliviar), atalantal.
-"Alma Dios": Polalma/polarma (tb. granuja, pillo, bribón,
travieso, gamberro, etc.).
-Almacén: Tinau.
-Almacén: Armacén, cilleru, tinaón (almacén para guardar el
ganado y el grano. En la actualidad se usa como trastero o
cochera), esterquera (almacén para estiércol).
-Almazara: Mazara (almazara, prensa para moler las
aceitunas).
-Almendra: Armendra.
-Almendro: Armendru, guaperu (peral o almendro silvestre).
-Almirez: Almires, almireceru (soporte de madera usado para
colocar el almirez).
-Almoradux: Almorajú, almoradús.
-Almorzar: Almozal.
-Almuerzo: Merienda, almuezu.
-Alocado: Calajansu, abombau, ajilau, bollau, chalau, changau,
pajilusu, espasmau, repiau, tirulatu, chirichi.
-Alondra: Londra.
-Alpargata: Pargata, alpergata.
-Alpechín: Pechín.
-Alquila: Arrienda.
-Alquilar: Arrendal.
-Alquiler: Arriendu.
-Alquilo: Arriendu ("yo arriendu"; "yo alquilo").
-Alquitrán: Galipoti.
-Alrededor: Alreol, arreol ("alreol de/arreol de". Alrededor de,
sobre).

-Alrededores: Alreoris.
-Altar: Poyata.
-Altavoz: Artavós.
-Alterado: Empelcatau.
-Alterar: Altereal (tb. desnudarse), soliviantal (soliviantar. 1. incitar a una persona a que tenga una actitud violenta o de protesta. 2. alterar el ánimo de una persona), envarbascal (ensuciar, enturbiar o alterar el agua).
-Alto: Artu/altu, tallú, cimeru ("en lo cimeru"; "en lo alto". Cimera>DRAE: encimera).
-Altramuces: Chochus, altamucis, salaitus.
-Altramuz: Chochu, altamus.
-Alubia blanca: Frejón/frijón.
-Alubia pinta con carilla o careta: Fridiñu, "muchachinus con chalecu/con chalequinu").
-Aluden: Alúin.
-Aludido: Aluíu.
-Alunado: Alunaó.
-Alvéolo: Buraca (agujero grande), buracu (agujero. Alvéolos o celdillas de los panales).
-Alzar: Alzal.
-Allá: Amus´alla (dirigirse a un sitio. "Vamos allá").
-Allanado: Achanáu (aplanado por enfermedad o cansancio, sin ánimo).
-Allanar: Allanal, achanal.
-Allí: Ellí, veléis, p'allí/pallí (hacia allí o por allí), allína (allí justamente).
-Allí está: Velallí, velellí, vé í.
-Ama: Ama, cavucheu (trabajos de casa sin norma fija).
-Amabilidad: Amabiliá, raspi (se dice de la persona con muy poca amabilidad).
-Amada: Amá.
-Amado: Amaú.
-Amancebar: Amanzorral.
-Amancebarse: Ajuntasi.
-Amanecer: Espuntal (despuntar, amanecer), crareal (clarear, luz del amanecer).

-Amante: Queriu, querindongu (variantes semejantes en andaluz).

-Amantis Religiosa (Mantis Religiosa): Triquitesa, Santa Teresa, caballitu de Santiagu, santateresa, santateresita, tranquitesa.

-Amapola: Jamapola.

-Amargado: Renegáu (renegado, persona enfadada), relatón (que discute mucho), gedionda/jedionda (persona que se enfada fácilmente), pelilleru (persona que se irrita fácilmente, que le gusta discutir sin necesidad).

-Amargo: Amalgu, amalgosu (también castellano antiguo).

-Amasado: Masáu, masiju.

-Amasar: Masal, amasal, masijal.

-Amasijo: Masijú.

-Ambas: Dambas.

-Ambicioso: Jalguientu/a (Serradilla).

-Ambigüedad: Ambigüeá.

-Ambiguo: Ambigu.

-Ambos: Dambus.

-Ambuesta: Embuerzá.

-Amedrentar: Amedrantal.

-Amenaza: Amenacia.

-Amenazar: Amenazal, amenacial.

-Amigo: Collazu/collaciu (de collacteus. 1. amigo íntimo, 2. hermano de leche
3. compañero. Compañero en el servicio de una casa o en el campo. 4. compinche), "que jacin güena gabiya" (gabiya; charleta).

-Amilanarse: Acagazasi, achantalsi.

-Amistad: Amistá, "jacel güena gabiya" (gabiya; charleta).

-Amnesia: Anésia.

-Amnésico: Anésicu.

-Amodorrar: Amodorral, acibarral (cogido, enfermar).

-Amonestación: Amonestiju, amunestación.

-Amontonado: Montonau.

-Ampolla: Boja (ampolla producida por rozadura o quemadura. "Tenía la pranta el pie abojetá").

-Amor: Amol, querencia, prenda (apelativo cariñoso. "Prenda mía"; "cariño mío", "amor mío", etc.).
-Amoratado: Enmoreciu.
-Amorosamente: Arreconcunasi (arrimarse con cariño, amorosamente).
-Amparar: Aconllegal.
-Amparo: Conllegu (acción y efecto de amparar. Amparo en otra persona).
-Ampliación: Ampliaeru.
-Analfabeto: Analfabetu, pachunela/pachonela (mujer analfabeta).
-Analizar: Analizal.
-Anchura: m. Anchón, f. anchol.
-Andar de prisa: Ajilal, apencal, tanea.
-Andar: Garbeal, andal.
-Andrajoso: Zarrapastrosu.
-Anduve: Anduvi.
-Anea: Enea.
-Anécdotas: Alicantinas/licantinas (dichos, historietas, picardías, tretas, cuentos, "tener el pico de oro"; "tenel muchas alicantinas").
-Anegado: Alagau (inundado de agua, encharcado).
-Anegar: Alagal (inundar de agua, encharcar), enguachinal.
-Anestesiado: Encorchau ("ora mismitu tengu el carrillu encorchau").
-Angarillas: Jingarilla.
-Angosto: Entrillau (angosto, estrecho).
-Anguila: Enguila.
-Angustia: Descalientu/escalientu (sufrimiento, disgusto, preocupación, angustia, agobio, desazón), sufrición, espenaeru/penaeru (sufrimiento, situación aflictiva).
-Angustiado: Ajináu (molesto, preocupado, etc.).
-Anidan: Anían.
-Anillo: Anillu.
-Animadversión: Escorrozu (1. ruido tenue y misterioso. 2. repugnancia, asco), tirria (odio, asco).
-Animar: Apopal (animar, cuidar, mimar, etc.).

-Animaros: Animalbus.
-Animo: Suavi ("ponel suavi"; suavizar o someter el animo), soliviantal (soliviantar. Alterar el ánimo de una persona), muermu/amuermau (adj. quieto, parado, sin ánimo. "Qué muermu estás hoy". En el DRAE se recoge con otro significado).
-Anochecer: Anochecel.
-Anochezca: Anocheza.
-Ansiedad: Ajoguina (sofoco, ahogo, etc.).
-Ansioso: Lúntriga.
-Antaño: Ogañazu.
-Antaño: Antañu, ogañazu (antiguamente, antaño).
-Anteanoche: Antidanochi.
-Anteayer: Antié/antiel, trasantiel (el día de antes de ayer).
-Antebrazo: Antibrazu.
-Antecedentes: Anticeenti.
-Anteojera: Antojera.
-Anteponer: Antiponel.
-Anteponiendo: Antipusiendu.
-Antepuesto: Antiponíus.
-Anterior: Antiriol.
-Anteriores: Antiriolis.
-Anterioridad: Anterioriá.
-Antes: Endinantis, antis, enantis, endenantis.
-Antes bien: Manigual (tb. "en vez de").
-Antes de ayer: Antié.
-Anti: Contra (antinuclear; contranuclear).
-Anticipar: Antuyal.
-Antifascista: Antifacista.
-Antigua: Antiga.
-Antiguo: Antigu, de patrás (antiguamente, de antiguo).
-Antiguamente: De patrás (tb. de antiguo), ogañazu (antiguamente, antaño).
-Antigüedad: Antigueá.
-Antipatia: Escorrozu (1. ruido tenue y misterioso. 2. repugnancia, asco), zarriu ("estás jechu un zarriu"; "estás hecho un asco"), tirria (odio, asco).
-Antipático: Esaboríu, jediondu/ediondu, siesu.

-Antojar: Entojal.
-Antojo: Antojaeru.
-Antojo: Entoju.
-Anudar: Añudal.
-Anudar: Añual.
-Anzuelo: Anzuelu.
-Añaden: Añain.
-Añadidas: Añídias.
-Añadido: Añiíu, añiicioni.
-Añadidura: Añiúra.
-Añadiendo: Añidiendu.
-Añadimos: Añiímus.
-Añadir: Añidil, endilgal (endosar, colocar, enjaretar, encajar, poner, meter, etc. Tb. señalar, indicar), endonau (añadir, encasquetar, endosar, colocar, etc. "¡Los pairis s´han diu al cini i m´han endonau al zagal!").
-Añejo: Añeju, atasajáu (pasado, acecinado salado, pero no tiene por que estar en mal estado), pasáu (pasado), rebeniu (añejo, pasado).
-Años: Añus.
-Año (este): Ogañu/jogañu (hoy en día, actualmente).
-Año pasado: Antañu (en tiempo antiguo. El año pasado, otros años, años anteriores).
-Apacentar: Apacental.
-Apaciguar: Apacigual.
-Apalabrar: Ajustal, apalabral.
-Apañar: Atalantal.
-Apaño: Bandeu (tb. repaso, arreglo. "Le pegó un güen bandeu a la casa").
-Aparato: Paratu.
-Aparece: Apaeci.
-Aparecen: Apaicin.
-Aparecer: Apaecel, raceal (aparecer, asistir, visitar, frecuentar un lugar).
-Aparecido: Apaecíu.
-Apareció: Apaeció.
-Aparente: Aparenti, propiu (adj. própio, idóneo).

-Aparezcan: Apaezan.
-Aparición: Parición.
-Apariencia: Pinta ("esi borreguinu no tié güena pinta"), paecencia, fachenda, pelaje (m. dicho de una persona; aspecto, facha. "Tené güen pelaje"; "estar sano, tener buen aspecto físico"), jechura (porte), pelitascu, aspetu, relumbranti (adj. dicho de alguien que destaca por su apariencia lujosa).
-Apartadas: Desapartás.
-Apartando: Desapartandu.
-Apartándose: Desapartandusi.
-Apartar: Desapartal/esapartal (apartar, eliminar, quitar. Quitar, apartar o eliminar de algún sitio, lugar, etc. "M´han desapartau del equipu"), apartal, desvià (desviar, alejar, apartar, separar, arrinconar. "No te pué desviá del zagal pol que se te pierdi").
-Aparte: Apalti.
-Aparte de: Amás (tb. además), huerapalti/juerapalti.
-A partir: A paltí.
-Apasionado: Polvorilla (se dice del macho que es muy fogoso y apasionado).
-Apatía: Desganu (m. de desgana; falta de animo, cansancio, apatía), modorra, jaragandina, galvana (desgana, falta de ganas para hacer algo, pereza, aburrimiento), mogangu (sueño, pereza, desgana, etc. "Que mogangu tengu").
-Apechugar: Arrocinal (1. apechugar con algo. 2. decidirse), apencal (1. afrontar las consecuencias. 2. cargar o trabajar, arrimar el hombro. 3. apechugar con algo).
-Apegar: Apiegal.
-Apego: Cebiqui (obsesión, apego, hábito, afición, vicio. "Comu no dejis el cebiqui del juegu, te vas arruinal". "Estas encebicau con esa mujel").
-Apelmazado/a: Apelguñau/á, apegotonau/á (atiborrado/a, amontonado/a, dicho de una cosa apelmazada).
-Apelotonarse: Aperrujasi.
-Apellidos: Apellíus.
-Apenas: Apenás, apeninas, abati ("abati si llega a un metru").
-Apéndice: Pendi, apendis.
-Apendicitis: Pendicitis, "cólicu misereri".

-Aperos: Aperius, cachiperris, achiperris.
-Aperos usados en la era para la limpieza del cereal: Bierna.
-Apesadumbrado: Ajinau.
-Apestar: Bajeal (el mal olor de la carne, pescado, etc. que empieza a corromperse).
-Apetece: Peta ("me peta"; "me apetece").
-Apetecer: Petal (vbo. apetecer. "No me peta jacel esu agora". En el DRAE se recoge con otro significado.
-Apetecería: Petaría (de petal. Vbo. apetecer. "No me petaria jacel ná d´esu agora").
-Apetito: Desganáu (sin apetito), desganu (desgana, inapetencia), dejanáu (desganado), dejanu (sin apetito).
-Aplastada: Estripá, atortá, espiparrá.
-Aplastar: Achapazal, atortal, estripal, espiparral (aplastar, oprimir, reventar, extirpar, destripar).
-Aplicado: Aplicáu.
-Aplicados: Aplicáus.
-Apodos: Motis, apous.
-Apogeo: Regolfa/regorfa (multitud).
-Aporrear: Aporrial.
-Apóstrofe: Apóstrofi.
-Apoyado: Apoyáu.
-Apoyar: Apueyál.
-Apoyarse: Apueyasi.
-Apoyarse: Sostribalsi/sustribalsi.
-Aprecia: Arrepara.
-Aprenda: Deprenda.
-Aprender: Deprendel, aprendel, enseñalsi (es aprender por uno mismo, hacerse a algo).
-Aprende: Deprendi, aprendi.
-Aprendes: Deprendis, aprendis, t´enseñas (es aprender por uno mismo, hacerse a algo).
-Aprendí: Deprendí.
-Aprendidos: Deprendíus.
-Aprendiz: Mochileru.
-Aprendizaje: Deprendizaji.
-Apresar: Zingal (apresar, prender a alguno), entrillal (de

entallar, coger, apresar).
-Apresurar: Jarreal, ajilal.
-Apresurarse: Dar cheira (darse prisa).
-Apretada: Apelguñá.
-Apretado: Atacuñáu, pretu (apretado, prieto. Tb. "pretu" se denomina a lo que es de color oscuro o moreno).
-Apretar: Empretal.
-Apretujar: Achuchal.
-Apretujado: Achuchau.
-Aprisionar: Entrillal (de entallal, aprisionar oprimiendo).
-Aprobado: Aprobáu.
-Aprobó: Aprebó.
-Apropiado: Apropiáu, aparenti, sel aparenti (ser apropiado).
-Aprovechar: Alargal, rejundal.
-Aprovecharon: Alargarun, rejundarun.
-Aproveche: Rejunda ("que rejunda"; "que aproveche").
-Aprueba: Apreba.
-Aptitud: Atitú.
-Aptitudes: Atitúis.
-Apto: Atu.
-Apuesto: Apuestu.
-Apuesto: Flamencu.
-Apunta: Enpunta, agura.
-Apuntalar: Apontanal.
-Apuntan: Aguran, empuntan.
-Apuntar: Abural, enpuntal, agural (apuntar, dar en el blanco).
-Apuntaros: Apuntalbus.
-Apuntarse: Apuntalsi.
-A punto: A piqui ("esta a piqui de caelsi"; "esta a punto de caerse").
-Apuñalar: Apuñalial.
-Apurado: Enrabal, estrechu (apurado, pobre, "estar apurado"; "estamus una mijina estrechus conas deudas").
-Apurarse: Ajinasi (ahogarse, estar afligido por trabajos, preocupaciones, etc).
-Apuro: Ajuncu (agobio, asfixia, fatiga, desmayo), maragullu.
-Aquellos: Aquestis.

-Aquí: Velequí, aquina ("justo aquí"), deca que ("de aquí que").
-Aquí esta: Velaquí/velequí/velaiqui.
-Arandela: Roanga.
-Araña: Murgañu/burgañu/morgañu (araña de patas alargadas y cuerpo pequeño).
-Arañar: Arreguñal, arrejuñal.
-Arañazo: Surcazu.
-Arbitrario: Albitrariu.
-Arbitro: Albitru.
-Árbol: Arbu, caramanchu/garamanchu (árbol totalmente pelado que había en la puerta de los chozos de los pastores para colgar los utensilios de la cocina).
-Arboleda: Arbulea, ejíu (ejido. Arboleda, campo a las afueras del pueblo).
-Árboles: Arbulis.
-Arbustos: Jaramagus (arbustos, matorrales).
-Arcadas: Ansias.
-Arco iris: "Arcu de Santiagu", "arquitu de Dió".
-Ardid: Ardí, martingala (engaño, maña, treta, astucia, etc.; "ganaron la partia po las martingalas del Manué").
-Argamula: Algamula.
-Argumento: Ergumentu.
-Árida: Árida, míseri.
-Arisco/a: Rabúu/a, pelilleru (1. persona que se irrita fácilmente. 2. persona tiquismiquis), ralu (cabreado, irascible).
-Arista: Filu, jilu, argaña ("pelos" de la espiga).
-Armar: Enjaretal (tb. organizar, preparar, arreglar, etc.).
-Armario: Almariu, aljacena/jacena/chineru (alacena, mueble armario o vitrina de cocina empotrado o no), bulancra, nesor.
-Armas: Bandola (bandolera pequeña).
-Armazón: Armación, aguaera (armazón que se pone encima de las caballerías para transportar cantaros).
-Aro: Roanga (juego infantil que consiste en hacer rodar una rueda o aro por el suelo empujándolo mediante un palo).
-Aroma: Airoma.
-Arte: Arti.
-Artefacto: Artefatu, angarilla (artefacto usado por dos o más

personas para trasportar algo).
-Artesano que hacia los aperos en madera: Aperaol.
-Articulo: Artículu, endilgui.
-Artimañas: Maturrangas, martingalas (engaño, maña, treta, astucia, etc.; "ganaron la partia po las martingalas del Manué").
-Arveja: Alvejin.
-Arramplar: Alampal, arramblal.
-Arranque violento: Arrepíu.
-Arrasar: Arrasal.
-Arrastrar: Jorreal (bajar, descender, arrastrar).
-Arrastrarse: Ajorral (tb. bajar, ocultarse).
-Arrebato: Arrepiu, "dal la picá" ("cuandu le dá la picá se va de casa"), ramalazu (arrebato de locura).
-Arrebujar: Enrebujal.
-Arreglado: Arriscau (bien vestido y peinado. Arreglado, elegante), abiau (tb. vestido, acicalado), acicalau (arreglado, "puesto guapo"), peripuestu/a (arreglado/a. Bien vestido).
-Arreglar: Endilgal, gobernal (arreglar la casa), engargallal (arreglar algo), atalantal (tb. tranquilizar, sosegar), enjaretal (tb. organizar, preparar), atusal (peinarse, arreglarse el pelo. Tb. lavarse, arreglarse), abial (preparar. "Abial el cociu"), bandeal («un bandeu » es un arreglo rapido; tb. repaso o apaño. "Le pegó un güen bandeu a la casa"), acicalal (« me voy a acicalar » ; arreglar, "ponerse guapo").
-Arreglarse: Abialsi (tb. vestirse, acicalarse), atusalsi (peinarse, arreglarse el pelo. Tb. lavarse, arreglarse), acicalalsi (arreglarse, "ponerse guapo").
-Arreglo: Arregru, arregrijus, endilgu, garnacha (arreglo de poca importancia, chapuza), bandeu (tb. repaso o apaño. "Le pegó un güen bandeu a la casa").
-Arremeter: Empestillal.
-Arriba: Cogüelmu/cogolmu (hasta arriba, lleno, en abundancia, colmado, a rebosar, "estar hasta el colmo"; "estal jata el cogolmu"), cimará (zona alta, parte de arriba de la casa, desván), cimeru (pisu cimeru; piso de arriba, planta alta), parriba/p´arriba (hacia arriba de, por arriba).
-Arriendo: Arrendu.

-Arriesgar: Arrochal (arriesgar, decidirse, atreverse).
-Arrimar el hombro: Apencal (arrimar el hombro, cooperar en un esfuerzo o trabajo).
-Arrimarse: Arrimalsi, arreconcunasi (arrimarse con cariño, tiernamente).
-Arrodillarse: Incalsi.
-Arrodillarse: Ajincal la rodilla/roilla/ruilla.
-Arrogante: Foyetón (vano, arrogante, fanfarrón).
-Arrollo: Amuzu ("que t´amuza el tren!"; "¡que te arrolla el tren!").
-Arropado: Arrebujáu.
-Arropar: Arrebujal.
-Arroparse: Arrebujasi, arrebujalsi (tb. vivir en pareja sin estar casados).
-Arrope: Arropi.
-Arroyo: Arroyu, regatu, chalabarquinu (arroyuelo), regatera (arroyo pequeño).
-Arrugado: Engurrumiñau, engurruñau.
-Arrugar: Engurruñal.
-Arrugarse: Engorruñasi/engurriñasi (de engurruñal: arrugar).
-Arruinado: Arriláu, ruchi.
-Arruinar: Barrundil.
-Arruinarse: Rundilsi (refl. caerse, rendirse, arruinarse).
-Arrullar: Rulleal (Mérida).
-As: Copón (as de copas), orón (as de oros).
-Asa del candil: Garabatu.
-Asa: Agarraera.
-As de copas: Copón.
-Asado: Asau.
-Asadura: Asaúra, saúra.
-Ascendiendo: Pulandu (ascendiendo, progresando).
-Asco: Escorrozu (1. ruido tenue y misterioso. 2. repugnancia, asco), zarriu ("estás jechu un zarriu"; "estás hecho un asco"), tirria (odio, asco).
-Aseado: Atusau (peinado, arreglado el pelo. Tb. lavado, arreglado), abiau (prepado. "ya está abiau el cociu"), bandeau («un bandeu » es un arreglo rapido; tb. repaso o apaño. "Le

pegó un güen bandeu a la casa"), acicalau («me voy a
acicalar » ; arreglar, "ponerse guapo").

-Asear : Atusal (peinarse, arreglarse el pelo. Tb. lavarse,
arreglarse), abial (preparar. "Abial al niñu"), bandeal («un
bandeu » es un arreglo rapido; tb. repaso o apaño. "Le pegó un
güen bandeu a la casa"), acicalal (« me voy a acicalar » ;
arreglar, "ponerse guapo").

-Asegurar: Asegural.

-Asemejarse: Asemejasi.

-Asentar: Asental.

-Aseo: Faldegal (hacer limpieza general), fleti (aseo o limpieza
en profundidad), escachimondal (limpiar a fondo), golfifal (limpiar
habitación), abiu (preparo. "Mentris abiu al niñu").

-Asfixia: Ajuncu (agobio, apuro, fatiga, desmayo, etc.),
asfisia/afisia.

-Así: Asín (asínque; así es que, así que), asina (así, asi es, así,
de esta forma, de esta manera), endigual que (así como).

-Así es: Asína (tb. así, justo así, de esta forma, de esta
manera).

-Asienta: Ensienta.

-Asiento: Corchuelu (o sentón. Asiento pequeño hecho de
corcho de forma cuadrada, usado por los pastores), burrilla
(asiento, taburete o banco hecho de madera, generalmente de
encina, de tres o cuatro patas).

-Asignar: Endiñal.

-Así que: Asinque (así es que, así que).

-Asistentes: Asestentis.

-Asistir: Asestil, raceal (aparecer, asistir, visitar, frecuentar un
lugar, etc.).

-Asno: Asnu, burru.

-Asociaciones: Asociacionis.

-Asociarnos: Asocialmus.

-Aspadera: Aspaol.

-Aspecto: Pelaji/pelagi (m. dicho de una persona; aspecto,
facha, etc. "Tené güen pelaji" es estar sano, tener buen aspecto
físico), pelitascu, aspetu, relumbranti (dicho de alguien que
destaca por su aspecto elegante, pulcro, lujoso, etc.), jechura.

-Áspero: Áspiru.
-Aspirador: Aspiraol.
-Asquerosidad: Escorrozu (1. ruido tenue y misterioso. 2. repugnancia, asco), zarriu ("estás jechu un zarriu"; "estás hecho un asco"), tirria (odio, asco).
-Asqueroso: Ascienti, acienti.
-Astil: Estil.
-Astilla: Estilla.
-Astillar: Estillal, estronchal (desgajar el tronco).
-Astringente: Astrigenti.
-Astucia: Estucia.
-Astuto: Camándula, asolapau (astuto, malicioso y sagaz), abisiniu (eris un abisiniu!).
-Asumir: Asumil.
-Asunto: Asuntu.
-Asustada: Acientá.
-Asustado: Abruáu, acientáu.
-Asustada: Acientá (f. de acentasi/acientasi).
-Asustadizo: Espantibli (que es susceptible de espantarse. "Yegua espantibli").
-Asustar: Asustal, abruá, jacel miéu, grima (temor, miedo), grimal (asustar, atemorizar).
-Asustarse: Acagazarsi, acentasi/acientasi, arrochasi.
-Atacar: Enristral (atacar, intentar, emprender, abordar, etc. De "en ristre"; preparado para usarse, lanzarse, etc.).
-Atadero: Ataerus.
-Atadura: Ataura, ataeru.
-Atafarra: Atajarria.
-Ataharre: Atajarri.
-Atajar: Trochal/atrochal (ir por la trocha o campo a través para llegar antes, tomar un atajo).
-Atajo: Trocha.
-Ataque nervioso: Asparabanis.
-Ataque: Ataqui, acindoqui (síncope), jamacucu (ataque repentino), arrechuchu (ataque o indisposición repentina), ajuncu (ataque. Tb. es agobio, apuro, preocupación, sofoco, etc.).

-Atar: Ataeru.
-Atardecer: Obrijoscu, pardeal/pardagueal (luz atardecer).
-Atareado: Atareáu.
-Atascado: Atorau, entallau, achancau (atrapado en un barrizal. De achalcalsi).
-Atascado: Entaponal (dejar atascado), achancal (1. pisar el barro. 2. encajar, ajustar).
-Atascar: Ataponal, atajal, atoral (atascar, obstruir, llenar, etc.).
-Atascarse: Atorollalsi, entrancalsi.
-Atascó: Entrancó (atascó y dejó atascado).
-Ataúd: Atau/ataul/ataú.
-Atemorizar: Grimal (asustar, atemorizar. De grima).
-Atención: Al tentu, atranquiju (tranquilidad, atención), arreparal (prestar atención), almiración (cuidado, atención, miramiento. "Tenel almiración conel trén").
-Atender: Jacel asuntu (hacer caso), sirvil (servir, atender), arreparal (prestar atención).
-Atentado: Atientau.
-Atentar: Atiental.
-Atento: Al tentu, arreparal (estar atento, prestar atención).
-Ateo: Atéu.
-Aterido: Esmoreciu (pasmao de frio).
-Aterirse: Esmorecélsi (pasmarse de frio. "Arrebujasi bien nel cobertol que aluegu vus esmorecéis").
-Aterrizar: Aterrizal.
-Atestiguáis: Atestigüéis.
-Atestiguar: Atestigual.
-Atiborrado: Apegotonau (atiborrado, amontonado, dicho de una cosa apelmazada).
-Atiborrarse: Atacasi de.
-Atiende: Cucha (oye, mira, escucha, atiende).
-Atisbar: Atilbal.
-Atizar: Atizal.
-Atolondrado: Aturrullau.
-Atontado: Atontolináu, amilanau, alelaó, pajilusu, ajilau/agilau, bollau, chalau, changau, espasmau, repiau, tirulatu, atontecíu, pabu, "estal en babia".

-Atontarse: Abobecesi, atontolinálsi.
-Atracarse: Atracasi, emburrisi/emburrilsi (atracarse de comida).
-Atracción: Atración, querencia (cariño, apego, atracción, añoranza, morriña).
-Atraer: Atrael, pilrasi (de pirlarse. Sentirse sumamente atraído o fascinado por algo).
-Atragantado: Atorau, añugau.
-Atragantarse: Añusgalsi, añusgási, atoralsi.
-Atrancar: Atoral.
-Atrapado: Entallau, achancau (atrapado en un barrizal. De achalcalsi).
-Atrapar: Apapal, entrillal (atrapar u oprimir algo), entallal.
-Atrás: Alatrás (l. atrás de, detrás de. 2. atrás, anteriormente. 3. atrás, detrás, en la parte de atrás), atrasoti ("atrasoti vieni tu tiu"; "atrás viene tu tio"), cantealsi (volverse hacia atrás, mirar hacia atrás).
-Atravesado: Atoráu (1. persona atravesada, tosca. 2. harto de comer. 3. obstruido, atascado).
-Atravesando: Atrochandu ("ir por la trocha" o "a campo atraviesa", atravesar un terreno), camputraviesa (campo a través).
-Atravesar: Atrochal (ir por la trocha o campo a través, atravesar un terreno), camputraviesa (campo a través).
-Atravesarse: Atrabancal (1. cerrar con seguridad puertas, ventanas etc. 2. atravesarse), atravesáls.
-Atreverse: Atrevelsi.
-Atrevido (valiente): Atrevíu, arriscau, arriesgau, güebú, arriscu, arrestau, bravu, arrecarcau, arrochau, relanzau, cojonúu, "jechau palantri", charnecu.
-Atribuye: Atribuy.
-Atropellar: Atombayal.
-Atroz: Atros.
-Atufar: Tufal (atufar. Hacer que huela mal. "Vas a tufal toa la casa con esi tabacu").
-Aturdido: Atronau.
-Atusar: Acaricial.
-Auditivo: Oyitibu.

-Aulaga: Albolaga/arbolaga.
-Aullar: Ajullal, gorullal.
-Aullido: Ajullíu, ullíu.
-Aumentar: Aumental.
-Aun: Mesmu (tb. incluso, hasta).
-Aunque: Inqui, enque, manque, ninque (ni aunque), ara que (ahora bien, pero, aunque).
-Aunque estan: Inqu´están.
-Aupar: Apuchal, upal.
-Ausentarse: Abentalsi.
-Ausente: Ausenti.
-Autobús de linea: Astellesa/estallesa/las tellesa ("La Estellesa" Cia. navarra de autobuses).
-Autos de choque: "Cochis chocantis", "cochis choconis".
-Autoridad: Autoriá.
-Auxiliar: Ausilial.
-Avanzando: Ajilandu/agilandu.
-Avaricia: Apatuscal (coger con avaricia).
-Avaricioso: Ansiosu.
-Avariento: Jalamíu (hambriento, ansioso, avariento).
-Avaro: Garruñu, marruñu, jambrina (avariento, "menúu jambrina estas jechu!").
-Ave: Avi.
-Avefría: Avivi.
-Avería: Aviría.
-Averiar: Echangal (estropear, romper, averiar).
-Averiado: Eschangáu.
-Averiguar: Averigual, avrigual, pesquizal (averiguar, investigar).
-Averigüéis: Avrigüéis.
-Aversión: Regañus, aborrencia (del lat. ABHORRESCERE), escorrozu (1. ruido tenue y misterioso. 2. repugnancia, asco), tirria (odio, asco).
-Avezado: Avezáu, encascal (tomar obcecadamente una afición; estar avezado a una cosa).
-Avinagrado: Perdíu.
-Avinagrar: Aceal (del lat. ACIDUS).
-Avinagrarse: Perdési.

-Avisado: Avisáu.
-Avisar: Avisal.
-Aviso: Avisu.
-Avispa: Vispa, vispa terrera o soterraña (avispa de cuerpo más estilizado, de color amarilla y negra con patas mas largas que las de la avispa común).
-Avutarda: Vutarda, avetarda.
-Asfixia: Ajuncu (agobio, apuro, desmayo).
-Axila: Sobacu.
-Ay: Ai.
-Aya: Aiga.
-Ayer: Ayel, ayé, antié/antiel (el dia antes de ayer), trasantié/trasantiel/tresantiel (el dia antes de antié), ayel mañana ("ayer por la mañana"), antañu (el ayer lejano).
-Ayuda: Ayúa.
-Ayudan: Ayúan.
-Ayudar: Ayual.
-Ayudarte: Ayualti.
-Ayude: Ayúi.
-Ayudó: Ayuó ("s' ayuó d´un palu"; "se ayudó de un palo").
-Ayuntamiento: Audiencia, ayuntamientu.
-Azada: Zachu, azá, sacha (azada pequeña).
-Azadón: Azaón, alión.
-Azahar: Azajal.
-Azar: Azal.
-Azotar: Zurzil (molestar, azotar), revenqui (Mé: palo pequeño, unido a la zurriaga (correa para azotar, del árabe surriaqa) por medio de una correa).
-Azote: Azoti, currelis, surrivi (grl. golpe, azote).
-Azotea: Zotea.
-Azotes: Currelis.
-Azúcar: Azúcal (m. y f.).
-Azuela: Zuela.
-Azufeifa: Sofeifa, achufaifu (azufaifa, fruto).
-Azulejo: Azuleju.
-Azuzar: Ajotal/ajutal (azuzar a los perros), achotal/achutal, apital (azuzar, excitar con gritos, gritar), esperrial (azuzar, sobre

todo, a los chivos y borregos), juleal (azuzar al ganado).

B

-**Baba:** Berraquera (1. espumarajo del río que forma la corriente.
2. baba del cerdo).
-**Babero:** Babaté.
-**Baboso:** Languiosu (blando y resbaladizo), langui.
-**Bacon:** Tocineta.
-**Badajo:** Baaju, baju.
-**Badajoz:** Baajó/Baajós, Badajó/Badajós.
-**Bailar:** Balsal.
-**Bailarín:** Danciqui.
-**Bajan:** Abajan.
-**Bajándonos:** Abajandomus.
-**Bajar:** Abajal.
-**Bajarse:** Apealsi, abajalsi.
-**Baje:** Abaji.
-**Bajo:** Embaju, pisu bajeru (piso bajo, planta baja).
-**Balar:** Berreal.
-**Baldado:** Arrengau (baldado, muy cansado, rendido, doblado
por los años, por el trabajo, etc.).
-**Balde:** Cuba (tb. cubo).
-**Baldío:** Bardiu.
-**Banco:** Bancu, poyu (banco de mampostería), taju (1. asiento o
taburete pequeño de forma cuadrada hecho de corcho. 2. lugar
de trabajo), burrilla (asiento, taburete o banco hecho de madera
de tres o cuatro patas).
-**Bandeja:** Juenti/huenti, azafati (bandeja, fuente o plato
grande).
-**Bandolera:** Bandola (bandolera pequeña).
-**Bandujo:** Bandoju.
-**Bañador:** Bañaol (bañador enterizo, de una sola pieza).
-**Bañera:** Tina.
-**Baño (barreño):** Tina.
-**Banqueta:** Taju (1. asiento o taburete pequeño de forma
cuadrada, hecho de corcho. 2. lugar de trabajo), burrilla (asiento,

taburete o banco hecho de madera de tres o cuatro patas,
generalmente fabricado con madera de encina).
-**Bar:** Bal, bá, gangu (m. cantina, taberna. "Se pasa er día metiu
nel gangu"), tasca.
-**Barba:** Balba.
-**Barbarie:** Balbarii.
-**Bárbaros:** Balbarus.
-**Barbechar:** Balbechal.
-**Barbecho:** Balbechu.
-**Bártulos:** Achiperris.
-**Barreño:** Bañu.
-**Barrer:** Barrel, barriúra (acción y efecto de barrer).
-**Barriga:** Panderu, andorga, bandú/banduju (panza, vientre,
barriga, tripa, estomago), bandurriu.
-**Barro:** Barru, achancal (1. pisar el barro. 2. encajar, ajustar),
puelmi (f. mezcla líquida muy espesa, de pimienta y vinagre, que
se usa para limpiar metales. "Los doraus los limpia con puelme".
También se llama así a toda sustancia espesa. "Esus garbanzus
son tan güenus que si unu se descuida se jacin una puelme". De
los barrizales se dice: "Qué puelme s´ha formau". Badajoz).
-**Barruntar:** Barruntal.
-**Basada:** Basá.
-**Báscula:** Pesu.
-**Base:** Basi.
-**Bastante:** Bastanti.
-**Basto:** Bastu.
-**Bastón:** Garroti, garrocha, cayá (cayada).
-**Basura:** Fusca, ponzoña.
-**Basurero:** Estercoleru.
-**Batiburrillo:** Patiburrillu.
-**Batir:** Remuvel, tritural.
-**Baúl:** Baú.
-**Bautizo:** Bautizu.
-**Bayeta o trapo de fregar el suelo:** Algofifa (viene de aljofifa).
-**Bebé:** Pepón/a (se le llama al bebé que desborda salud, de
aspecto regordete), chinorri.
-**Bebe:** Chincla (tb. come rápido o de golpe), jinca, trinca.

-Beber: Trincál, jincál (tb. comer), chinclál/chinglál (tb. beber o comer rápido o de golpe), "dal un trinqui" (beber un poco, dar un trago) o "dal un trinquerazu" (dar un buen trago).
-Beber a chorro: Garli ("trincal al garli"; "beber a chorro").
-Beberte: Chinclati (de "chinclar". Tb. es comer rápido o de golpe), jincati, trincati.
-Bebida alcohólica: Alpisti, pirriaqui (bebida alcohólica, sobre todo vino).
-Bebido: Bebíu, caramocanu/calamocanu (estar bebido).
-Bebida aguada: Aguachirri (se dice de la bebida aguada, con poca sustancia, p. e. el café muy claro), bebistraju (bebida de mal sabor y/o aspecto).
-Bebió: Chincló (tb. comer o beber rápido o de golpe), trincó, jincó.
-Becerro: Becerru, chotillu (becerro de un año).
-Belfo: Belfiu.
-Bello púbico: Pelambrera (gral. gran abundancia de pelo), peletis (pelos púbicos).
-Beneficencia: Binificencia (beneficencia, caridad).
-Beneficiar: Rejundil (tb. sacar partido, explotar, obtener).
-Berenjena: Berejena.
-Berrido: Berríu.
-Berros: Berrus.
-Beso: Besu (diminutivo besinu).
-Besuquear: Besuqueal.
-Biblioteca: Bibrioteca.
-Bibliotecario: Zajoril.
-Bicicleta: Becicleta.
-Bichos: Cocus (dim. coquinus).
-Bidé: Bidél.
-Bien: "Jacel güena gabiya" (llevarse bien), güenu/uenu ("esta güenu asin"; "esta bien así").
-Bienes: Bienis.
-Bienvenido: Bienviniu, bienllegau.
-Bisturí: Bisturín.
-Bisutería: Quincalla.
-Bizco: Bizcu, "a la birulé" (1. Con un solo ojo, bizco. 2. Con un

ojo amoratado).
-Blanco: Brancu/blancu.
-Blando: Blandius, mulleciu (estar blando por haber estado en remojo en cualquier liquido).
-Blando (poner blando): Enmullecel (ablandar, poner blando en remojo con cualquier líquido).
-Blanquear: Faldegal.
-Blanqueo: Branqueu.
-Blasfemar: Blasfemial.
-Blasfemia: Blasfemia.
-Blog: Bitácora, blogui.
-Bloquear: Atarugal.
-Bloquearla: Atarugala.
-Bobadas: Bobás, jangás (bobadas, tonterías, estupideces, etc.).
-Bobo: Lermu, papón (inútil, abobado, soso).
-Boca: Boquiqui, jocicu, morrus, "los belfus" (la boca, el morro/los morros, el hocico, los labios).
-Bocado: Bocáu.
-Bocazas: Lenguarón, serón, boquiqui ("eris un boquiqui"; "eres un bocazas").
-Bocio: Papú, papu, papera.
-Boche: Bonchi (boche. DRAE: hoyo pequeño y redondo que hacen los muchachos en el suelo para jugar, tirando a meter dentro de él las piezas con que juegan).
-Bochorno: Bucholnu/buchornu.
-Bochornoso: Buchornosu/bucholnosu.
-Boda: Boa (del lat. VOTA, pl. de VOTUM. Pierde la –T latina sonorizada en extremeño).
-Bodega: Boega (pierde la –T latina sonorizada), dispensa.
-Bofetada: Gofetá, bolacha, gayúa, guantá, chufla (tb. guasa, broma, burla, etc.), mitra ("dal una mitra"; "dar una bofetada"), soplamocus ("dal un soplamacus"; "dar una bofetada"), sopapu.
-Bofetón: Guantá, sopapu, mitra ("dal una mitra"; "dar una bofetada"), soplamocus ("dal un soplamacus"; "dar una bofetada"), gofetá ("dal una gofetá"; "dar una bofetada"), guantazu ("dal un guantazu"; "dar una bofetada").

-Boina: Bilba/birba.
-Bolígrafo: Boligrafu, boli.
-Bolsa: Talega (f. bolsa de paño que se cierra ajustándola con un cordón, utilizada para llevar la comida).
-Bolsillo: Faldiqueru/a, faltriqueru/a.
-Bolso: Cabal, bandolera, morral, talegu, zurrón (mochila, bandolera de los pastores).
-Bollo: Bollu, moyeti (tipo de bollo de pan poco tostado y muy blanco).
-Bombilla: Bombillu.
-Bondad: Bondá.
-Bonito: Bonitu, guapu (diminutivo -guapinu-).
-Bonoloto: Bonulotu.
-Boñiga: Boñica/buñica, moñica/muñica, moñiga/muñiga, moñigu/muñigu.
-Borbotones: Golgotonis ("le salia a golgotonis").
-Borceguíes: Borceguinis (botines).
-Borde: Bordi, borbadilla (borde de la tinaja).
-Borla: Bolra.
-Borrado: Esborrau.
-Borrachera: Tranca, peba, péu, pea, acatu, chispa, peana.
-Borracho: Alumbrau, pintón, mamau, caramocanu/calamocanu (estar bebido), alquitanau, borrachinga, achispau, apipau, borrachuzu.
-Borramos: Esborramus.
-Borrar: Esborral, aborral.
-Borrasca: Burrasca.
-Borrascoso: Burrascosu.
-Bostezar: Abocezal, bocezal, boceceal.
-Bota: Botus, borceguinis/borcequinis (bota de cuero de caña baja. Botines).
-Botella: Imbu, cascu (botella de vidrio vacía).
-Boticario: Buticariu.
-Botijero: Botijeru.
-Botijo: Piporru, espichi, porrón.
-Boto: Botu.
-Boyante: Que rejundi (de rejundil. Sacar partido, explotar,

obtener, etc.).
-Boyero (de BUEY. Que guarda bueyes o los conduce):
Bueyeru.
-Bragas: Carzonas/calzonas (tb. pantalones cortos).
-Bragueta: Pretina/petrina.
-Brasas: Borraju.
-Bravo: Bravu, braviu.
-Bravucón: Alabanciosu (bravucón, vanidoso, fantoche,
jactancioso, petulante, etc.).
-Bravura: Bravés.
-Brazada: Brazá.
-Brazo: Brazu.
-Brecha: Pitera (herida en la cabeza), jienda (herida, brecha,
raja, grieta, etc.).
-Brega: Briega.
-Breva: Bremba.
-Brebaje: Berbaju.
-Bribón: Polalma/polarma (bribón, granuja, pillo, travieso,
gamberro, etc.).
-Brillar: Relucil, luceal (hacer que algo brille, luzca o parpadee).
-Brillo: Brillu, lustri ("sacal lustri al cochi").
-Brizna: Froncia (brizna, mijina, pizca. Badajóz).
-Brócoli: Bróquili.
-Brocha: Guisopu (DRAE: hisopo).
-Broma: Groma, chufla (1. guasa, broma, burla. 2. bofetada),
sosca (1. socarrón, burlón. 2. persona que se pasa haciendo
bromas).
-Bromear: Bordeal (refl. bromear, burlarse de uno. "Siempri s
´están bordeandu del probi muchachinu").
-Bromista: Bordi, sosca (1. socarrón, burlón, bromista. 2.
persona que se pasa haciendo bromas).
-Bronca: Ajurreal (abuchear, censurar ruidosamente a uno,
hacer burla de alguna persona), jarana (bulla, escándalo. Tb.
fiesta), arfolín (barullo, jaleo), bordeu (bordeo, burla. "Ejarus de
bordeu con las presonas mayoris"), estarivel (1. montón de algo.
2. estantería. 3. escándalo o follón).
-Bronce: Bronci.

-Brotar: Brotal, abruyal (el brotar de la yema de un injerto).
-Bruja: Coruja (1. mujer pequeña y encorvada. 2. mujer de
carácter cerrado y oscuro. 3. bruja).
-Brujo: Bruju, veedol (vidente, futurólogo, etc.), coruju.
-Brusco: Bruscu.
-Brutalidad: Brutalidá, brutaliá.
-Bruto: Belotu, bellotu, cafri (cafre), atacau, calabazu,
calamandruñu, bruñu, burrancu, bicharracu,
alcornoqui/arcornoqui, corcha (expr. "tienis más corcha...").
-Buche de los pájaros: Papu.
-Buen: Güen, uen ("uen provechu!).
-Bueno: Güenu, uenu, d'acatu (muy bueno, de lujo, excelente;
"esti melón no está entovía de güen acatu"), bú (exclamación
"bú, vaya tela!"), a vel! (1. bueno!. 2. claro!. "A vel,... i qué quieris
que yo le jaga?").
-Buey: Güey, buei.
-Bufanda: Chelina.
-Bufar: Gufal.
-Bufido: Bujiu (berrido, bufido).
-Búho: Buju.
-Buitre: Butri.
-Bultos: Burtus.
-Bulla: Jarana.
-Buñuelo: Briñuelu, muñuelus.
-Burbuja: Pompa, pomporita (f. burbuja. Globito producido por
la espuma del jabón. Chamizo).
-Bureo: Ruleu.
-Burla: Bulra (f. burla. "Del probi jaci bulra to'l mundu"), bordeu
(m. burla, guasa), chufla (1. guasa, broma, burla. 2. bofetada),
jarretazu (aguijonazo. Fig. burla o reproche hiriente).
-Burlando: Bordeandu.
-Burlar: Atiental (infringir, traspasar), bulral, bordeal.
-Burlarse: Ajurreal (abuchear, censurar ruidosamente o hacer
burla de alguien), bordeu ("ejarus de bordeu conas presonas
mayoris"), bulrasi.
-Burlón: Bordi, sosca (1. socarrón, burlón. 2. persona que se
pasa haciendo bromas).

-Busca: Cata ("ví en cata d´un arbañil"), esculca.
-Buscado: Bicheau, esculcau.
-Buscador: Escrucaol.
-Buscando: Landeandu, bicheandu.
-Buscar: Esculcal, landeal, bicheal.
-Buscarse: Bandeal (buscarse la vida, buscarse las habichuelas).
-Búsqueda (busca, pesquisa): Cata ("andu en cata d´un arbañíl").
-Busquéis: Catéis.

C

-Cabaña de pastor: Chozu, Choza.
-Caballos: Bestias (generalmente se llama así a todo el ganado caballar).
-Cabecera: Cabicera, cabiceru (cabecera de la cama).
-Cabello: Pelu (pelinu; diminutivo), espelechá (perder el pelo), espelichau (que se le ha caido el pelo o lo ha cambiado), espelichandu (que se le esta cayendo el pelo o lo esta cambiando), pelánganu (cabello descuidado o en mal estado. "Qué pelánganus trais!"), greñas, canu (pelo rubio), pelú/pelúu (peludo), peleti (pelete; pelo pubico), pelambrera (1. melena. 2. todo el bello pubico; "que pelambrera!").
-Caber: Cogél ("no coge'l libru ena caja").
-Cabestro: Cabrestu.
-Cabeza: Caeza, mollera, molla, peana, cotorina (1. cabeza. 2. cima, lo más alto. 3. coronilla de la cabeza), morrúu (cabeza dura; terco, cabezón).
-Cabeza muy gorda: Bigornia (bigornia. f. Yunque con dos puntas opuestas. Se dice de algo que es grande y pesado, por ejemplo "tener la cabeza como una bigornia", es tener la cabeza muy gorda).
-Cabezazo: Cabezazu.
-Cabezón: Caezón, morral (tb. mochila, zurrón, etc.), cascabullu, morrúu (morruo; ser cabezón, obstinado, etc.), modorru (cabezón, terco, etc.), mochuelu (cabezota, testarudo, terco, etc.).

-Cabezona: Caezona, morrua, modorra, cascabulla, mochuela.
-Cabina: Gabina.
-Cable: Cabli.
-Cabo: Cabu.
-Cabra: Chivinu (dim. chivo. Cria de la cabra).
-Cabreado: Ralu.
-Cabrearse: Cabreasi, encuajinalsi.
-Cabriola: Pirueta.
-Cacahuete: Albellana, cacagüeti, cacagüés (plural cacagüesi).
-Cacereño (natural de Cáceres): Mangurrinu.
-Cáceres: Cazris.
-Cacillo: Apartaol (tb. cucharón).
-Cacharro: Zarriu (cosa inútil), cascarria (1. cacharro viejo. 2. suciedad adherida a la piel.), espetera (cacharros expuestos encima de la chimenea), trastu (trasto), achiperri/alchiperri (trasto viejo e inútil), eschangarriu (cacharro estropeado).
-Cacho: Cachu.
-Cachonda: Berrionda (hembra en celo).
-Cachondearse: Ajurreal (abuchear, censurar ruidosamente a uno, hacer burla de alguna persona), bordealsi ("ejarus de bordealsi de las presonas mayoris").
-Cachondeo: Bordeu (burla, cachondearse de alguien, etc.), jarana (fiesta, jaleo, bulla, alboroto, etc.), risoriu (estar de risas, algarabía, de cachondeo, etc.).
-Cachondo: Bordi (tb. burlón), berrinchonchu (salido, excitado sexual. Tb. fruta verde), berriondu (cochino en celo. Excitado sexual).
-Cachos: Escachal (romper, hacer cachos).
-Cada: Cá, ca, "a cá istanti" (cada poco, frecuentemente), cacual (cada cual. "Cacual que saqui la suya enseñanza).
-Cadena: Caena.
-Cadera: Cuadril.
-Caducar: Cumplil (caducar, vencer el plazo de caducidad un producto).
-Caer: Cael, arreparal (tb. acordal; caer en la cuenta o prestar atención), ajocical (caer de bruces), entenguerengui (sinónimo de tambaleante, algo mal colocado que esta a punto de caer,

que no tiene estabilidad; "esta entenguerengui"; "esta a punto de caerse").
-**Caerse:** Rundilsi (refl. caerse, rendirse, arruinarse).
-**Caerse una persona:** Guarrazu, trompazu, zambucazu.
-**Caes:** Cáis.
-**Café:** Sidru, aguachirri (se dice de cualquier bebida con poca sustancia p. e. café muy claro, aguado).
-**Cafés:** Cafésis.
-**Cagalera:** Andanciu (gastroenteritis, malestar general, diarrea, descomposición, epidemia leve), zurralsi (de zurreta, colitis. Tener cagalera, cagarse).
-**Cagar:** Jiñal/giñal (es palabra calé), obral, "jacel de vientri".
-**Cagarse:** Jiñalsi/giñalsi, zurralsi ("te zurrastis de mieu").
-**Cagas:** Jiñas/giñas, "jacis de vientri".
-**Cago (me):** Mecá (expr. de sorpresa o cuando no se esta de acuerdo con algo, diminutivo de "me cago en").
-**Cagó:** Jiñó/giñó, "jizu de vientri".
-**Caída:** Trapajazu (brusca, aparatosa), tropiezu (caída de persona), cayia.
-**Caídas:** Caías, arrumbás, barrumbás, faratás (desechas; "casas faratás"), arrengá - arringá (1. torcida, doblada, derrengada o caída por exceso de peso. 2. doblada por los años, dolorida por el trabajo, etc.).
-**Caído:** Cayíu, arrumbau ("esu es un cazumbu arrumbau"), barrumbau, faratau (desecho), arrengáu/a - arringáu/á (1. torcido/a, doblado/a, derrengado/a o caído/a por exceso de peso. 2. doblado/a por los años, dolorido/a por el trabajo, etc.).
-**Calada:** Calá, carpá (chupada al cigarrillo), pingandu (empapado/a, calado/a, mojado/a).
-**Calar:** Guipeal/guipal/guipá ("ya he calado yo a este"; "ya l´he guipau yo a esti". Tb. curiosear; "jechal una guipaina", "vamus a guipal qu´ha pasau").
-**Calcomanía:** Calcamonía, calcamonea.
-**Caldero:** Calderu.
-**Caldillo:** Caldillu/cardillu (guiso propio de las matanzas).
-**Caldo:** Caldu.
-**Caldoso:** Caldú.

-Calendario: Calandariu.

-Calentador: Calentaol, picolinu (Trujillo: calentador de agua de gas butano).

-Calidad: Qualiá, d'acatu (muy bueno, de lujo, excelente, de calidad; "esti melón no está entovía de güen acatu").

-Caliente: Calienti, calda (f. temperatura muy elevada. De cálida, como caldo de caldus).

-Cáliz: Cális, cascabullu (cáliz de la bellota).

-Calizo: Calizu.

-Calma (con): Dequilati, cachaza (demasiada lentitud, parsimonia, cuajo. "Que cachaza tieni!"), pachorra (demasiada calma, demasiada tranquilidad).

-Calor: Calol (fem. y masc.), flama (f. calor intenso del sol. Calorina. "Fecha la ventana, qu'entra flama").

-Calorina: Flama.

-Calumnia: Levantiju (calumnia, difamación), falsedá (calumnia, acción ultrajante. "Le jizu una falsedá mu grandi i no piensa perdonála").

-Calumniar: Calumnial, malval (calumniar, traicionar).

-Calvo: Carvu, pelón.

-Calzado: Calzáu, calciju (ma. calzado).

-Calzar: Calzal.

-Calzoncillo: Calzón/carzón o calzonis/carzonis (tb. pantalón corto).

-Callado: Callau, chitón, achantau (conformado o callado por cobardía), soncón o soncona (persona callada, disimulador).

-Calláis: Callais, achantais (conformados o callados por cobardía).

-Callar: Callal, atarugal (hacer callar a uno).

-Callarse: Achantal/achantalsi (conformarse o callarse por cobardía).

-Calle: Calli.

-Calleja: Callejina (calleja. Calle estrecha).

-Callejero: Callijeru, perigallu (fiestero, sinvergüenza, golfo, callejero), pingu o pingón/a (ref. a persona), garroteru (a, adj. se dice de los jóvenes que están siempre en la calle abandonando sus ocupaciones. "Qué niña más garrotera. Siempre está por la calle". Barcarrota).

-Cama: Catri, piltra, jerga (camastro hecho de tablas).

-Camarero: Pinchi.

-Cambia: Mua, remua, chamba, troca, tracamundea (de tracamundeal, cambiar. 1. cambiar de sitio las cosas, 2. hecho de cambiar las cosas o hechos. 3. desordenar. 4. ir de un sitio a otro. Buscarse la vida. 5. confundir, equivocar, embrollar. 6. alterar el orden. 7. Cambiar una cosa por otra, confundir), cantea.

-Cambiado: Escambiau, muau, remuau, chambau, tracamundeau (de tracamundeal, cambiar. 1. cambiar de sitio las cosas, 2. hecho de cambiar las cosas o hechos. 3. desordenar. 4. ir de un sitio a otro. Buscarse la vida. 5. confundir, equivocar, embrollar. 6. alterar el orden. 7. cambiar una cosa por otra, confundir), canteau.

-Cambian: Muan, remuan, demuan, tracamundean (de tracamundeal, cambiar. 1. cambiar de sitio las cosas. 2. hecho de cambiar las cosas o hechos. 3. desordenar. 4. ir de un sitio a otro. Buscarse la vida. 5. confundir, equivocar, embrollar. 6. alterar el orden. 7. cambiar una cosa por otra, confundir), cantean.

-Cambiar: Mual, remual, demual (sobre todo el tiempo), chambal, escambial, tracamundeal (1. cambiar de sitio las cosas, 2. hecho de cambiar las cosas o hechos. 3. desordenar. 4. ir de un sitio a otro. Buscarse la vida. 5. confundir, equivocar, embrollar. 6. alterar el orden. 7. cambiar una cosa por otra, confundir), canteal.

-Cambie: Chambi, mué, remué, canteé.

-Cambio: Chambu, remuación, muación (cambio del tiempo), "a truecu de" (a cambio de), tracamundeu (1. acción y efecto de tracamundeal, cambiar. 2. desorden en algún aspecto de la vida).

-Camilla: Vestiura (f. tela que cubre la mesa camilla).

-Camina: Ajila.

-Caminar: Ajilal.

-Camino: Pista, andurrial (camino difícil e intransitable), "jacel gabiya" (gobernar, dominar, "llevar por el buen camino". "No jagu

gabiya d´esti niñu").
-Camión: Cameón, cambión.
-Camisa: Blusón (camisa suelta y ancha de varón), chambra (blusa, camisa o chaqueta ligera y ancha), pañalera (camisa fuera del jersey), jarapal (bajos o faldón de la camisa por fuera del pantalón), atacalsi (meterse la camisa por dentro del pantalón).
-Camiseta deportiva: Camisola.
-Campanario: Campanariu.
-Campeón: Campión.
-Campesino: Campusinu.
-Campestre: Camperu/a (adj. dicho de alguien que le gusta el campo y lo tiene como pasatiempo, no como trabajo. "Ain muchus camperus los domingus ena carretera").
-Campos: Campus.
-Canasta: Banasta.
-Canasto: Cestu.
-Canalla: Prenda (cariñosamente se llama canalla, sinvergüenza. "Estas jechu chicu prenda".
-Cáncer: Cancru (de origen portugués).
-Cancilla: Angarilla/engarilla.
-Canción: Toná, copla.
-Cangrejo: Cancru, cangreju (tb. pollera de mimbre).
-Canica: Bolindri.
-Canino: Caníus.
-Cansadísimo: Derrengáu, arrengau (baldado, muy cansado, rendido, doblado por los años, por el trabajo).
-Cansado: Cansáu, baldáu (cansado), atorrau, derrengáu, arrengau (1. baldado, muy cansado, rendido. 2. doblado por los años, por el trabajo).
-Cansancio: Cansera, cansíu, derrengueta (flojera, desánimo), abarrancamientu, (es el estado de flojera que se da por una enfermedad física), morgañera (palabra que se utiliza para expresar el estado de cansancio y aplomación anímica producida por los cambios del tiempo), jupa.
-Cansar: Aburril.
-Cansino: Aburribli (que tiene la capacidad de aburrir. "Presona

aburribli"), jartibli (que tiene la capacidad de hartar. "Palramenta hartibli").

-Cantáis: Cantai.

-Cántale: Cántali.

-Cantándote: Cantánduti.

-Cantante: Cantanti, cantaol ("cantaol" también significa vendedor de cacharros de alfarería).

-Cantarlo: Cantalu.

-Cantidad: Cantiá, retolá.

-Cantidad (en gran cantidad): A mansarva (en gran cantidad. "Bía pecis a mansarva nel ríu"), a barullu, una sartá, a punta pala (en gran cantidad. "Ai pecis a punta pala nesa poza"), una jartá, una tupa, gomia (gran cantidad de gente, muchedumbre, gentío), parba (montón de mieses o de paja), a manta (abundantemente, en gran cantidad. "Ai jigus a manta dembaju la jiguera", "lluevi a manta").

-Cantidad de algo seguido: Retajila.

-Cantilena: Cantinela (repetición molesta e importuna de algo. "Siempre vieni con la mesma cantinela).

-Cantina: Gangu (m. cantina, taberna. "Se pasa er día metiu nel gangu").

-Canto: Cantu, gorrón (canto rodado), canteal (poner una cosa de canto, del revés o darse alguien la vuelta).

-Canturrear: Canturrial.

-Caos: Cáus.

-Capaces: Escapacis, escapás (escapás, invariable en singular; capaz/capaces).

-Capacidad: Capaciá.

-Capa de hielo: Carámbanu.

-Capataz: Capatas, manijeru (capataz, encargado o jefe de una cuadrilla de trabajadores).

-Capaz: Escapás (invariable en plural; capaz/capaces=escapás), capas que... (la fórmula "capaz que + subjuntivo" tiene el valor de "es posible, quizás": "capaz que lluev a".

-Capital: Capitá, ciá/ciudá.

-Capricho: Comenencia (f. conveniencia o capricho de una

persona. También se usa en Zamora. "Ascucha, hija mía, i no t'encaprichis con tu comenencia"; Chamizo, "El Miajón". También se encuentra en el Voc. bable de A. Rato).
-Caprichoso: Entojaizu/entujaizu.
-Capto: Catu.
-Cara: Jeta, jocicu, "tenel poca lacha" (tener poca vergüenza, tener mucha cara.).
-Carácter: Caraiti, renegá (renegada, persona enfadada), relatóna (que discute mucho), gedionda/jedionda (persona que se enfada fácilmente), pelilleru/a (persona que se irrita fácilmente, que le gusta discutir sin necesidad).
-Caracteres: Caráteris.
-Caracteriza: Carateriza.
-Caradura: Raspau ("este zagal esta raspau"; "este chico es un caradura"), martés, perigallu (sinvergüenza, golfo, callejero).
-Carámbano: Carámbanu.
-Caramelo con palo: (f.) Catanga.
-Carantoña: Fiesta (carantoña que se les hace generalmente a los niños pequeños para hacerlos reír; "jacel fiestas").
-Carburador: Carburaol.
-Carcajada: Resoriu (diversión, carcajada, juerga, esparcimiento, etc.).
-Cárcel: Carci, carcil.
-Cardenal: Negral, moraúra (DRAE: en Aragón).
-Cardo: Cardu, abroju (tribulus terrestris).
-Carecer: Carecel.
-Cargante: Jartibli (que tiene la capacidad de hartar: "que tiu mas jartibli"; "que tio mas cargante". "Palramenta jartibli"; "charla cansina"), cansinu.
-Cargar: Apencal (cargar o apechugar con algo).
-Caricia: Fiesta (carantoñas que se hace generalmente a los niños pequeños para hacerlos reír).
-Caridad: Cariad (beneficencia, caridad).
-Cariño: Querencia, prenda (apelativo cariñoso. "Cariño mío"; "prendita mía").
-Cariñoso: Coscón (persona o animal que muestra cariño excesivo interesado para conseguir algo o el favor de una

persona; "Esti gatinu es un coscón").
-**Carnavales:** Antruejus/astruejus.
-**Carne comestible:** Chicha, chichi, presa (f. trozo de carne. La carne, el tocino y el chorizo del cocido. "Despúes del cocido se comen las presas"), jerreti/gerreti (m. pieza de la ternera), tasaju (pedazo de carne seca y salada para su conservación).
-**Carnet:** Carné.
-**Carpintería:** Estilleru.
-**Carpintero:** Carpinteru, "pica maerus" (pájaro carpintero).
-**Cartel:** Caltel.
-**Carraca:** Matraca (tb. persona pesada, molesta).
-**Carrasco:** Carrascu.
-**Carraspear:** Garráspeal (tener carraspera).
-**Carrerilla:** Carrenderilla.
-**Carretilla:** Carrucha/garrucha.
-**Carrillos:** Carrillá (los carrillos del cerdo).
-**Casa:** Ca, "ancá..." ("a casa de"/ "en casa de"; "tu mairi esta ancá l´Antoña"), majá (casa de campo), chozu (chozo de piedra, de escoba o materiales combinados con forma de iglú, vivienda tipica de los pastores), cazumbu (casa vieja), cuqueru (vivienda muy reducida y pobre), muasi (cambiarse de ropa, de vivienda, etc. Mudarse).
-**Casado:** Casáu.
-**Casarse:** Casasi.
-**Cáscara:** Casca.
-**Cascarrabias:** Pelilleru (1. persona que se irrita fácilmente. 2. persona tiquismiquis), ralu (cabreado, irascible).
-**Casco:** Cascu.
-**Caseta:** Estalachi.
-**Casi:** Abati (casi o por poco. "Abati te cais"; "casi si te caes"), cuasi, "a piqui" ("a piqui me caigu"; "casi me caigo"), cuasiqué ("casi que").
-**Caso:** Casu, antonci (1. entonces. 2. en ese caso), "en chascu que" (en caso de que).
-**Castañas:** Calbotis/carbotis (castañas asadas. -Calbotera- sartén agujereada para asar castañas).
-**Castaño:** Castañu.

-Castellano: Castillanu/castiellanu.
-Castigo: Castigu.
-Castilla: Castiella.
-Castillo: Castiellu.
-Castizo: Castúu, netu, castizu, castú.
-Casualidad: Causaliá, chiripa, casoliá, chiripaina (chiripa, casualidad).
-Casualmente: Causamenti.
-Cataplasmas: "Las bilmas".
-Catarata: Tatarata (enfermedad del ojo).
-Catecismo: Catecismu.
-Catre: Catri, cameru (catre de anchura superior a la normal).
-Cauteloso: Suavi (1. fino, cauteloso para conseguir su objetivo. 2. hipócrita, persona de doble intención. 3. cauteloso. "Dispué de cantali las cuarenta se queó mas suavi que un guanti").
-Cauto: Abisiniu (DRAE: cauto, astuto."Eris mu abisiniu").
-Cavar: Cabá.
-Cavidad: Cabiá.
-Cavilar: Cabildá.
-Cayendo: Trompezandu.
-Cayó: Arreparó (de arreparal. Caer en la cuenta, prestar atención, etc. "No arreparó"; "no cayó en la cuenta").
-Cazador: Cazaol.
-Cazadora (chaqueta): Pellica.
-Cazar: Cazal.
-Cazo: Cazu.
-Cazuela: Almofía (cazuela de barro donde se sirven habichuelas y judías), dornillu (cazuela de madera empleada para hacer el gazpacho).
-Ceder: Derrengal (ceder bajo un peso).
-Cedido: Derrengau (cedido bajo un peso).
-Cegato: Cegañutu, cegarrutu.
-Celebración: Corrobla (1. reunión de amigos donde se habla, reunión de personas, tertulia, pandilla o cuadrilla que se van juntos a comer o de juerga. 2. celebración de un trato o acontecimiento), jarana (fiesta).
-Celebre: Célebri.

-**Celo:** Pelusa (celos. "Cojin pelusina los neñus cuandu tienin un helmaninu"; "tienen celos los niños cuando tienen un hermanito"), berrionda (cachonda, hembra en celo).
-**Celofán (papel celo):** Desafil.
-**Cemento:** Cementu/cimentu.
-**Cencerro de ganado:** Chucallu.
-**Cenefa:** Fenefa, finefa.
-**Censurar:** Atarugal (hacer callar a uno).
-**Centro:** Migollu/miollu (parte central de algo).
-**Ceñido:** Ceñíu, cisti (ceñido, ajustado).
-**Cepillar:** Acepillal.
-**Cerca:** Cerquina (dim. de cerca), cierru (valla, pared o cerco de una finca).
-**Cercado:** Acutau (cercado, reservado).
-**Cerco:** Cierru (valla, pared o cerco de una finca), angarilla/engarilla (puerta o cancilla).
-**Cerda:** Cochina, guarra.
-**Cerdo:** Guarru, guarrapu/garrapu, cochinu, guarrinu/garrapín/guarrapinu (cría del cerdo, cochinillo), berracu (cerdo macho de gran tamaño).
-**Cerebro:** Celebru, sesu (inteligencia).
-**Cerilla:** Mistu, m. cerillu, belilla (DRAE: en Albacete, Andalucía y León).
-**Cerner:** Cernil.
-**Cernícalo:** Mícalu.
-**Cerrada:** Afechá, cierrá.
-**Cerrado:** Afechau, fechau, cierráu, calamandruñu (persona cerrada y bruta).
-**Cerradura:** Fechaura/afechaura (tb. cerrojo, pestillo), llavera.
-**Cerrar:** Afechal, fechal, cierral, atrabancal (1. cerrar con seguridad p. e. puertas y ventanas. 2. atravesarse).
-**Cerro:** Cerru.
-**Cerrojo:** Trancu, f. fechadura/afechaura (cerradura, pestillo, cerrojo, etc).
-**Certeza:** Segurancia (seguridad, certeza).
-**Certifico:** Certificu.
-**Cerveza:** Cervecia.

-Cesárea: Cesária.

-Césped: Cespi, grama (hierba silvestre de hojas cortas, planas y agudas. Usada como césped por ser de hoja perenne).

-Cesta sin asas: Banasta.

-Cesto: Cestu, penachu.

-Cicuta (del lat. CICUTA): Ceguta.

-Ciego: Cegarrutu (persona que ve poco, miope), "a la birulé" (1. con un ojo. 2. bizco. 2. con un ojo amoratado o dañado).

-Ciempiés: Cinchapiés, cinchupiés.

-Ciencia: Cencia (ciencia, sabiduría, cultura, inteligencia).

-Científicamente: Centíficaenti.

-Cierto: Cieltu.

-Ciervo: Gabatu/a (DRAE: De or. inc. cría macho menor de un año de los ciervos o de las liebres).

-Cierra: Tranca/atranca, afecha.

-Cierre: Cerraeru, fechi ("jecha el fechi").

-Cigarra: Chicharra.

-Cigarrillos: Cigarrus.

-Cilindro (del lat. CYLINDRUS): Celindru.

-Cima: Cotorina (lo más alto. "Estí jata la cotorina"; "Estoy hasta la coronilla").

-Cincuentones: Cincuentonis.

-Cine: Cini.

-Cinta: Cintillu (cinta para el pelo o la frente).

-Cintura: Centura.

-Cinturón: Cinchu.

-Circula: Cercula.

-Circulo (del lat. CIRCULUS): Cérculu, reondel/riondel.

-Circunstancial: Cercustancial.

-Circunstancias: Cercustancias.

-Ciruela: Bruñu (por ext. ciruela silvestre), cirgüela.

-Citado: Citáu, mentau (dicho o citado).

-Ciudad (del lat. CIVITAS): Ciá, ciudá, capitá (capital).

-Ciudadanos: Ciuaanus.

-Ciudades: Ciuáis.

-Civilizados: Cebilizáus.

-Cizaña: Pelilleá (meter cizaña, sembrar enemistad,

resentimiento, etc.),
pelillera (dicho de persona quisquillosa, problemática, que anda
metiendo cizaña).
-Clarear: Escampal (el día).
-Clara: Crara.
-Claro: Craru, ralu (ralo, claro, tenue, enrarecido, disperso,
separado, espaciado, escaso, raro, pobre, desgastado, raído,
gastado, fino, delgado, leve).
-Claro (interj.): Caru/craru (claro, por supuesto. Pó caru que
si!), "a vel!"/avil/avé! (1. bueno!. 2. claro!. "A vel, i qué quieris
que yo le jaga?". Expresa afirmación, resignación o interés
según la entonación que se le dé), antonci? (por supuesto. Tb.
sin signos de interrogación), asina (así es),
aguachinau/aguachirri (aguado, claro).
-Clases: Crasis.
-Clasifican: Crasifican.
-Clasificar: Crasifical.
-Clavado (quedarse quieto, fijo, absorto): Clisau (frecuente el
uso de diminutivos clisaínu o clisaitu).
-Clavar: Jincal.
-Clavel (del cat. CLAVELL): Cravé, cravel.
-Clavo: Puga (punta o clavo).
-Cliente: Veceru (1. cliente fijo, asiduo. 2. parroquiano).
-Clima: Oriya ("la oriya anda regüelta"; "el tiempo/clima está
revuelto").
-Clisado: Clisau.
-Cobarde: Cobardi, gabachu (1. traidor. 2. cobarde), güevatu,
caganiu.
-Cobertor: Cubertón.
-Cobijarse: Cobijasi/cobijalsi, arrial (v. reflex. Cobijarse;
guarecerse bajo un árbol, pared o roca, del agua de lluvia o del
viento).
-Cobijo: Cobiju.
-Cobre (del lat. CUPRUM): Cobri.
-Cocción: Coción.
-Cocer: Cocel, sococha/socochau (mal cocinado, a medio
cocer).

-Cocido: Cocíu (guisado de garbanzos), cocimientu (hervido, cocido o infusión).
-Cocina (del lat. COQUINA): Fogón (cocina en la que se enciende la lumbre).
-Cocinado: Cocinau, socochau (mal cocinado, a medio cocer).
-Cocinar: Cocinal.
-Coche: Cochi, carricochi (carrito de bebé).
-Cochinera: Sajurda.
-Cochinillo: Pelaíya (f. el cochinillo. "E mercau una pelaíya pol cincu durus").
-Cochino: Cochinu, marranu.
-Código: Cóigu.
-Coexistir: Coesistil.
-Coge: Entalla, pesca (de pescal. Tb. entiende, comprende, etc.), coji, apaña.
-Cogedor: Badil (1. cogedor para la basura. 2. removedor del brasero).
-Cógelo: Apañalu, entallalu, pescalu, entrillalu.
-Coger: Entrillal (de entallar, pillar, atrapar, coger entre dos objetos), apañal, entallal, pescal, embozá (coger lo que cabe en el cuenco de las dos manos. "Una embozá". Tb. puñado), apescuñal (coger fuerte con las manos).
-Cogerlas: Apañalas, entallalas, pescalas, agarralas.
-Cogían: Apañaban, entallaban, pescaban, agarraban.
-Cogido: Acibarral (cogido, enfermar).
-Cogieron: Apañarun, entallarun, pescarun, agarrarun.
-Cogote: Cogoti, cogutera (parte posterior del cogote).
-Cogujada: Arbela, cobujá, coguta, churubía.
-Cohete (del cat. COET): Cueti.
-Coincide (concuerda): Coincíi, casa ("esta parti no casa"; "esta parte no coincide").
-Coincidente: Coincienti.
-Coincidido: Conciiu.
-Coincidir (concordar): Emparejal, conciíl, casal ("esta parti no pué casal"; "esta parte no puede coincidir").
-Cojera: Renga.
-Cojín: Madrequeta (tb. colchoneta).

-Cojo (de cojear): Coju, chengu (persona, animal o cosa que cojea), que renguea/que renquea.
-Cojones (vulg. valentia): Redrañus/reañus ("no tiés redrañus"; "no tienes valentia"/"no tienes valor").
-Col: Berza.
-Cola (fila): Carrefila, carrefilera (fila, hilera), filera.
-Colaborador: Colaboraol.
-Colaboradores: Colaboraoris.
-Colador: Colaol, manga (de tela para leche, café u otro líquido).
-Colar: Colá, colal, cueli ("los cueli pa quital el pelleju i las pebinas"; "colar para quitar la piel y las pepitas").
-Colchón: Corchón, jergón (colchón de tela relleno de paja).
-Coleccionar: Juntal.
-Colectividad: Coletiviá.
-Colectivo: Coletivu.
-Colegas: Collazu/collaciu (de collacteus. 1. amigo íntimo. 2. hermano de leche. 3. compañero. Compañero en el servicio de una casa o en el campo. 4. compinche), "que jazin güena gabiya", "que jazin güenas migas".
-Colegio: Colejiu.
-Colgante: Corganti.
-Colgar: Endilgal (colgar, insertar o subir un articulo en internet, encasquetar, etc.).
-Coliflor: Colifró, colifrol.
-Colina: Lombu (dim. lombinu. Tb. monte, montículo, montaña, promontorio, colina).
-Colitis: Andanciu (gastroenteritis, malestar general, diarrea, descomposición, epidemia leve), zurreta, zurralsi (de zurreta, colitis. Tener cagalera, cagarse).
-Colmado: Cogüelmu/cogolmu (lleno, en abundancia, colmado, a rebosar, etc."Estar hasta el colmo"; "estal jata el cogolmu").
-Colmar: Rebimbal (colmar, rebasar).
-Colmena: Cormena.
-Colmo: Cogüelmu/cogolmu (lleno, en abundancia, colmado, a rebosar, etc. "Estar hasta el colmo"; "estal jata el cogolmu").
-Colocado: Colocáu, enjaretau (tb. organizado, arreglado,

preparado, etc.).
-Colocando: Enjaretandu (tb. organizando, arreglando, preparando, etc.).
-Colocar: Endilgal (tb. endosar, colocar, acomodar, encajar, poner, meter, facilitar, etc. Tb. dirigir, encaminar), enjaretal (tb. organizar, arreglar, preparar, etc.), endonau (encasquetar, endosar, colocar, etc. "Los pairis s´han iu al cini i m´han endonau al zagal!").
-Colocarse en un sitio: Abarrancal, aparranalsi (colocarse cómodamente en un sitio).
-Coloquio: Caraba.
-Columna: Coluna.
-Columpiar: Columbial.
-Columpio: Rescolumbiu, columbiu, cunita, remeceru, mecederu.
-Collar: Carranca (collar de pinchos metálicos que se coloca en el cuello de los perros), gargantilla (de oro, collar valioso).
-Comadre: Comairi.
-Combatir: Combatil.
-Combativo: Combatibli/combatibri (que tiene la capacidad de combatir o luchar; "lo su sijus son mu combatiblis"; "sus hijos son muy luchadores").
-Coméis: Jincais, chinclais (tb. comer rápido o de golpe).
-Comenta: Mienta, suelta, dis (dice).
-Comentabas: Mentabas (tb. para sinónimos como decías), soltabas, dicías.
-Comentado: Mentau, soltau, iciu/diciu (dicho).
-Comentan: Mientan, icin/dicin (dicen), icinli (le dicen).
-Comentando: Mentandu, diciendu/iciendu (diciendo).
-Comentar: Amental, soltal, dicil/icil (decir).
-Comentario: Comentariu, mentaeru.
-Comenzar: Escomenzal, prencipial.
-Comenzaremos: Esmenzaremus.
-Comenzaron: Escomenzarun.
-Comenzó: Escomenzu.
-Comer: Jincal (tb. beber. 2. jincar las rodillas), chinclal/chinglal (tb. beber o comer rápido o de golpe), manducal, jalal,

merendiyal (intr. tomar la merendilla), merendal (intr. tomar la merienda), aupau (harto de comer, con el estomago pesado por la digestión, incomodo).
-Comerlo: Jincalu.
-Comerse: Jincalsi.
-Comérselo: Comélbelu.
-Comértelas: Comertilas.
-Cómica: Risoriu (situación cómica, graciosa o hazmerreír).
-Comience: Escomienci.
-Comida: Comía (pl. comías), condumiu, gandalla (sustento, alimento, comida; "buscalsi la gandalla"), zaragalla (f . us. más en pl.; trozos de comida que se encuentran en algún plato. "A mí la sopa d'aju me gusta con mucha zaragalla"), avíu ("la mi mairi m´esta preparandu el aviu pá dilmi d´escursión"), "en cima" (adv. dicho de un plato que se come después de otro. "Qué ai de comè en cima?").
-Comida de media tarde: Merendilla (f. la comida, el refrigerio de la tarde. Merendillal; intr. tomar la merendilla).
-Comida del mediodía: Almuerzu, merienda (merendal. Intr. tomar la merienda).
-Comida mal hecha: Comistraju, callongu (poco cocinado, mal cocido).
-Comienzo: Esmienzu.
-Comilón: Mastraga (hambriento y vagabundo, vago y comilón).
-Comilona: Emburrilsi (atracarse de comer), jartera.
-Comió: Chincló (comer o beber rápido o de golpe), jincó.
-Como: Comu/cumu, que contri! (¡como!. CONTRI!. Interj. "qué contri!" indica decisión, resolución para hacer una cosa o salvar una dificultad. Badajoz), cádace (interj. cómo no), "con que" (como que. "Hagu con que m´enterau"; "hago como que me he enterado").
-Compadezcas: Compaozas.
-Compadrazgo: Compairaju, compairalgu.
-Compadre: Compairi.
-Compaginado: Compajinau.
-Compañero: Collazu/collaciu (de collacteus. 1. amigo íntimo, 2. hermano de leche 3. compañero. Compañero en el servicio de

una casa o en el campo. 4. cómpinche).
-Compañía (de CUM y PANIS): Compaña (dar compaña: hacer compañía. Para Corominas es una voz antigua y dialectal. Según Corominas se trata de un dialectalismo leonés y extremeño. María Moliner lo considera como vocablo propio de Salamanca),
caraba (conversación agradable, amistosa. Tener caraba: tener compañía. Dar caraba: hacer compañía. Según el DRAE es una voz propia de Ávila, Salamanca, Extremadura y Zamora, y significa reunión familiar).
-Comparaciones: Comparáncias.
-Comparar: Comparal.
-Comparte: Comparti.
-Compartir: Compartil.
-Compartirla: Compartíla.
-Compinche: Collazu/collaciu (de collacteus. 1. amigo íntimo, 2. hermano de leche 3. compañero. Compañero en el servicio de una casa o en el campo. 4. compínche).
-Complejidad: Complejiá, rebuscamientu (dificultad).
-Complejo: Compleju, rebuscau (difícil), tontu (dicho de objeto difícil de manejar o de persona complicada, de difícil trato. "Qué tonto es el esprimió esti". "El tu primu que tontu es, se enfada pol cualquiel cosa").
-Completamente: Talmenti, aciamenti, rondaenti (totalmente, absolutamente, por completo).
-Completo: Completu, cogüelmu/cogolmu (lleno, en abundancia, colmado, a rebosar, "estar hasta el colmo"; "estal jata el cogolmu"), rondaenti (por completo).
-Complexión: Jechura (creación, obra, resultado, producto, composición, formación, configuración, forma, trama, factura, disposición, distribución, complexión, constitución, imagen, figura).
-Complicación: Rebuscaeru, rebuscamientu.
-Complicado: Rebuscau, abarullanti (de barullo, complicado, lioso).
-Cómplice: Complici, collazu/collaciu (de collacteus. 1. amigo íntimo, 2. hermano de leche. 3. compañero. Compañero en el

servicio de una casa o en el campo. 4. compínche).
-Comportamientos: Portamientus.
-Composición: Jechura (creación, obra, resultado, producto,
composición, formación, configuración, forma, trama, factura,
disposición, distribución, complexión, constitución, imagen,
figura).
-Compra: Recau (recado), mandau ("dil a un mandau"; "ir a
hacer una compra". Tb. encargo), merca (3ª per. sing. verbo
comprar).
-Compraba: Mercaba.
-Comprar: Mercal.
-Compré: Merqué.
-Comprender: Comprendel, compresibli (que tiene la capacidad
de comprender. "Pairis compresiblis"; "Padres comprensibles").
-Comprendes: Comprendis.
-Comprendo: Comprendu.
-Comprensible: Compresibli.
-Comprobando: Compruebandu.
-Comprometida: Peia (pedida).
-Comprueba: Compreba.
-Compuesto: Compuestu, recadau/á, curiosu/a ("as dejau la
mesa mu curiosa").
-Común: General (1. adj. dicho de algo común, general. 2.
verdadero, cierto, noble. "Lo diju polo general").
-Comunicarse: Comunicalsi.
-Comunión: Comuñón.
-Con calma: Dequilati.
-Concentración: Queá (reunión, concentración de gente),
juntanza (junta, reunión), juntaeru (reunión continua), barajunda
(mucha gente en movimiento).
-Concentrado: Espesu/despesu (ma. espeso, concentrado),
ralu (no espeso, no consistente; "Estas natillas estan ralas").
-Concepción: Conceción.
-Concepto: Concetu.
-Concertada: Concertá.
-Concertado: Concertáu.
-Conciencia: Concencia.

-Conclusión: Concrusión.
-Concordar: Casal ("esta parti no casa con esta"; "esta parte no concuerda con esta").
-Concuerda: Casa ("esta parti no casa"; "esta parte no concuerda"), coincíi.
-Conducir: Guial.
-Con el: Cone.
-Confabulado: Confabuláu.
-Configuración: Jechura (creación, obra, resultado, producto, composición, formación, configuración, forma, trama, factura, disposición, distribución, complexión, constitución, imagen, figura).
-Confirmación: Confirmaeru.
-Confite (del cat. CONFIT): Cunfiti.
-Conformación: Jechura (creación, obra, resultado, producto, composición, formación, configuración, forma, trama, factura, disposición, distribución, complexión, constitución, imagen, figura).
-Conformar: Conformal, achantal (conformarse con resignación o por cobardía).
-Conformarse: Achantalsi (conformarse con resignación o por cobardía. "El toru s´achantó"; "el toro se acobardó").
-Conformidad: Conformiá.
-Confundido: Aturruyau, confuscau.
-Confundir: Aturruyal, tracamundeal, confuscal.
-Confundieron: Confuscarun.
-Confusión: Embolau, enreu (enredo), baraña (maraña), barullu, rebujón (lío de algo), rebujiña, estrebejíl/estrebegil (lío, confusión, desorden).
-Confuso (poner confuso): Enbarullal.
-Congestión nasal: Atacación.
-Conjugar: Conjugal.
-Conjunto: Conjuntu, f. componenda.
-Con la: Cona.
-Conmigo (del lat. CUM, "con" y MECUM, "conmigo"): Megu [del lat. MECUM. Sólo cuando es complemento circunstancial con preposición: con megu, pa megu, de megu, etc. Nunca

cuando es sujeto (yo) o complemento directo / indirecto (me)],
consigu (llevo conmigo, porto. "Llevu el móvil siempri consigu").
-**Conocemos:** Sabemus, conocemus.
-**Conocen:** Sabin.
-**Conocer (del lat. COGNOSCERE):** Sabel, conocel.
-**Conocerla:** Conocela.
-**Conocido:** Sabíu, conociu.
-**Conociendo:** Supiendu, conociendu.
-**Conocimiento:** Conocencia, enteración.
-**Conozcas:** Conozas.
-**Conozco:** Conozu.
-**Consecuencia:** "A cuenta de" (como consecuencia de lo
cual...; "pos a cuenta d'esu andamus tos pol aquí").
-**Consecuencias:** Apencal (afrontar las consecuencias).
-**Conseguido:** Aconsiguiu.
-**Conseguir:** Aconseguil, recadal.
-**Consejo:** Conseju.
-**Consentidor/a:** Consentió/ora.
-**Conserva:** Conselva.
-**Conserve:** Conselvi.
-**Conserven:** Conselvin.
-**Consideración:** Consieración.
-**Considero:** Consieru.
-**Consigo (del lat. CUM, "con", y SECUM,"consigo"):** Segu
(del lat. SECUM).
-**Consigna:** Consinia.
-**Consisten:** Consistin.
-**Consistente:** Consistenti, ralu (no consistente. Pelu ralu,
natillas ralas, etc.).
-**Consistir:** Consistil.
-**Consta:** Costa.
-**Constante:** Costanti, continu, téntigu/a (1. dicho de una
persona, perseverante, constante. 2. dicho de una persona,
insistente, pesada, cargante).
-**Constantemente:** De continu.
-**Constipado:** Costipau, amormau.
-**Constitución:** Jechura (creación, obra, resultado, producto,

composición, formación, configuración, forma, trama, factura, disposición, distribución, complexión, constitución, imagen, figura).
-Constituyen: Costitúin.
-Construcción: Costrución.
-Construir: Costruil.
-Construyen: Costruyin.
-Consumido: Consumiu (deterioro físico visible, muy delgado, consumido por la enfermedad o desnutrición. "Esi perru esta consumiu por que no comi").
-Contactado: Contastáu.
-Contactar: Contastal, cuntastal.
-Contado: Al pun pun (al contado. "M´he mercau un amotu y lo he pagau al pun pun").
-Contar: Contal/cuntal, contá.
-Contarlas: Contalas.
-Contemplaciones: Miramientus ("sin miramientus").
-Contenido: Conteníu.
-Contento: Jarteti (diminutivo de harto. Tb. alegre, contento, satisfecho).
-Contertulio/a: Caraberu/a (contertulio, hablador).
-Contestación: Contiesta ("esperu una contiesta").
-Contestar: Contestal.
-Contexto: Contestu.
-Contigo (del lat. CUM, "con", y TECUM, "contigo"): Tegu (del lat. TECUM).
-Contiguo: Contigu.
-Continente: Continenti.
-Continúa: Acotina.
-Continuación: Acotinación (a continuación), de seguiu (a continuación. Tb. continuado).
-Continuado: De seguiu.
-Continuamente: De continu (loc. adv. m. continuamente, siempre), a continu, desiguia (1. adv. m. de seguida, continuamente. 2. prónto, de inmediato).
-Continuar: Acontinal.
-Continuo: Continu.

-**Contonearse:** Contonealsi.
-**Contra (del lat. CONTRA):** Escontra, a la escontra (1. en contra, contrariamente. 2. contrario a).
-**Contrariamente:** A la escontra (1. en contra, contrariamente. 2. contrario a), a la contra, pol contra (contrariamente, no obstante).
-**Contrario (al contrario):** Manigual, a la escontra (tb. en contra, contrariamente y contrario a), a la contra.
-**Contraseña:** Conseña, consinia.
-**Contribuid:** Contribuyil.
-**Controlado:** Enfilau.
-**Con un:** Conun.
-**Convencer:** Engatusal (con halagos).
-**Conveniencia (del lat. CONVENIENTIA):** Comenencia (f. conveniencia o capricho de una persona. También se usa en Zamora. "Ascucha, hija mía, i no t'encaprichis con tu comenencia"; Chamizo, "El Miajón". También se encuentra en el Voc. bable de A. Rato).
-**Convenir:** Cumpril (agradar, convenir).
-**Conversación:** Caraba.
-**Convertido:** Convertíu, canteau.
-**Convertir:** Canteal.
-**Convertirse:** Cantealsi.
-**Conviene:** Conviíni, convien, "me cuaca" o "m'acuaca" ("me conviene" o "me parece bien").
-**Convite:** Convidá.
-**Convulsión:** Tembleta.
-**Cónyuge:** Cónyugui.
-**Coñac:** Coñá.
-**Coño:** Coñu, papu ("que papu tieni"), coñi/coñeli (interjeción; "coñl/coñeli con el zagal!"), coñiu, condumiu.
-**Cooperar:** Coperal, apencal (arrimar el hombro, cooperar en un esfuerzo).
-**Cooperativa (del lat. COOPERATIVUS):** Cumperativa, cuperativa.
-**Copa:** Bernegal (De or. inc.; cf. *barniz*. m. Taza para beber, ancha de boca y de forma ondeada).

-Copiarlo: Copialu.
-Copión: Fijón.
-Copla: Copra.
-Copleo: Copleá.
-Copo: Copu.
-Corazón: Gallu (m. parte del corazón de la sandía que queda en una tajada).
-Corazonada: Corazoná.
-Corbata: Venceju (soga delgada en forma de lazo).
-Cordero: Corderu, borregu.
-Cordón: Cuenda, cabetis (cordones de los zapatos).
-Cornear: Amorcal/amurcal (golpe con las astas, cornear).
-Coronilla: Cotorina (lo más alto. "Estí jata la cotorina"; "Estoy hasta la coronilla").
-Corpiño: Justiyu.
-Corta: Curta, saja (sobre todo "cortar" en un fruto).
-Cortada: Cortá, sajá.
-Cortado: Cortáu, sajau (sobre todo cortado en un fruto).
-Cortado de raíz: Cortau a rrapis.
-Cortapicos: Cortapicus, cortatijeras, ortiguilla.
-Cortar: Curtal, atarazal, sajal (sobre todo cortar en un fruto).
-Corte: Tajá, tajicá.
-Cortejar: Arrimalsi (acercarse, cortejar).
-Cortejo fúnebre: Acompañamientu.
-Corto: Coltu, curtu.
-Corzo: Corciu.
-Correa: Cincha, cinchu.
-Corrección: Corrijieru.
-Correctamente: Correstaenti.
-Correcto: Correstu, apropiau.
-Corrector: Correstol.
-Corredera del pantalón (bragueta): Pretina, correera (corredera o cremallera).
-Corregir: Corrijil/correjil.
-Correo: Correu.
-Correr: Ajilal (darse prisa). Son expresiones frecuentes: "a to trapu" (a todo correr), "a toa mecha" (muy deprisa. "Ví a toa

mecha").
-**Corresponder:** Correspuendel.
-**Correspondiente:** Correspuendienti.
-**Corrígelo:** Almendalu, corrigelu/corrijilu.
-**Corregir:** Almendal (enmendar), corrigil/corrijil.
-**Corrigió:** Corrigió/corrijió.
-**Corriendo:** Alantroti.
-**Corriente:** Correntera (corriente de aire).
-**Corro:** Corru, gayurón (corro que forman los niños en un juego).
-**Corromperse:** Abufalsi ("la carni pué abufalsi"), corrumpilsi.
-**Corrupción:** Corrución.
-**Cosa (del lat. CAUSA):** Achiperri (cosa u objeto), gosina (cosita muy pequeña).
-**Cosas inútiles:** Zarrius.
-**Cosechar:** Apañal. ("apañal las acitunas").
-**Cosita muy pequeña:** Gosina.
-**Costado:** Respajilón (rozando).
-**Costalada:** Costalón.
-**Costalazo:** Costalón.
-**Costar:** Costal.
-**Coste:** Costi.
-**Costumbre:** Costumbri.
-**Cotilla:** Escusáu/á (curioso, cotilla, atrevido, que se mete en asuntos ajenos), alcahueti/arcahueti, chinchorreru, goleol (oledor, persona que quiere meterse en todo).
-**Cotilleo:** Caraba (tertulia insustancial), chinchorreu.
-**Coxis:** Cosis.
-**Coyuntura:** Coyontura.
-**Coz:** Patá.
-**Crack (persona extraordinaria, fenómeno):** Charnecu, güevú, bregáu, arriscu, arrestau, bravu, arrecarcau, arrochau, relanzau, cojonúu, apañau, abiau, listu, maestru.
-**Crea:** Cria.
-**Creación:** Criacion, jechura.
-**Creada:** Criá.
-**Crear:** Crial.

-Crecer: Crecel.
-Crecida: Creciá.
-Credo: Credu.
-Creencia: Creyencia.
-Creer: Creel, creyel, crel.
-Creíble: Creíbli, creyibli.
-Creído: Creíu.
-Creo: Creyu, "pa mi que..." (yo creo que...).
-Crema: Puelmi (f. mezcla líquida muy espesa, de pimienta y vinagre, que se usa para limpiar metales. "Los doraus los limpia con puelmi". También se llama así a toda sustancia espesa. "Esus garbanzus son tan güenus que si unu se descuida se jacin una puelmi". De los barrizales se dice: "Qué puelmi s´ha formau". Badajoz), ralu (poco espeso, denso o escaso. "Estas natillas están ralas"), espesu/despesu (ma. espeso, concentrado).
-Cremallera: Correera (cremallera, corredera), pretina (bragueta).
-Crepúsculo: Candilá (rojeces de la puesta del sol).
-Crezca: Creza.
-Criada: Criá.
-Criado: Criáu, rapa (persona que esta al servicio de alguien. Criado, mayordomo).
-Crianza: Criancia, creación.
-Criatura (del lat. CREATURA): Cretura, creatura, creaúra.
-Cribado: Joreu (de joreal. Acción de cribar los cereales).
-Criminal: Creminal.
-Crisis: Clisis (tb. eclipse. DRAE recoge eclipsi como arcaísmo).
-Cristalero: Cristaleru.
-Criterios: Criterius.
-Criticado: Enjalmu/a (exceso de ropa. Tb. de la ropa destrozada. "T´ha puniu comu un enjalmu"; "te ha puesto como un trapo").
-Cromo: Santu, estampa.
-Crónica: Corónica.
-Croqueta: Cloqueta.
-Crucero: Cruceru.

-Crucifijo: Crucufiju.
-Crucifixión: Crucifisión.
-Crudo: Cru.
-Crujido: Crujimientu.
-Cruz: Crus.
-Cruzada: Cruzá.
-Cruzar: Cruzal, crucial.
-Cuaderno: Cuaelnu (dim. cuaelninus).
-Cuadra: Quairas.
-Cuadrar: Cuadral.
-Cuadrillas: Quarillas, corrobla (tb. reunión de amigos donde se habla, reunión de personas, tertulia, pandilla o cuadrilla que se van juntos a comer o de fiesta).
-Cuadro: Cuairu.
-Cuajo: Cachaza (demasiada lentitud, parsimonia, cuajo. "Que cachaza tieni!"), pachorra (demasiada calma, demasiada tranquilidad).
-Cualesquiera: Cualisquía, cualisquiera.
-Cualidad: Cualiá.
-Cualquier: Cualisquiel, andiquiera (en cualquier sitio).
-Cualquiera: Cualquía.
-Cuando: Cuandu.
-Cuanto: Cuantu/cuanti, contra mas/contra menus (cuanto mas/menos. "Contra más me riñes"; "cuanto más me riñes"), contri mas/contri menus (cuanto mas/menos. "contri más ajilas"; "cuanto más corres"), en cuanti/en cuantu (en cuanto. Tan pronto como. Hasta que), en cuantinu (loc. conjunt. temp. en cuanto).
-Cuarentañero: Cuarenteñu.
-Cuarto: Bujíu (m. cuarto o habitáculo oscuro, destartalado y mal ventilado. Cuartuchu).
-Cuatro: Cuatru.
-Cubil (del lat. CUBILE): f. Cubil.
-Cubo: Calderilla (cubo metálico de latón o zinc, caldero pequeño), cuba (cubo que se hacia antiguamente de madera).
-Cubos para sentarse: Taju, corchuelu (asiento pequeño hecho de corcho, de forma cuadrada, usado por los pastores).
-Cubrir: Cubril, tapal, montal (montar, cubrir a las hembras).

-Cubrirse: Cubrisi, embasal (cubrirse de espinas o de otra cosa molesta).
-Cucaracha: Coriana.
-Cuclillas: Estal en clo (diccionario salmantino: estar en cuclillas).
-Cuclillo: Cucu (cuco. "Cuculus canorus").
-Cuco: Asolapau (astuto, malicioso y sagaz).
-Cucurucho: Cartuchu (cucurucho de papel hecho con las manos).
-Cuchara: Cuchara jerreña (cuchara de hierro con mango largo, utilizada para cocinar).
-Cuchillada: Chinfarrá (herida en la piel o corte).
-Cuchillo grande: Facu.
-Cuchitril: Cutrichil.
-Cuece: Cueci.
-Cuece-leche: Cocelechi.
-Cuello: Gañoti, pescuezu, papu.
-Cuenco: Dorniyu (m. cuenco de madera, en donde hacen el gazpacho los pastores y la gente de campo).
-Cuenta (darse): Apercatalsi, barruntal (si es pronominal), "cuandu miris po sí" ("cuando mires por si"; "cuando te des cuenta").
-Cuentagotas: Contagotas.
-Cuentista: Copleru (charlatán, fantasioso, cuentista), boquiqui, alicantinas/licantinas (treta, cuentista "tener muchas alicantinas", "tener el pico de oro"), maturranga (engaño, trampa, maña, mentira, invención, etc.).
-Cuenta (dado cuenta/caer en la cuenta): Arreparau ("no habia arreparau"; "no me había dado cuenta"/"no había caído en la cuenta").
-Cuenta (te das): Arreparas ("si no arreparas"; "si no te das cuenta"), empercatasti.
-Cuenta (darse cuenta/caer en la cuenta): Arreparal, empercatál.
-Cuenta (me dí cuenta/caí en la cuenta): Arreparé, me empercaté (me di cuenta).
-Cuenta (te das cuenta/caes en la cuenta): Arreparas ("a vecis

arreparas"; "a veces te das cuenta"), t´empercatas.
-Cuentos: Cuentus, maturrangas (engaños, trampas, mañas, mentiras, invenciónes), alicantinas (dichos, historietas, anécdotas, picardías, tretas, cuentos, "tener el pico de oro"; "Tenel muchas alicantinas").
-Cuerda gruesa: Soga.
-Cuerda: Cuérdiga, biscal (cuerda, vencejo), venceju (soga delgada con la que se forma un lazo, normalmente para atar el trigo), guita (f. cuerda de cañamo).
-Cuero: Material (cuero. DRAE: material. 7. cuero curtido. Tb. dicc. bable y castellano), enpelotal (poner en cueros; desnudar).
-Cuerpo: Cuerpu.
-Cuervo: Arrendaju (ave de la familia de los córvidos).
-Cuestión (del lat. QUASTIO,-ONIS): Custión.
-Cuestiones: Custionis.
-Cueva: Julera.
-Cuévano: Cobanillu.
-Cuida: Arrepara (presta atención. "Arrepara de no ofenderla"; "cuida de no ofenderla").
-Cuidada: Cudiá, cudaita/cudaina (diminutivo de cuidada), apopá (cuidada, mimada).
-Cuidado (del lat. COGITATUS): Cudiáu, "el pesqui" (de nuestro verbo "apescal" que significa "coger, entender"; "ai que tenel más pesqui" en el sentído de que hay que tener mas cuidado de que nadie te engañe; cuidado, atención), arreparal (tener cuidado, prestar atención), cudaitu/cudainu (diminutivo de cuidado), apopáu (cuidado, mimado), a tencias (al cuidado), almiración (cuidado, atención, miramiento. "Tenel almiración cone perru").
-Cuidar: Cudial, apopal (cuidar, mimar), arreparal (prestar atención).
-Cuide: Cúidi.
-Culebra: Bastardu/bestardu, bicha.
-Culo: Panderu, jopu, buyarengui/buyati (Badajoz: culo).
-Culpa: Curpa.
-Culpable: Curpabli.
-Cultivado: Cultiváu, "la senara" (es el cultivo o la tierra

cultivada).
-Cultivar: Sembral.
-Cultura: Curtura, coltura, cencia (ciencia, sabiduría, cultura, inteligencia).
-Cumpliendo: Cumpriendu.
-Cumplir: Cumpril.
-Cundir: Rejundil.
-Cuota: Cota.
-Cuplé: Cuplén.
-Cura (insecto): Carraleja.
-Curación: Curaeru (ma. acción y efecto de curar), curabli (que tiene la capacidad para curar; "yerba curabli").
-Curiosear: Guipeal/guipal/guipá ("jechal una guipaina". Ver para curiosear. Tb. calar; "ya l´he guipau yo a esti"; "ya lo he calado yo a este"), escuseal, chindal (rebuscar, curiosear).
-Curiosidad: Curiosiá, golienda.
-Curioso: Goleol (persona que es curiosa), escusáu/á (curioso/a, cotilla, atrevido/a, que se mete en asuntos ajenos).

CH

-Cháchara (cotilleo): Caraba, de chinchorreu (de cháchara, de cotilleo).
-Champú: Champún.
-Chanchullo: Trafulla.
-Chándal: Chanda.
-Chapas: Platillus (chapas de las botellas de cervezas, refrescos, etc. "Platis"; jugar a los "platis").
-Chapuza: Garnacha, tarandangu (algo mal hecho).
-Chaqueta: Zamarra/zamarreta, pellica/pelliza, jugón/jubón (m. chaquetilla de mujer que llega hasta cintura. En muchos pueblos de las dos provincias), chambra (blusa, camisa o chaqueta ligera).
-Charca: Pedrea (también laguna).
-Charla: Galrotéu, paliquéu, palranga, parleta, palrraeru, palramenta.
-Charlatán: Boquiqui (charlatán fantasioso, embustero,

"enterado").
-Chico: Chicu, zagal, chachu (muchacho).
-Chichón: Guruyu, chinchón, chinchoti, boyu.
-Chifla (me): Pilra (gustar mucho. DRAE pirla. "Me pilra"; "me encanta").
-Chiflado: Grillau.
-Chillar: Berreal (tb. llorar), jipial, gañital.
-Chillido: Berriu (tb. lloro), jipiu, gritíu (grito).
-Chimenea: Jumeru, chiminea.
-Chiringuito: Estalachi.
-Chismoso: Arcahueti/alcahueti, enreaol/enraó, escusau, chinchorreru, gosiperu/gusiperu, jablaol/jablaó, lenguarón, lianti.
-Chispas: Chiscal (hacer saltar chispas).
-Chivato: Cacica, lenguarón/lenguarúu/lengüereta (lenguaraz).
-Chocar: Estampal.
-Chocarse: Estampalsi.
-Chocho: Chochu, chuminu, condumiu.
-Chorizo: Chorizu, aguinaldu (chorizo pequeño).
-Chorro: Garlu/galru (a garlu; "trincal a garlu"; "beber a chorro").
-Chozo: Chozu (vivienda típica de los pastores extremeños).
-Chufas: Chuflas.
-Chulear: Fardal.
-Chulo: Martés (golfo, que trabaja poco, callejero), fardón (de fardar).
-Chupa-chups: Catanga (piruleta, pirulín, caramelo con palo).
-Chupado: Escuchumizau (adj. delgaducho, enfermizo; chupado y con mal color),
que contri! (indica decisión, resolución para hacer una cosa o salvar una dificultad. Esta chupado!; "está chupau" expr. que quiere decir que algo es muy fácil de hacer), consumiu.
-Chupar: Zugal (v. trans. chupar, sacar el jugo. A. Valbuena lo usa en el "Diálogo del Cristiano y del judío" bajo la forma de –sugar-), chuperreteal (chupar mucho).
-Chupete: Chupi (chupe).
-Churrascar: Charramuscal, charruscal.
-Churro: Jeringu.

D

-**Dado:** Dau.
-**Danzarín:** Danciqui.
-**Dando:** Dandu, jarreandu (verb. dar, golpear).
-**Dañar alguna cosa:** Endañal, eschangal, dañibli (que tiene la capacidad de dañar; "pranta dañibli"; "planta dañina").
-**Dañen algo o alguna cosa:** Eschanguin.
-**Dañina:** Dañibli (que tiene la capacidad de dañar; "pranta dañibli"; "planta dañina").
-**Dar:** Dal, endilgal.
-**Dar de si a algo:** Estiral (alargar), cundil (que cunda. "Que cundan las perras").
-**Darle:** Dali.
-**Darlo:** Dalu.
-**Darse:** Dalsi.
-**Dar una vuelta (paseo, etc.):** "Dal un garbeu".
-**Darse un golpe:** "Dalsi un trompazu".
-**De:** De, e ("andan endentru e la casa"/"andan endentru de la casa". También seria correcto escribirlo sin la preposición "de" o "e", quedaría como "andan endentru la casa").
-**Dé (le):** "Le vagui" (Le dé. "Paque a naidi le vagui pol dicil jangás").
-**De ahí:** Belai.
-**De antes:** "D´antis", "d´enantis".
-**Debajo:** Embaju.
-**Debate:** Caraba.
-**Debemos:** Debemus.
-**Debería:** Debria.
-**Debes:** Debis.
-**Debidamente (formalmente, seriamente):** "A concencia" ("las casas antigas estan jechas a concencia").
-**Debido:** Debiu.
-**Débil:** Endebri, caganiu (muchacho/a de constitución débil, a la vez que torpe).
-**Decepción por sorpresa:** Chascu ("llevalsi un chascu"; "llevarse una decepción").

-Decías: Icias/dicias, mentabas (tb. sinónimos como comentabas, etc.).
-Decidido (verbo decidir): Aterminau ("ya lo tengu aterminau, sedrá de coló brancu").
-Decidir: Aterminal.
-Decir: Icil/dicil [el verbo "icil" o "dicil" nada más que pierde la d- cuando la siguiente sílaba tiene "c". Presente indicativo: digu, (d)icis, (d)ici/dis, (d)icimus, (d)icís, (d)icin. Imperfecto ind.: (d)icía, (d)icías, (d)icía... Pasado: diji, dijisti, diju, dijimus, dijistis, dijun/dijierun. Futuro: diré, dirás, dirá, diremus... Potencial: diría, dirías, diría... Presente subjuntivo: diga, digas, diga, digamus, digais, digan. Imperfecto subj.: dijiera, dijieras, dijiera, dijiéramus, dijierais, dijieran (tamién dijera, dijeras, dijera...). El infinitivo puede ser icil y dicil, el gerundio dijiendu (dijendu) o (d)iciendu y el participio siempre es dichu-a, nunca *ichu-a], mental.
-Decirlo: Icilu/dicilu, mentalu.
-Decírmelo: Icilmilu/dicilmilu.
-Decisión: Reañus (energía y decisión para hacer las cosas), acuerdu.
-Declaración: Decraramientu.
-Decorar: Adornal.
-Dedos: Deu gordu (dedo pulgar), deu mocosu (dedo índice), deu del mediu (dedo medio), deu nulal (dedo anular) y deu meniqui (dedo meñique. También llamado "deu chicu" o ñiqui, ñicli, meñicli o moñicli, según los pueblos).
-De el: El, "d´el".
-De esa: Desa.
-Defecar: Jiñal (es palabra caló), obral, "jacel de vientri".
-Defender: Afial.
-Defenderla: Afiala.
-Deficiente: Tulliu (deficiente, con alguna minusvalía. Tb. baldado).
-Dehesa: Hesa/jesa ("Es mu ricu, tié muchas jesas").
-Deis (verbo dar): Endoneis.
-Dejamos: Ejamus.
-Dejan: Ejan.

-Dejándolo: Ejándulu.
-Dejar: Ejal, echal (poner algo en algún sitio), quedal.
-Dejar agrandado: Engrandal.
-Dejar delgado: Endelgazal.
-Dejar liado: Enlial.
-Dejarlo: Echalu, ejalu.
-Dejar prestado: Enprestal.
-Dejar señal: Enseñal.
-Dejar taponado: Entaponal.
-Deje: Quei/queé (quede).
-Dejo: Eju.
-Del: El.
-Delantal: Mandil.
-Delante: Alantri.
-De las: Delas.
-Delgada (muy): Escuchimiza, consumia (deterioro físico visible, muy delgado, consumido por la enfermedad o desnutrición; "esi perru esta consumiu, paeci que no comi"; "la enfermedá lo tié consumiu"), chupá, tísica (delgada y enfermiza. Tísico, antiguamente se le llamaba así a los tuberculosos).
-Delgado: Delgaininu, delgainu, garetu (delgado, flaco), jaroti, consumiu (deterioro fisico visible, muy delgado, consumido por la enfermedad o desnutrición; "esi perru esta consumiu, paeci que no comi"; "la enfermedá lo tié consumiu"), chupau, escuchumizau (adj. delgaducho, enfermizo. En toda la provincia de Badajoz), tísico (delgado y enfermizo. Antiguamente se le llamaba así a los tuberculosos).
-Delgado (hacer delgado): Adelgazal.
-Delgado (poner delgado): Endelgazal.
-Delicada (persona): Gediondu/jediondu, tiquimiqui, escuajarau, melindrosu, pelilleru (tb. quisquilloso).
-Delicado por enfermedad: Pachuchu, consumiu (deterioro físico visible, muy delgado, consumido por la enfermedad o desnutrición; "esi perru esta consumiu, paeci que no comi"; "la enfermedá lo tié consumiu"), escuchumizau (adj. delgaducho, enfermizo. En toda la provincia de Badajoz).
-De los: Delos.

-Demás: Desotrus ("palos desotrus"; "para los demás").
-Demente: Zumbau (DRAE: zumbado).
-Demoler: Faratal.
-Demostración: Mostración (f. muestra, demostración).
-Demostrar: Mostral.
-Denso: Ralu (poco espeso, denso o escaso. "Estas natillas están ralas"), espesu/despesu (ma. espeso, concentrado).
-Dentadura: Molienda.
-Dentro: Drentu, adentru, endentru ("dentro de"; "endentru de"), "daquí a ná" (dentro de poco, dentro de nada).
-Denuncia: Adenúncia.
-Denunciar: Adenunciál.
-Depende: Pendi, ependi.
-Dependiendo: Aténcias (1. estar a merced de. 2. dependiendo de. 3. pendiente a o pendiente de).
-Depresión: Apresión.
-Deprisa: Agilal/ajilal (darse prisa, andar deprisa, etc.).
-Derecho: Drechu.
-Derivar: Canteal.
-Derrengado: Arrengáu/a - arringáu/á (1. torcido/a, doblado/a, derrengado/a o caído/a por exceso de peso. 2. doblado/a por los años, dolorido/a por el trabajo, etc.).
-Derretir: Erretil, jundil (fundir, derretir), faratal (deshacer).
-Derrochador: Manirrotu, derrotaol.
-Derroche: Gastaeru ("que gastaeru de material!").
-Derrumbar: Arrumbal, barrumbal, faratal (deshacer).
-Desagradar: Encuajinal (cabrearse, desagradar).
-Desagrado: Escorrozu (1. ruido tenue y misterioso. 2. repugnancia, asco), zarriu ("estás jechu un zarriu"; "estás hecho un asco"), tirria (odio, asco).
-Desajuste: Desfarajusti.
-Desaliñado: Farragua, pitañosu, arrestinosu, cascarria.
-Desamueblar: Desmueblal.
-Desaparecido: Desapaeciu/esapaeciu.
-Desarmado: Desbaratau/esbaratau (tb. deshecho).
-Desarrollo: Desarróllu, desenroamientu.
-Desarrollarla: Desarróllala.

-Desasosiego: Desatalantal (desasosegar, inquietar), soliviantal (inquietar o alterar a alguien).
-Desatento: Clisau (absorto en otras cosas).
-Desbandada: Esperdigá.
-Desbaratar: Faratal.
-Descampado: Desarbolau.
-Descanso: Descansiu, avau ("no dal avau"; no dar respiro, sin descanso, sin tregua, sin pausa, etc.), resuelgu (oportunidad, respiro).
-Descaradamente: Descarámenti.
-Descariñado/a: Desenquerau/á (dicho de una persona o un animal).
-Descartar: Disprecial.
-Descartarlo: Disprecialu.
-Descolocar: Tracamundeal (siempre en el sentido de poner algo revuelto).
-Descomponer: Faratal.
-Desconchón en la pared: Farrondón, despostillón, ("la parel esta despostillá").
-Desconozco: "Ni peba" (Badajoz. "Lo desconozco", "ni idea", etc.).
-Descontrol: Desfarajusti.
-Descuidado: Farfalla (persona poco curiosa ó delicada), farraguas (vestido de forma descuidada. Salamanca, farracho 'persona descuidada'. Galicia, farranguelo: 'monigote de Carnaval' en Puebla de Trives. OVEJERO, 106, en León).
-Descuidar: Descuidal/descuidial.
-Descuido: Descuidu/descuidiu.
-Desde: Dendi, endi, desque (conj. temp. desde que, a partir de que).
-Desear: Eseal, ansial, alampal (sinifica "desear algo mucho" y es intransitivo, no *s'alampa algu, se alampa POR algo "está alampandu por mercalsi una casa").
-Deseaba: Eseaba, ansiaba.
-Deseo: Eseu, ansias.
-Desembuchar: Desbrunchal (desembuchar; decir lo que se tiene oculto y callado).

-Desempleado: Desoficiau.
-Desencanto: Chascu (chasco, desengaño, desencanto, plancha, patinazo, etc.).
-Desengaño: Chascu (chasco, desencanto, desengaño, plancha, patinazo, etc.).
-Desenredarse: Desenrealsi, desembeleñalsi.
-Desentendido: Desatentu.
-Desenvuelto: Charnecu, güevú, bregáu, arriscu, arrestau, bravu, arrecarcau, arrochau, relanzau, cojonúu, apañau, aviau, listu, maestru.
-Desgana: Desganu (m. de desgana; falta de animo, cansancio, apatía), modorra, jaragandina, galbana (desgana, falta de ganas para hacer algo, pereza, aburrimiento), mogangu (sueño, pereza, desgana, etc. "Que mogangu tengu").
-Desganado: Desganau (falta de animo, cansado, apático), farotu/a.
-Desgarrado: Farrungau.
-Desgarras: Esgarras.
-Desgraciado: Cutáu (dim. cutainu. Poca cosa, persona de poco espíritu. Ignorante, pueril. Pobre hombre).
-Deshacer: Faratal (estropear o deshacer una cosa), farrugal.
-Deshecho: Desbaratau/esbaratau, desfaratau/esfaratau (tb. desarmado o estropeado).
-Deshilachar: Esjilachal.
-Desilusión: Chascu.
-Deslabones: Deslabonis.
-Deslucido: Chuchurríu (ajado, lacio, deslucido), maníu (1. adj. dicho de algo sobado, ajado, manoseado. 2. manido, casi podrido. 3. dicho de una planta ajada, lacia. "Esta maceta está manía". 4. viejo, deslucido.).
-Deslumbrado por el sol: Candilau, encandilau.
-Desmayo: Jamacucu.
-Desmontar: Faratal.
-Desnucar: Esnucal.
-Desnudar: Enpelotal.
-Desnudarse: Enpelotalsi, altereal (tb. alterar).
-Desnudo: Enpeloti, corotu/coratu.

-Desnutrido: Farotu, consumiu (deterioro físico visible, muy delgado, consumido por la enfermedad o desnutrición; "esi perru esta consumiu, paeci que no comi"; "la enfermedá lo tié consumiu").
-Desorden: Safarranchu (algarada, tumulto, desorden), estrebejíl (lío, confusión, desorden), tumultu.
-Desordenar: Tracamundeal.
-Desparramar: Esparramal.
-Despeinada: Penacha, despelujá/espelujá.
-Despeinar: Espeluncal.
-Despellejar: Desollal.
-Despellejarse: Desollalsi, resollalsi.
-Despensa: Chineru.
-Desperezarse: Estirancasi/estirancalsi (estirarse), desperezu/esperezu (acción de bostezar o desperezarse).
-Despertar: Reballal (rebullir, despertar).
-Despiojar: Esculcal/escrucal/escurcal (tb. espulgar).
-Despojos de la uva: Bagazu.
-Despreciable: Birria (f. persona o cosa despreciable o raquítica. "Es una birria". Se usa también en Zamora y en Andalucía).
-Despreciarlo: Disprecialu.
-Desprecio: Dispreciu.
-Despreocupación: Cachaza (demasiada lentitud, parsimonia, cuajo. "Que cachaza tieni!"), pachorra (demasiada calma, demasiada tranquilidad).
-Despreocupado: Desajenu.
-Desprotegido: Desaprotegíu.
-Después: Alugu, endispués, endespué, dispués, aluegu, luegu, alogu, alúu (adv. t. vid. > alogu), aluspués (adv. t. después, seguidamente, luego), endispués que (loc. conjunt. temp. después de que).
-Desquerido/a, sin amor: Desenquerau/á.
-Destacar: Repuntal, espuntal.
-Destripar: Estripal, espiparral (se aplica a las cosas que al caer se deshacen echando fuera su contenido, tb. reventar, estirpar, destriparse al caer, etc.).

-Destrozar: Farrajal (hacer pedazos, destrozar, romper a trozos algo), faratal (estropear o deshacer una cosa), escachal (romper, hacer cachos), ejarral, escachurral, estrozal (tr. destrozar. Variante fonética. "Que lloren con genio, que estrocen, que chillen"; Chamizo en "El Miajón de los Castúos"), zaleal (romper, destrozar. Tb. zarandear).

-Destruir: Faratal.

-Desván: Doblau (desván, parte de arriba de la casa).

-Desvanecimiento: Jamacucu.

-Desvelado: Trasvelau (f. desvelado, que tiene insomnio).

-Desvelo: Trasvelación (f. desvelo, insomnio).

-Desvergüenza: Poca lacha/sin lacha (poca vergüenza/sin vergüenza).

-Detalladamente: Detallámenti.

-Detrás: Alatrás (prep. l. atrás de, detrás de. 2. adv. t. atrás, anteriormente. 3. adv. l. atrás, detrás, en la parte de atrás), tras.

-De una: Duna.

-De un: Dun.

-Devolver: Evolvel.

-Devuelvo: Evuelvu.

-Día (al día siguiente): "Al otru día", "al sotru día".

-Día festivo: Disantu.

-Día (nombrar un día ya pasado sin decir exactamente que dia): "El otru día" ("el otru día vidi ena teli lo del volcán"; "el otro dia vi en la televisión lo del volcán").

-Día de "todos los santos": "Dia de tosantus" o "dia de tolosantus"

-Diagonal (en): "Al biés".

-Diarrea: Descompostura/escompostura, cagaloria, andanciu (gastroenteritis, malestar general, descomposición, etc.).

-Dibujo mal hecho: Garabatu.

-Diccionario: Icionariu, parabreru, dicionariu.

-Dice: Dis, dici/ici (el verbu "icil" o "dicil" nada más que pierde la d- cuando la siguiente sílaba tiene "c").

-Dicen: Icin/dicin.

-Dicen (le): Icinli/dicinli.

-Diciendo: Diciendu/iciendu, dijendu/dijiendu.

-Dicho (v. decir): Iciu/diciu, mentau, dichu ("el dicho", "un dicho", etc.).

-Dichos: Alicantinas/licantinas (dichos, historietas, anécdotas, picardías, tretas, cuentos, "tener el pico de oro"; "tenel muchas alicantinas").

-Dientes: Dientis, botu (adj. sabor agrio que se nota en los dientes después de comer una fruta ácida; "tengu los dientis embotaus"), paleta (f. ANAT pala; diente incisivo).

-Diestro (hábil): Apañau, aviau, listu, maestru.

-Diferentes: Iferentis.

-Difícil: Enrebesinau, rebuscau, raru.

-Dificulta: Eficurta.

-Dificultad: Rebuscaeru, eficurtá, garranchu.

-Difundir: Pregonal, esparramal.

-Digan: Digan.

-Digo: Digu.

-Dignidad: Dinidá.

-Dije: Diji.

-Dijéramos: Dijieramus.

-Dijeran: Dijieran.

-Dijeron: Dijun.

-Dijimos: Dijimus.

-Dijo: Diju.

-Dile: Dili.

-Dimisión: Demisión (f. dimisión, renuncia).

-Dimitir: Demitil (act. dimitir).

-Dinero: Las perras, los cuartus, al pun pun (al contado. "M´he mercau un amotu i lo he pagau al pun pun").

-Dintel: Toza.

-Dirección: Atiju, direción, señas (dirección postal).

-Direccionado: Atijau, direcionau, endilgau.

-Direccionar: Endilgal, enseñalal.

-Directamente: Derechamenti.

-Directiva: Diretiva.

-Diría: Irie, iria.

-Dirigir: Careal (es dirigir el ganado hacia alguna parte), endirgal/endilgal (dirigir, encaminar, orientar, indicar el camino).

-Discusión: Caraba, descutiniu.

-Discutiendo: Relatandu, porfiandu, farfullandu.

-Discutir: Porfiá, entrevení (intr. discutir. "Asín no tiene que entrevení ni con este ni con aquel"), relatal, farfullal.

-Discuto: Porfiu.

-Disfrazado: Jurramachu (persona mal vestida, de forma ridícula o disfrazádo).

-Disfrutar: Rejundil (tb. sacar partido, explotar, obtener).

-Disgusto: Desagón, descalientu/escalientu (sufrimiento, disgusto, preocupación, angustia, agobio, desazón).

-Disparar: Abural.

-Disponible: Disponibri.

-Disposición: "A tencias" (a disposición. "A disposición de nadie"; "a tencias de naidi"), jechura/hechura (creación, obra, resultado, producto, composición, formación, configuración, forma, trama, factura, disposición, distribución, complexión, constitución, imagen, figura).

-Dispuesto: Disponiu, enjaretau/enjaretá (preparado/a, arreglado/a, dispuesto/a).

-Distingue: Destingui.

-Distrae: Envái (tb. entretiene. De vagas; tiempo).

-Distraer: Envaigál (tb. entretener. De vagas; tiempo).

-Distraerse: Envailsi (tb. entretenerse. De vagas; tiempo).

-Distraes: Enváis (tb. entretienes. De vagas; tiempo).

-Distraído: Desatentu, estal en bavia, clisau.

-Distraiga: Envaiga (tb. entretenga. De vagas; tiempo).

-Distraigáis: Envaigáis (tb. entretengais. De vagas; tiempo).

-Distraigo: Enváigu (tb. entretengo. De vagas; tiempo).

-Distrajimos: Enrabamus.

-Distrajo: Enrabó.

-Distribución: Jechura/hechura (creación, obra, resultado, producto, composición, formación, configuración, forma, trama, factura, disposición, distribución, complexión, constitución, imagen, figura).

-Diversión: Divertimentu, farria (fiesta, diversión), jarana, bureu (del francés bureau. Juerga, entretenimiento, ruleo, diversión), carabeu, juelga (juerga), juelgoriu, corrobla (sust. ¡Menuda

corrobla había en el bar!. Grupo de gente alegre que se reúne
para divertirse).
-Dividido: Paltiu.
-Dividir: Partil, jacel paltición.
-Divisar: Diquelal, columbral (divisar algo que está muy lejos).
-Divorciado: Desapartau.
-Divorciarse: Desapartalsi, partil los guarrapus.
-Divulgar: Pregonal.
-Doblado: Arrengáu/a - arringáu/á (1. torcido/a, doblado/a,
derrengado/a o caido/a por exceso de peso. 2. doblado/a por los
años, dolorido/a por el trabajo, etc).
-Doblar: Revolvel (doblar una esquina o camino).
-Doctrina: Dotrina.
-Documentada: Ocumentá.
-Documentado: Ocumentau.
-Documento: Ocumentu.
-Dolerá: Doldrá.
-Dolor (perdida): Duelu.
-Dolorido: Arrengáu/a - arringáu/á (1. torcido/a, doblado/a,
derrengado/a o caído/a por exceso de peso. 2. doblado/a por los
años, dolorido/a por el trabajo, etc.).
-Dominar: Jacel gabiya (gobernar, dominar, "llevar por el buen
camino". "No jagu gabiya d´esti niñu").
-Donde: Ándi, ondi, aondi.
-Don nadie: Peleli (pelele. 1. persona a la que se le manipula
fácilmente; sin personalidad. 2. especie de muñeco corpulento
en forma de hombre. 3. pedazo de pelusillas esféricas que,
sueltas de las alcachofas, cuando están secas, revolotean a
impulso del viento. 4. traje de niño, que tiene los pantalones y el
cuerpo unidos).
-Dormir: Dal una cabezá (dar una cabezada. Siesta), clisau
(adormecido y adormilado), modorra (adormecimiento), cabezá
(sueño breve).
-Dos (los): Dambus (los dos; ambos).
-Doy: Tomu ("me tomu cuenta"; "me doy cuenta").
-Drogado: Endrogau, drogau, encocáu.
-Duda: Dúa.

-**Dudo:** Dúu.
-**Dudosa:** Supuesta.
-**Dudoso:** Supuestu.
-**Dulce:** Duci.
-**Durante:** Uranti.
-**Duro:** Peurniu (p. e. "pan peurniu"), canchú ("duru comu un canchu"; cancho. m. Peñasco grande).

E

-**Eclipsado:** Clisau (eclipsado. Tb. embobado, embelesado, etc.).
-**Eclipse:** Clisi (DRAE recoge eclipsi como arcaísmo).
-**Economizar:** Condural (economizar, conservar el dinero).
-**Echar:** Echal, daleal ("daleal esu p´allá"; "echar eso para allá"), jechal ("sabis que ai que jechal esu pallá"), jondeal/jundeal (tirar con honda, alejar, tirar, arrojar algo al vacío), arrumbal (tirar o echar algo abajo).
-**Echarlo:** Echalu, dalealu (echarlo a un lado; "jechalu pallá pá un lau").
-**Echarse al suelo cómodamente:** Aparranalsi.
-**Edición:** Eición.
-**Ediciones:** Eicionis.
-**Edificios:** Eificius.
-**Editar:** Eital.
-**Efecto:** Efeutu.
-**¿Eh?:** Ein?.
-**Ejemplo:** Supuestu, "un suponel", "un ponel"/"un poné" ("un poné, pongamus pol casu..."), "pol ponel un clusu"/"pol sabulugal" (por ejemplo).
-**Ejido (afueras del pueblo):** Lejiu/legiu, ejiu/egiu (arboleda, campo a las afueras del pueblo).
-**Elaborado:** Jechu, jeitu.
-**Elaborar:** Jacel.
-**Electricidad:** Eletricidá.
-**Eléctrico:** Eletricu.
-**Elegante (persona):** Carra, arriscau (bien vestido y peinado.

Arreglado).
-Elementos: Elimentus.
-Eliminar: Desapartal/esapartal (apartar, eliminar, quitar. Quitar, apartar o eliminar de algún sitio, lugar, etc. "M´han desapartau del equipu").
-Ellos: Ellus.
-Emanación: Vajíu (vaho, aliento, vapor, emanación. Nada, ausencia. "Dejó un vajiu nel mi corazón").
-Embadurnar: Loal (enlodar, ensuciar, embadurnar, manchar, untar, embarrar, rebozar, etc.).
-Embaladora: Embalaora.
-Embargo: Embalgu.
-Embarrado: Loau (enlodado, untado, sucio, embarrado, embadurnado, rebozado...).
-Embelesado: Clisau.
-Embestir: Amorcal/amurcal (golpe con las astas, cornear).
-Embobado: Clisau (embobado, eclipsado, embelesado, etc.).
-Embolia: Jamacucu (tb. mareo, desmayo, infarto, etc.).
-Emborracharse: Acocalsi.
-Embriagado: Piripi (casi borracho).
-Embuste: Caroca (mentira, embuste).
-Embutidos: Chacina (embutidos puestos a curar).
-Empacharse: Empacinalsi.
-Empalagar: Engujal (int. hastiar, empalagar. Se dice de los manjares que hartan pronto, aun siendo apetitosos. "Es un duci qu´enguja muchiu"). (Badajoz).
-Empapado: Enguachinau, esponjau, pingau (mojado).
-Empapar: Enguachinal, esponjal, pingal (mojar).
-Empaparse: Enguachinalsi, esponjalsi, pingalsi (mojarse).
-Empapé: Esponjé, enguachiné, pingue (mojé).
-Empecinamiento: Ajincu.
-Empecinarse: Ajincamientu, emperralsi, empecinalsi (empecinarse en querer o decir algo).
-Emperrarse: Encebicarse (refl. aficionarse, dedicarse demasiado a una cosa. Emperrarse. "S´ha encebicau con esa muchacha; i no se separa d´ella". Badajoz).
-Empezar: Prencipial, emenzal.

-Empezó: Emenzó.
-Empieza: Prencipia.
-Empinado/a: Repentinu/a ("calli repentina"; "calle empinada").
-Emprender: Enristral (atacar, intentar, emprender, abordar. De "en ristre"; preparado para usarse, lanzarse, etc.).
-Empujar: Arrempú, arrempujá/arrempujal (empujar con fuerza).
-En: Pa ("lo tiene en Badajoz"; "lo tieni pa Badajó"), endentru ("endentru esti grupu"; "en este grupo").
-Enajenado: Desajenau (adj. "Es un desajenau, no se habla con nadie". Persona que no tiene cariño ni aprecio a nadie. Deformación de enajenado).
-Enaguas: Naguas, visu, combinación.
-Enamorado: Emburruchau (muy enamorado).
-Enamorar: Diriqueal, dinguelal (1. mirar apasionadamente. 2. enamorar).
-Enero: Jeneru.
-Encadenar: Enristral (de ristre. Enlazar, encadenar).
-Encajado (f. fig.): Endilgau, endonau (encasquetado. "¡Los pairis s´han diu al cini i m´han endonau al mucosinu!").
-Encajar: Endilgal (tb. endosar, colocar, acomodar, encajar, poner, meter, facilitar, etc. Tb. dirigir, encaminar), achancal (pisar el barro. Encajar, ajustar).
-Encaje: Sandunga (puntilla pequeña de encaje).
-Encalar (pintar con cal): Branqueal, encalal, enjalvegal, faldegal.
-Encaminar: Endirgal/endilgal (dirigir, encaminar, orientar, indicar el camino).
-Encanta (le): Pilra (gustar mucho. DRAE pirla. "Le pilra"; "le encanta").
-Encanta (me): Pilra (DRAE pirla. "me pilra"; "me encanta").
-Encargado: Manijeru (capataz, encargado o jefe de una cuadrilla de trabajadores).
-Encarrilado/a: Encarrefilau/á (adj. dicho de algo o de alguien encarrilado, enfilado).
-Encasquetado: Endilgau (tb. endosado, colocado, encajado, puesto, metido, etc.), endonau (encasquetar, endosar, colocar, etc. "¡Los pairis s´han iu al cini i m´han endonau al zagal!").

-Encasquetar: Endilgal (endosar, colocar, enjaretar, encajar, poner, meter, etc. Tb. señalar, indicar), enjaretal (tb. organizar, arreglar, preparar, etc.), endonau (encasquetar, endosar, colocar, etc. "¡Los pairis s´han diu al cini i m´han endonau al zagal!").
-Encauzar: Endilgal.
-Encender: Chiscal (prender, hacer que salten chispas).
-Encendidos: Encendíus, enchiscaus (de chiscal, prendido, hacer que salten chispas).
-Encharcar: Alagal, enguachinal.
-Encía (del lat. GINGIVA): Gencía/jencía, genciva.
-Enciclopedia: Enciclopeya.
-Enciendas: Chisquis (de chiscal; encender. Cuando se provoca a alguien que está irritado se dice "no me chisquis" en la idea de que va a echar fuego de lo caldeado que está. En extremeño tiene el sentido propio y el figurado).
-Encima: Arriba, cima, porcima/poncima ("por encima", sobre), encima (después. "Encima la sopa...vas a querel una presa?), cimerá (arriba, parte de arriba).
-Encina: Ancina.
-Encoger: Enchicá.
-Encogerse: Emberijalsi.
-Encolerizar: Enrabietal, emperreal.
-Encolerizado: Enrabietau.
-Encontraba: Alcontraba.
-Encontrado: Atopau, alcontrau.
-Encontramos: Atopamus.
-Encontrar: Atopal (Siberia: tocar, palpar. dicc. gral: encontrar), alcontral/alcuentral.
-Encontrarlo: Encontrálu.
-Encontraron: Atoparun.
-Encontrarse: Conyegal.
-Encontré: Atopé.
-Encontró: Atopó.
-Encuentras: Atopas, alcuentras.
-Encuentro: Atopu, alcuentru.
-Endeble: Endebri.

-**Endeudado/a:** Entrampau/á.
-**Endeudarse:** Entrampási.
-**Endilgar:** Endilgal (Tb. endosar, colocar, enjaretar, encajar, ponerse, meter, etc), endonau (endilgar, enjaretal, etc. "¡Los pairis s´han iu al cini i m´han endonau al zagal!").
-**Endosar:** Endilgal (tb. endosar, colocar, acomodar, encajar, poner, meter, facilitar, etc. Tb. dirigir, encaminar), endonau (endilgar, enjaretal, etc. "¡Los pairis s´han iu al cini i m´han endonau al zagal!").
-**En el:** Nel, pó´el/ pol ("pó´el campu"; "en el campo").
-**En esas:** Nesas.
-**En esta:** Nesta.
-**En este:** Nesti.
-**En estos:** Nestus.
-**Enfadado:** Jocicuú (hocicuo), encuajinau, renegau, "jechu un bejinu", jeró/jerós/jerol (tener cara de estar enojado o enfadado, de mal humor), "estal con el jocicu" o "estal con el jocicu arrugau" (tener semblante de estar enfadado, enojado), "se hué bufandu" ("se fue enfadado").
-**Enfadarse:** Encuajinal (cabrearse, desagradar), arrepíu (enfadarse súbitamente. "Le diu un arrepíu i se hué pá su casa").
-**Enfado:** Perrengui (enfado, pataleta o rabieta, sobre todo en los niños).
-**Enfadón:** Jediondu (persona enfadosa. Tb. se suele decir que una persona es "tonta" cuando es quisquillosa, difícil de tratar, de personalidad complicada y/o enfadón. "Tu primu que tontu es, no ai quién lo entienda").
-**Enfermar:** Acibarral (tb. sujetar o coger con fuerza).
-**Enfermedad:** Andanciu (epidemia leve con descomposición, diarrea...; "ai andanciu on meiu puebru"), consumiu (deterioro físico visible, muy delgado, consumido por la enfermedad o desnutrición; "esi perru esta consumiu, paeci que no comi").
-**Enfermo:** Malu ("andal malu". Dim. malinu), consumiu (deterioro físico visible, muy delgado, consumido por la enfermedad o desnutrición; "esi perru esta consumiu, paeci que no comi"), endispuestu (adj. dicho de alguien indispuesto,

enfermo), acibarral (cogido, enfermar), tísico (delgado y enfermizo. Antiguamente se le llamaba así a los tuberculosos).
-Enfilado: Encarrefilau/á (adj. dicho de algo o de alguien encarrilado, enfilado).
-Enfrentar: Afrental.
-Enfriar: Anfrial.
-Engañado: Engaritau.
-Engañar: Engamonital (engañar, seducir o enredar con astucia y buenas palabras a una persona para que ejecute un acto, que de otra manera no haría).
-Engañar: Engardillal (engañar), maturranga (engaño, trampa, maña, mentira, invención), alicantinas/licantinas (treta, cuento, "tener muchas alicantinas"; tener el pico de oro, tener mucho cuento).
-Engañarnos: Engañarmus.
-Engaño: Martingala (engaño, maña, treta, astucia. "Ganaron al fúgol polas martingalas de l´árbitro").
-Engordar: Cebal.
-Engrasada: Empringá, embozá ("embozá en aceiti").
-Engrasar: Empringal, embozal, sebu (sebo; material para engrasar).
-Engreído: Fardón, "ponelsi foitu" (presumir).
-Enguantarse: Arricalsi.
-Enharinar: Enjarinal.
-Enhebrar: Enjilal.
-Enhorabuena: Noragüena/norauena.
-Enjuagar: Enfagal, enfalagal.
-Enjutamente: Achiscalmenti (en menor medida, de manera escasa, enjutamente).
-En la: Ena.
-Enlace: Apegu, atiju, atrochi.
-Enlazado: Apegau.
-Enlazar: Enristral (de ristre. Enlazar, encadenar).
-Enlodado: Loau (enlodado, untado, sucio, embarrado, embadurnado, rebozado...).
-En los: Enos.
-Enmendar: Almendal.

-Enojado: Jocicuú (hocicudo), jeró/jerós/jerol (tener cara de estar enojado o enfadado, de mal humor), "estal con el jocicu" (tener semblante de estar enfadado, enojado), renegau, "jechu un bejinu" (el bejino es un fruto silvestre de color rojo).
-Enorme: Soberanu/a (del lat. SUPERANUS. Grande, soberano, enorme).
-Enredar: Engamonital (enredar, seducir o engañar con astucia y buenas palabras a una persona para que ejecute un acto que de otra manera no haría).
-Enredo: Enreu, baraña.
-Enrojecimiento: Cabra (f. enrojecimiento localizado en las piernas debido al calor del brasero).
-Ensalada: Ensalá, jilimongi (ensalada de tomates, pepinos y pimientos).
-Enseguida: Densiguia, caicuandu.
-Enseña: Aprendi (nos enseña, de aprender: "mos aprendi").
-Enseñar: Aprendel.
-Enseñarles: Aprendélis.
-Enseñó: Muestró.
-Ensimismado: Clisau.
-Ensuciar: Embarral, guarreal, envarbascal (tb. enbual. Ensuciar, enturbiar o alterar el agua), loal (enlodar. Ensuciar, embadurnar, manchar, etc.).
-Ensuciarse con grasa: Empringalsi.
-Entallar: Entrillal.
-Entallarse: Entrillalsi ("no ai más dolol qu´entrillalsi cona correera los pantalonis").
-Entenderlo: Entendélu.
-Entenderse, llevarse bien: "Jacel güena gabiya" (gabiya es charla), entendelsi.
-Entendimiento: Entendaeras.
-Enterarse: Enteralsi.
-Enteros: Enterus (dim. enteritus).
-Entero (verb. entender): Enteru.
-Enterradas: Atierrás.
-Enterrado: Atierrau, enfochau (metido en un hoyo).
-Entiendes: Catas, pescas (coges. Según tb. entiendes).

-Entiendo: Catu, pescu.
-Entierro: Intierru.
-Entidad: Entiá.
-En todo momento: A ca i cuandu.
-Entonces: Toncis, antonci (adv. t. Entonces. 2. conj. ilat. Entonces, en ese caso), entocis.
-Entortar: Atortal.
-Entradas: Entrá, zagual (zaguan; entrada de la casa).
-Entrar: Entral, colal, metel ("me via metel pal chozu").
-Entre: Entri, entremediu/entrimediu (entre uno y otro).
-Entreabierta: Entorná, entijeretá, atijerá.
-Entrega: Entriega.
-Entregar: Entriegal.
-Entrenador: Estrenaol.
-Entrenando: Estrenandu.
-Entretener: Envaigál (de "vagas"; tiempo).
-Entretenerse: Envailsi (de "vagas"; tiempo. Tb. distraerse).
-Entretenga: Envaiga (de "vagas"; tiempo. Tb. distraiga).
-Entretengáis: Envaigáis (de "vagas"; tiempo. Tb. distraigáis).
-Entretengo: Enváigu (de "vagas"; tiempo. Tb. distraigo).
-Entretiene: Envái (de "vagas"; tiempo. Tb. distrae).
-Entretienes: Enváis (de "vagas"; tiempo. Tb. distraes).
-Entretuve: Enreé ("me enreé a envestigal"; "me entretuve a investigar"), envagué.
-Entretuvimos: Enrabamus (tb. distrajimus).
-Entretuvo: Enrabó (tb. distraju).
-Entrometido: Gosiperu/gusiperu, alcagüeti, escusau, ablaó, lenguarón, lianti, enraó, chinchorreru, mezuqueru (metomentodo, entrometido).
-Entumecerse: Engarrotasi.
-Entumecido: Entumiu, engarrotau.
-Entumirse por el frío: Arrecilsi, engarrotasi (entumecerse de frio).
-Enturbiar: Envarbascal (ensuciar, enturbiar o alterar el agua).
-Entusiasma: Pilra ("le pilra"; "le entusiasma").
-Entusiasmo: Pilru ("me pilru"; "me entusiasmo").
-Enumerar: Numerá.

-**En un:** Nun.
-**En unas:** Nunas.
-**En unos:** Nunos.
-**Envase:** Cuelna (envase de cuerno vaciado para guardar agua, sal, pimentón, aceite, vinagre, etc).
-**Envergadura (poca):** Floju, endebri.
-**En vez de:** Antigual/manigual (al revés de, antes igual, en vez de, en lugar de, por vez de. "Antigual de curarla"), pol vedi de (loc. prep. En lugar de, en vez de).
-**Enviarme:** Envialmi.
-**Enviciado:** Empicau, encevicau/á (enviciado/a, obsesionado/a).
-**Enviciarse:** Empicalsi.
-**Epidemia leve:** Andanciu (gastroenteritis, malestar general, descomposición, epidemia leve).
-**Equivalente:** Igualis.
-**Equivocado:** Confundiu.
-**Éramos:** Eramus, abiamus [de abel (ser/estar). "Abíamus cuatru jermanus en casa"; "éramos cuatro hermanos en casa"].
-**Eres:** Eris, cuyu eris ("de quién eres").
-**Erizo:** Erizu, eriziu, oriziu.
-**Eructo:** Irutu, regüetru.
-**Erratas:** Falcatuas.
-**Erre que erre:** Que jerri, que jerri!.
-**Erróneamente:** Marrau (de marrú; error)
-**Error:** Pifia (error, metedura de pata), marrú.
-**Es (verb. ser):** É ("é tú pairi").
-**Esas:** Esas.
-**Esas (en):** Nesas ("en esas").
-**Esbelto/a:** Jaquetón/a (adj. esbélto, garbóso).
-**Escabroso:** Escalabrosu.
-**Escalofrío:** Repelús, repelucu, repeluznu (sensación de escalofrío o miedo).
-**Escalones:** Graas, graus.
-**Escándalo:** Jarana (bulla, escándalo. Tb. fiesta), arfolín (barullo, jaleo).
-**Escapar:** Juyil.

-Escaparse: Ajuirsi (marcharse, escaparse).
-Escaso: Ralu (ralo, claro, tenue, enrarecido, disperso, separado, espaciado, escaso, raro, pobre, desgastado, raído, gastado, fino, delgado, leve).
-Escenario: Estaribel (1. montón de algo. 2. estantería; escenario, tablao, etc. 3. escándalo o follón. Dicc. salmantino: estaribel).
-Esclavitud: Escravitú, escravitúl.
-Esclaviza: Escravitúa.
-Escoba de la era: Ramaju.
-Escombros: Ripiu.
-Esconde: Escuendi.
-Esconderse: Encultalsi.
-Escóndete: Escuendeti.
-Escondido: Escuendiu, arremetius, azonchau.
-Escorpión: Escorropión, alagrán.
-Escribe: Escrebi.
-Escribió: Escrebió.
-Escribiéndose: Escrebiendusi.
-Escribir: Escrebil.
-Escribo: Escrebu.
-Escrito: Escrebiu ("ha escrito"; "a escribiu"), escretu ("un escrito"; "un escretu").
-Escritores: Escrebioris.
-Escrupuloso/a: Melindrosu/a (tb. quejica).
-Escucha: Ascucha, cucha (mira, escucha, atiende).
-Escúchalo: Ascúchalu.
-Escuchadme: Ascuchinmi.
-Escuchar: Ascuchal, cuchal, barruntal.
-Escucharlo: Ascuchalu.
-Escúchenme: Ascuchinmi.
-Escuela: Iscuela.
-Escupir: Escupil, escupitiña, escupitina.
-Escupitajo: Ejarru (gargajo), galipu, galipaju (escupitajo escupido lejos).
-Escurridura: Escurraja (f. escurridura, resto, sobras. Casi siempre se refiere a la comida. "A mí siempre me tocan las

escurrajas". Frecuente en toda la provincia de Badajoz y muy usado también en Zamora).
-Escurrir: Escorril, escorrucil (escurrir, deslizar, resbalar), torcel (torcer la ropa), retorcel (ma. torcer la ropa antes de tenderla a secar para que suelte el agua).
-Ese: Esi.
-Esfuerzo: Esjuerzu, apencal (arrimar el hombro, cooperar en un esfuerzo).
-Esguince: Dejinchi.
-Eslabón: Deslabón.
-Eso: Esu.
-Espabila: Agila/ajila ("date prisa" o "espabila").
-Espabilado: Vivureju (listo, espabilado), apreparau (listo, preparado).
-Espaciamos: Espaceémus.
-Espalda: Concu ("lleval a concu", "montal a concu"; "llevar a borriquillo"), "a cuestas" ("lleval a cuestas"; "llevar a las espaldas").
-Espantarse: Espantibli (que tiene la capacidad de espantarse: "animal espantibli"). .
-Esparcir: Espurrial (tb. espolvorear y mascar), desparcil (act. esparcir).
-Especies: Aspecies.
-Esperaba: Asperaba.
-Esperamos: Asperemus.
-Esperar: Asperal.
-Espérate: Aguaté.
-Espeso: Espesu/despesu (ma. espeso, concentrado), ralu/a (poco espeso/a. Inconsistente; "estas natillas están ralas").
-Espinas de pescado: Raspas.
-Esplendido: Espléndulu (espléndido; adj. generoso).
-Esplendor: Lustri.
-Espolvorear: Espurrial (espolvorear, tb. mascar y esparcir).
-Espulgar: Escrucal/escurcal/esculcal (tb. despiojar).
-Esputo (gargajo): Ejarru, galipu, galipaju (gargajo escupido lejos).
-Estaba: Andaba.

-Estábamos: Andabamus, abiamus [de abel (ser/estar). "Abíamus cuatru jermanus ena cá"].
-Estaban: Andaban, abian [de abel (ser/estar). "Abían quatru jermanus en casa"].
-Estabilidad: Bailá (1. tambalearse algo, carecer de estabilidad. 2. vacilar, dudar. "Yo bailo mucho con las palabras"), bailón/á (dicho de algo o alguien, que se tambalea o carece de estabilidad. "Lo bailonas que jacis las letras").
-Establecer: Entagal (establecer, montar, organizar).
-Estado: Estau.
-Estafa: Puyazu, clavá ("sablazo").
-Estallar: Estumpil.
-Estamos: Estamus, andamus, abimus (lugar; "abimus aquí cuarenta presonas").
-Estampa: Santu.
-Están: Andan.
-Estantería: Poyu (estantería o banco de mampostería), estarivel (1. montón de algo. 2. estantería, escenario, tablado, etc. 3. escándalo o follón. Dicc. salmantino: estaribel).
-Estar: Abel ("tienin que abel cincu presonas"), a tencias ("Estar a tencias". Estar o vivir a merced de otro).
-Estar frió: Arreciu (tener mucho frío), estal gelau (estar helado).
-Estaría: Estaria (sin acento).
-Estaros: Estaivus.
-Estás: Andas ("ondi andas?"; "¿dónde estás?), alcuentras ("no t´alcuentras rustriau"; "no estas registrado").
-Estate: Tati ("tati quietu").
-Este: Esti/isti, salienti (este, punto cardinal).
-Este año: Hogañu.
-Estercolero: Muladal.
-Estéril: Esteris, machorra.
-Estiércol: Istiercol.
-Estilo: Estilu, astilu.
-Estimular: Jarreal.
-Estirar: Estirajal.
-Estomago: Panderu, andorga, bandú/banduju/bandul (vientre,

bandujo. Estómago de la oveja), bandurriu; bovu (del cerdo), buchi.

-Estornudo: Estornúu, estornuaeru (acción y efecto de estornudar, sobre todo si se produce con frecuencia y con varios estornudos de cada golpe).

-Estos: Estus.

-Estoy: Estí, estó.

-Estrangular: Apercollal.

-Estrecha: Entretallá, receñia.

-Estrechar: Estremal, receñil (ajustar, estrechar).

-Estrecho: Entrillau ("estu esta mu entrillau"), retrecheru.

-Estrellar: Dal un chocazu ("dal un chocazu contra la parel"; "estrellar contra la pared").

-Estrépito: Espallafatu (vocerío, estrépito).

-Estrés: Ajina/agina.

-Estropeado (pasado, especialmente un alimento): Pasáu, picau, reveniu (añejo, pasado, especialmente un alimento), atasajáu (salado, pasado, acecinado), chuchurriu.

-Estropeamos: Eschanguemus.

-Estropear: Changal, perdel (estropear o pudrirse algo), farrajal (hacer pedazos, destrozar, romper a trozos algo), faratal (estropear o deshacer una cosa), perdel, defandangal.

-Estropearse: Changalsi, revenil (estropearse un alimento. "Que se va a estropear"; "que se va a revenil"), defandangalsi, esfaratau, perdési.

-Estropeaste: Eschangastis.

-Estrujado: Destrujau, estrujau.

-Estudiada: Estuyá.

-Estudiar: Estuial, estuyal.

-Estudios: Estuyus.

-Estupefacto: Clisau.

-Estúpido, majadero: Calajansu, gansu, abombau, ajilau/agilau, bollau, chalau. Chirichi (estar o ser tonto: "esti esta chirichi", "esti es chirichi"), espantaju, agilau/ajilau, jodiu, alelaó (atontado), bojusu, bollau, cutáu (tonto, ignorante, pueril, "pobre hombre", diminutivo: cutainu/cutaitu), pavu ("joiu pavu"), gansu ("joiu gansu"), entontal (poner tonto).

-Estuve: Anduvi.
-Estuviera: Estara, anduviera, estuviá.
-Estuviéramos: Estaramus, anduvieramus, estuviamus.
-Estuvieron: Estuvon.
-Estuvimos: Anduvimus.
-Estuvo: Estuvu, anduvu.
-Estuviera: Estara, anduviera, estuviá.
-Estuviéramos: Estaramus, anduvieramus, estuviamus.
-Estuvo: Estuvu, anduvu.
-Etcétera: I tal i mas.
-Europa: Uropa (reducción del diptongo eu-> u-: Europa > Uropa).
-Eucaliptos: Ucalitus (reducción del diptongo eu-> u-: Eucalitu > Ucalitu).
-Eusebio: Usebiu (reducción del diptongo eu-> u-: Eusebiu > Usebiu).
-Evadirse: Envailsi.
-Evitar: Rejuyil ("rejuyin dela lumbri"; "evitan el fuego").
-Exacta: Esata.
-Exactamente: Satamenti, esatamenti, justamenti.
-Exagerado: Desajerau/desagerau.
-Exagerar: Desajeral/desageral.
-Examen: Desamin, samen.
-Examinar: Desaminal.
-Excederse: Dilsi la manu (modismo. "Irse la mano en algo", propasarse, pasarse. "Ei jechu migas peru me s'á díu la manu cona sal").
-Excelente: D'acatu (muy bueno, de lujo).
-Excitado sexual: Berrinchonchu o berriondu (tb. salido, excitado sexual).
-Exclamar: Jipial, gañital.
-Exclamó: Jipió, gañitó.
-Excrementos: Cagajonis (animal), pribá (animal), palominu (de la paloma), cagalutas (cagarruta. Excremento de las cabras y ovejas).
-Exhausto: Acabau, baldáu (cansado), tullíu/a (cansado, fatigado tras un esfuerzo físico DRAE: tullido/a), derrengáu,

arrengau (baldado, muy cansado, rendido, doblado por los años,
por el trabajo, ord. "hecho polvo/hecho mixtos").
-Exhibicionista: Empelotón.
-Exige: Esiji/esigi.
-Existe: Desisti.
-Existen: Desistin.
-Existencia: Desisténcia.
-Existían: Desistian.
-Éxito: Désitu.
-Exótico: ᴅesóticus.
-Expectorar: Ejarral (1. desgarrar, tronchar, romper. 2.
expéctorar), carraspeu (garraspeo).
-Expensas: A téncias (a expensas. "No tengu qu´estal a téncias
de naidi", "estal a téncias de" es estar a merced de,
dependiendo de o pendiente a).
-Experiencia: Esperencia.
-Experimentado: Curtiu.
-Experimentar: Esprimental.
-Expiración: Bocanás (expirar bocanás de aire; soplos,
bocanadas de aire).
-Explicación: Espricaera.
-Explicar: Desprical.
-Explicarle: Espricoteali.
-Explicarlo: Espricotealu.
-Explique: Espriqui.
-Explosión: Estrumpiu, esplotiu, estallíu (golpe fuerte y brusco,
sonido de explosión).
-Explotar: Estampal, esplotá, estrumpil/estrumpí (1. hacer
explotar, reventar. 2. med. explotar, reventarse una cosa. "S'á
estrumpíu la olla"), estumpil, ciquitraqui (que puede explotar por
estar muy lleno), rejundil (sacar partido, explotar, obtener).
-Expresamente: A posta ("l´as diohu a posta pa que te oyera").
-Expresarnos: Espresalmus.
-Expresión: Espresión.
-Exprimido: Destrujau.
-Exprimir: Sugal (tr. sacar el jugo de una fruta).
-Extender: Esparramal (extender alguna sustancia),

estendel/destendel.
-**Extendido:** Estendiu/destendiu, esparramau (DRAE:
Desparramado).
-**Extenuado:** Tullíu (cansado, fatigado tras un esfuerzo físico.
DRAE: tullido), derrengáu, arrengau (baldado, muy cansado,
rendido, doblado por los años, por el trabajo).
-**Extiende:** Destiendi.
-**Extraer:** Estrael, sacal.
-**Extrajeron:** Destrujun (extrajeron, sacaron).
-**Extranjero:** Foriatu/foreru/folasteru (forastero, que es de fuera.
"Estu no es de la lonja, es foriatu").
-**Extrañamente:** Estrañamenti.
-**Extraño:** Desajenu ("es un desajenu neste puebru").
-**Extraviar:** Trasconejal.
-**Extremadura:** Estremaúra.
-**Extremeño (natural de Extremadura):** Castúu/castú (castuo.
Se refiere al pueblo y a la modalidad de habla de Extremadura,
de castizos o de casta), estremeñu.

F

-**Fábrica:** Fábrica, riolá (grl: montón, muchedumbre, gran
cantidad de cosas en movimiento).
-**Facciones:** Hacionis.
-**Fácil:** Hácil, fáci.
-**Facilidad:** Haciliá, faciliá.
-**Facilitar:** Endilgal (tb. endosar, colocar, acomodar, encajar,
poner, meter, etc. Tb. dirigir, encaminar).
-**Fácilmente:** Facimenti.
-**Factores:** Fatoris.
-**Facultad:** Facurtá.
-**Facha/fachá:** Pelaje (m. dicho de una persona; aspecto, facha.
"Tené güen pelaje" "Estar sano, tener buen aspecto físico"),
jechura, pelitascu, aspetu, relumbranti (adj. dicho de alguien que
destaca por su apariencia lujosa).
-**Faena:** Briega (tb. lucha).
-**Faenar:** Briegal (tb. luchar).

-Faja: Cinchu.
-Falda: Halda (falda, regazo), saya (falda, faldilla, faldón. "Sayas d´apañal"; "falda para apañar". Tb. la -saya- es la falda de la camilla).
-Faldón: Haldón, saya o sayona, jarapal (un faldón de la camisa), faldiquera/fardiquera (faldón que las mujeres utilizaban para encima de los vestidos), "faldón de acristianal" (m. faldón que lleva el niño al ser bautizado).
-Faldones de la camisa: Jarapalis (los dos faldones de la camisa. "Entrati los jarapalis pol adentru que vas jechu un farraguas").
-Falsa: Asolapau (persona falsa, astuta, maliciosa y sagaz).
-Falta: Halta, farta, menesté (menester, hacer falta. "No es menesté tantu"), tercíi ("lo que se tercie"; "lo que haga falta").
-Faltar: Haltal, cansal, fartal.
-Faltos: Haltus.
-Fallecer: Diñal, espichal, palmal, cascal, endiñal, espechal, espelal, penaeru (tb. sufrimiento, situación aflictiva).
-Fallo: Fallu, falcatua (errata), pifia (error, metedura de pata), marrú (error).
-Fama: Nombraía (ma. fama, renombre), nombrería, sonadía.
-Familia: Parientencia, camá (camada de animales).
-Familiar: Parienti.
-Fanega: Hanega.
-Fanfarrón: Fardón, ponelsi foitu (presumir), boquiqui (bocazas, charlatan).
-Fango: Barru.
-Fantasma: Pantaruja (fantasma que asusta por la noche, se reviste con una sábana ejerciendo de errante espectro o de alma en pena).
-Fantoche: Alabanciosu/a (bravucón/a, vanidoso/a, fantoche, jactancioso/a).
-Farmacéutico: Boticariu.
-Farmacia: Botica.
-Fascina: Pilra [del castellano pirlar (gustar de sobre manera). "Me pilra", "le pilra", etc.; "me fascina", "le fascina", etc.)].
-Fascista: Facista.

-Fastidiar: Amolal (DRAE: amolar), chinchal, jeringal ("a si te jarreu un mamporru pol estalmi aquí jeringandu!").

-Fastidiarse: Amolasi, chinchasi (DRAE: sólo transitivo), esfondingasi (gral. fastidiarse).

-Fastidio: Jeringu (tb. churro en algunos pueblos), jarreti (Jarrete. Sust. molestia, fastidio. "Qué pesau eris, cuántu te gusta dal jarreti").

-Fatal: Arrematau ("esti niñu está arrematau"; "este niño está fatal").

-Fatiga: Ajuncu (agobio, asfixia, apuro, desmayo), cansera.

-Fatigado: Tullíu/a (cansado, fatigado tras un esfuerzo físico DRAE: tullido/a), derrengáu, arrengau (baldado, muy cansado, rendido, doblado por los años, por el trabajo, ord. "hecho polvo/hecho mixtos").

-Fatigarse: Matajogazu (acción de fatigarse mucho en un trabajo o marcha violenta).

-Favor: Favol.

-Favorece: Favoritu (que favorece. "Vos deseu un favoritu añu nuevu").

-Fea: Adefesiu (fea, horrible).

-Febrero (del lat. FEBRUARIUS): Hebreru/febreru.

-Fecal: Hecal, burullu (heces fecales).

-Fecundar: Hecundal, pisal (fecundar en animales).

-Fechoría: Facatúa, fechuría/hechuría.

-Felicidades: Feliciais.

-Felicitaros: Felicitaivus.

-Felipe: Hilipi.

-Feliz: Felí, felís.

-Fenomenalmente: Fenómenamente (adv. indica modo. Pl. noc. increíblemente, fenomenalmente).

-Fenómeno (dicho de una persona): Charnecu, güevú, bregáu, arriscu, arrestau, bravu, arrecarcau, arrochau, relanzau, cojonúu, apañau, aviau, listu, maestru.

-Fenómenos: Fenóminus.

-Feo: Adefesiu (feo, horrible).

-Ferrocarril: Ferrucarril.

-Festivo (día): Disantu.

-Fiarme: Fiáimi.
-Fiaros: Fiáibus.
-Fichado: Enfilau.
-Fiebre: Calentura (1. fiebre. 2. herída que, como consecuencia de una subida de fiebre, sale en los labios), calenturón (golpe de fiebre).
-Fiesta: Jarana ("dil de jarana"; "ir de fiesta"), farria (fiesta, diversión), furriola (f. juerga, generalmente en el campo. "An estau de furriola". Badajoz. En otros lugares, como Guareña, se dice furriona), jolgoriu/juelgoriu/rejolgoriu, pingoneu (fiesta. "Dilsi de pingoneu"; "Irse de fiesta").
-Fiestero (persona que le gusta salir): Perigallu/a, pilfora (f. expr. muy extendida "so pilfora"), pingón/a, pingu (tb. v. pindajo. Mujer de vida desordenada).
-Figura: Jechura (figura o forma).
-Fijación: Ficancia, ajincamientu (fijación en querer o decir algo. Manía).
-Fijado (verbo fijarse): Arreparau ("no bia arreparau"; "no me habia dado cuenta"/"no habia caido en la cuenta"/"no me habia fijado").
-Fijados: Fijáus.
-Fijaos: Arreparais.
-Fijar (del lat. FIXUS, part. de FIGERE): Fical (del lat. FIGICARE, por FIGERE), jincal, asental, arreparal (verbo fijarse).
-Fijarme: Fijalmi, arreparal.
-Fijaros: Arreparai, darsi cuenta.
-Fíjate: Arrepara, dati cuenta.
-Fíjese: Arrepari, desi cuenta.
-Fíjense: Arreparin, se fijin, desin cuenta.
-Fijo: Fetibu/a (fijo, continuado, verdadero), de quietu (de fijo, inmovil)
-Fila: Ringlera, carrefila, filera, carrefilera, rejilera/regilera.
-Fin: "Con el fin que..." (loc. conjunt. f. con el fin de que, para que).
-Final: Acabaizu, acaberu (ultimo, final; "el mes acaberu"; "el ultimo mes"), "a la postri" (al final. "Verás comu a la postri no a

síu ná").
-Finales: Terminantis, acaberus (sustantivo. Término, finales.
"Pa acaberus d´añu").
-Finalización: Acaberu.
-Finalmente: Amenalmenti.
-Fino: Finu, delgau, ralu (ralo, claro, tenue, enrarecido, disperso,
separado, espaciado, escaso, raro, pobre, desgastado, raído,
gastado, fino, delgado, leve).
-Firma: Garabatu.
-Firmado: Firmau.
-Fisgar: Juricheal.
-Fisgón: Escusau, cherón/cherona (tb. curioso, neutro en
femenino, cherona), filgón, juricheru.
-Fisgonear: Escuseal, fiscal, filgoneal.
-Fisgoneando: Escuseandu.
-Físico: Jeitu, hisicu, pinta (ref. aspecto; "esi ombri no tié güena
pinta").
-Fisionomía: Jeitu, pinta, pelaji.
-Fístula: Fístola.
-Flaco: Garetu (delgado, flaco), consumiu (flaco por
enfermedad, por desnutrición, etc. "Esi perru esta consumiu"),
jaroti.
-Flaco y pequeño: Escuchimizau.
-Flacucho: Jaroti (Faroti. Mérida: delgado, flacucho. Badajoz:
cerdo mayor que engorda), consumiu (flacucho por enfermedad,
desnutrición, etc. "Esi perru esta consumiu").
-Flauta: Frauta, pitu, cirulón (flauta de caña).
-Flojedad: Flojedá.
-Flojera: Derrengueta (flojera, desánimo), abarrancamientu,
(estado de flojera que se da por una enfermedad física),
morgañera (palabra que se utiliza para expresar el estado de
cansancio y "aplomación" anímica producida por los cambios del
tiempo).
-Flojo: Enclenqui, endebri, farotu/jarotu (desganado,
desnutrido), arrengau (doblado por flojedad; "esta arrengau de
tantu trebajal").
-Flor: Frol.

-Florecer: Afrorecel.
-Florecer (hacer florecer): Afrorecel.
-Florido (poner florido): Enfrorecel .
-Fluorescente: Florescenti.
-Foco: Focu.
-Fofo: Fofu.
-Fogoso: Polvorilla (mé. se dice del que es muy fogoso y apasionado).
-Foie-gras: Cardillu [especie de paté (fuagrás, foagrá, foie-gras) hecho con las asaduras del cerdo. Tb. cardillo o tagarnina, verdura silvestre de la familia Asteraceae].
-Folio: Priegu.
-Follaje: Follaji/follagi.
-Follar: Chingal, furraqueal (follar. Tb. es "andar de putas"), follal, pisal, cascal, chingal, trincal.
-Follón: Estarivel (montón de algo. Estantería. Escándalo o follón).
-Fomentar: Homental.
-Fondo: Hundón, jondón/jondoná (fondo, parte de abajo de algo).
-Fondos: Hundonis/jondonis.
-Fondo de un recipiente: Ondón/jondón/jondoná (fondo, parte de abajo de algo).
-Forastero (que es de fuera): Foriatu ("estu no es de la lonja, es forlatu").
-Forma: Horma, jechura (figura o forma).
-Formación: Jechura/hechura (creación, obra, resultado, producto, composición, formación, configuración, forma, trama, factura, disposición, distribución, complexión, constitución, imagen, figura).
-Formado: Hormaú.
-Formal: Hormal.
-Formalidad: Calapatriciu (sesera, juicio, sensatez, formalidad), talandangu/tarandangu (sentido común, sensatez, formalidad; "que pocu talandangu tieni el joiu!"), chichibaili (sust. "Estáte quieto, que eres un chichibaile". Persona de poca formalidad dado a las bromas y chanzas a quien nadie toma en serio y que

sirve de chacota.
-Formalizada: Hormalizá.
-Formalmente (seriamente, debidamente): A concencia ("esta torri está jecha a concencia").
-Forman: Horman.
-Formar: Ajormal (dar a algo la conformación adecuada), ajorquillal (dar forma de horquilla).
-Forma: Horma, asina (así, de esta forma, de esta manera, etc.).
-Formó: Hormó.
-Fornicar: Chingal, furraqueal (follar. Tb. es "andar de putas"), follal, pisal, cascal, trincal.
-Foro: Corrobla (tb. reunión de amigos donde se habla, reunión de personas, tertulia, pandilla o cuadrilla que se van juntos a comer o de juerga), queá, juntanza (junta, reunión), juntaeru (reunión continua), barajunda (mucha gente).
-Forraje: Forraji, forrajal (campo de forraje).
-Forzudo: Huerzú/juerzú.
-Fósforos: Cerillus, mistus.
-Foto: Retratu, afotu, retrataura.
-Fracaso: Frascasu.
-Francisca: Quica.
-Frase (del lat. PHRASIS): Frasi.
-Frecuencia (con): A ca istanti, a ca ratu (cada poco, frecuentemente, con frecuencia), alicuandu (con frecuencia, frecuentemente).
-Frecuentar: Raceal (aparecer, asistir, visitar, frecuentar un lugar).
-Frecuentemente: A ca istanti, a ca ratu, a cá ná ("a cada nada de tiempo", cada poco, frecuentemente, con frecuencia), alicuandu (con frecuencia, frecuentemente), a menúu (frecuentemente, a menudo).
-Fregadero: Refregaeru (tabla con molduras transversales para lavar).
-Fregar: Escamondal (fregar a conciencia), algofifal (fregar el suelo), limpii (limpiar), escachimondal (limpiar a fondo), golfifal (limpiar habitación), fleti (limpieza general).

-Fregona: Mochu.
-Freír: Frital.
-Freímos: Fritamus.
-Frenar: Frenal, retrancal (Albalá: frenar una yunta).
-Freno: Frenu, boceu (freno del bozal de las caballerías).
-Fresco: Frescu, resenciu/recenciu (aire fresco y húmedo de la noche, de la madrugada o de la mañana).
-Frescor: Frescancia, resenciu/recenciu (aire fresco y húmedo de la noche, de la madrugada o de la mañana).
-Fríe: Frita.
-Friendo: Fritandu.
-Frigorífico: Nevera.
-Frió: Frító.
-Frío: Fríu, viruji, peleti ("que peleti jaci"), arreciu (tener mucho frio, estar helado), pasmau ("estar pasmau"; "tener mucho frio". Tb. atontado, "estar en el limbo").
-Friolero: Friolentu (habitual en leonés), pasmau ("estal pasmau"; "tener mucho frio". Tb. atontado, "estar en el limbo"), arreciu (tener mucho frio, estar helado).
-Fritada: Fritolá.
-Fritos: Fritus.
-Frontera: Raya.
-Fructificar: Rejundil (Tb. sacar partido, explotar, obtener).
-Fruncir (del fr. ant. FRONCIR): Fruncil.
-Fruto: Frutu.
-Fuagrás: Cardillu (especie de paté hecho con hígado de cerdo y manteca "colorá").
-Fue: Hue/jue, dio la espantá ("se fue de malas maneras").
-Fuego: Cheira, candela (el fuego generalmente de la cocina), lumbri.
-Fuente: Huenti/juenti, largueru (fuente onda en la que se vertía el puchero), azafati (bandeja, fuente, plato grande).
-Fuera: Huéra/juéra, jopo (fuera. Se usa para echar a alguien. "Jopo d´aquí!"), foriatu (de fuera, forastero).
-Fuéramos: Huéramus/juéramus.
-Fueran: Huéran/juéran (tb. hubieran).
-Fueron: Huérun/juéron.

-Fuerte (voz): Derreciu, reciu ("jabla mu reciu").
-Fuerte: Huerti/juerti, rejuertis, huelti/juelti.
-Fuerza: Huerza/juerza.
-Fuese: Huesi/juesi.
-Fugarse: Hugalsi/jugalsi.
-Fugaz: Respajilu (respajilón, visión fugaz. Respajilal: moverse rápidamente).
-Fugitiva: Hugitiva.
-Fui: Hui/jui, cogí el pendilgui (me marche, me fui, me largue, etc.), "me salí" (me fui; "me salí del jolgoriu a las tres"; "me fui de la fiesta a las tres").
-Fuiste: Huisti/juisti.
-Fuisteis: Huistiis/juistiis.
-Fugitiva: Huitiva/juitiva (fem. que huye).
-Fumar: Humal/jumal, perjumal, carpá (chupada al cigarrillo).
-Función: Hunción/junción.
-Funcional: Huncional/juncional.
-Funciona: Furrula, carrula, arrejundi.
-Funcionando: Enfuncionandu.
-Funcionar: Enfuncional.
-Funcionario: Juncionariu.
-Funda: Hunda/junda.
-Fundar: Hundal/jundal.
-Fundir: Erretil, hundil/jundil (fundir, derretir), faratal (deshacer).
-Fusta: Vergaju.
-Futbol: Fúrbu, fugol.
-Futuro: Huturu/juturu.

G

-Gafas: Lentis, antiojus.
-Gajo: Gayu (cada parte de una naranja. Tb. parte del corazón de la sandía que queda en una tajada), grillu, gomu.
-Gallito: Gallariqui.
-Gallo: Gallu.
-Gamberradas: Azurdus.
-Gamberro: Polalma/polarma (tb. granuja, pillo, bribón, travieso,

gamberro, etc.).
-Ganadería: Ganaeria.
-Ganar: Ganal.
-Ganas: Voluntá (f. ganas. "Me se quita la voluntá de hacel ná"),
modorra (tener pocas ganas de hacer algo).
-Gandul: Jarramanta, jaragan, bordoneru, camastrón (m.
haragán, vago, perezoso), perritracu (gandul, vago, zángano).
-Ganes: Ganis.
-Gangrena (del lat. GANGRAENA): Cangrena.
-Gapo: Ejarru (gargajo), galipu, galipaju (gapo escupido lejos).
-Garabato: Ringurrangu (tb. zig-zag).
-Garbanzo: Grabielis, trompus.
-Garboso: Garbu, jaquetón/a (esbelto/a, garboso/a).
-Gargajear: Gargueal.
-Gargajo: Ejarru, galipu, galipaju (gargajo escupido lejos).
-Garganta: Gañu, gargueru, gañoti (gañote, m. garganta. "De
gañote", frase adverbial muy frecuente con la cual se expresa
que alguien recibe algún beneficio gratuitamente. "Va de
gañote". También se suele decir "vaya gañote que tiene", o sea,
que tiene muchas tragaderas, todo lo admite y le va bien. (Muy
corriente en Badajoz, en todas las acepciones).
-Gárgaras: Gargueal (hacer gárgaras).
-Garza: Algarza.
-Garrafa: Tarra.
-Carraspeo: Garraspeu.
-Gaseoso: Gasiosú.
-Gastador: Derrotaol.
-Gastar: Gastal.
-Gastarlos: Gastalus.
-Gastos: A gastus pagus (con los gastos pagados).
-Gastroenteritis: Andanciu (gastroenteritis, malestar general,
diarrea, descomposición, epidemia leve).
-Gatear: Agateal.
-Gato: Misinu, arestinosu (desaseado, flacucho y de piel poco
vistosa), gatera (abertura inferior en el portón para facilitar el
tránsito del gato), "sape" (palabra para asustar al gato).
-Gazpacho: Gaspachu, conjondongu (gazpacho especial para

el campo), trincaya (f. Gazpacho que hacen los pastores).
-Generación: Jeneración.
-General: Jeneral, "i tolo más" ("y todo lo demás", "en general").
-Género: Jeneru/generu.
-Generoso: Espléndulu/a (espléndido; adj. generoso).
-Genio: Jeniu.
-Genitales: Jenitalis/genitalis, cataplinis.
-Gente: Jenti/genti, jarca ("va con tola jarca"; "va con toda la gente").
-Gentío: Jenteriu/genteriu, gomia (gran cantidad de gente, muchedumbre, gentío), barajunda, una jarcá de genti, riolá (grl: montón, muchedumbre, gran cantidad de cosas en movimiento), recua (grupo numeroso de personas o animales).
-Gentuza: Gentuña/jentuña.
-Geografía: Jografia.
-Germano: Germanu/jermanu.
-Germinar: Jelminal/gelminal, almidonasi (secarse y no germinar las semillas por falta de humedad).
-Gesto: Jestu/gestu, monería (f. gesto gracioso o ridículo), pucherus (llorisquear, sollozar, "hacer pucheros" con la cara).
-Gilipollas: Jodiu ("esti esta jodiu", "este es gilipollas").
-Gilipollez: Jodiura (f. tontería, gilipollez. "Dejate de jodiuras!").
-Gimnasia: Jinasia/ginasia.
-Girar: Repial, canteal (dar la vuelta, girar), arrepial, torcel.
-Gitano con costumbres de payo: Apayau.
-Gitano: Jetanu.
-Gobernar: Jacel gabiya (gobernar, dominar. "No jagu gabiya d´esti niñu").
-Gobierno: Gobielnu, f. gobielna/gobierna (gobierno, dirección).
-Golfa: Pendona, pelleja.
-Golfo: Martés, perigallu (sinvergüenza, golfo, callejero).
-Golosa: Lambuza, rafera.
-Golosear: Rafereal, lambuceal (tr. comer un poquito de todo lo que se encuentra. En Zamora se dice lambruciar. "Comi d´una ves, i no andis lambuceandu".
-Goloseo: Lambuceu, rafereu (tb. picoteo).
-Golosina: f. Rafería, gulusinas.

-Goloso: Lambuzu/lambuceru (m. "es un lambucero". El que lambucea todo lo que encuentra), raferu (tb. que le gusta picotear).
-Golpe: Golpi, monchazu, zurriagazu, manporru, estalliu, estrompajazu, chocazu (golpe que se dan dos personas al chocar entre ellas).
-Golpear: Porraceal.
-Gorda: Lustrosa (que esta bien criada), corpandrúa (mujer gorda).
-Gordo: Lustrosu (que esta bien criado), cebau, porrúu (dicho de objetos más cortos que anchos y de pequeño tamaño; un dedo, una porra, etc. Tb. grueso, gordo, rechoncho, ancho), bandul (sust. ¡Qué gordo está, qué bandul tiene! Tripa, vientre exagerado. Posiblemente proviene de bandullo, en Salamanca vientre o conjunto de las tripas).
-Gorgorita: m. Golgorita.
-Gorra: Bilba/birba.
-Gorrión: Pardal, gurriatu.
-Gota: Pinga.
-Gotear: Pingal.
-Gozar (de GOZO): Gozal, rejundil (tb. sacar partido, explotar, obtener).
-Gozo (del lat. GAUDIUM): Gociu.
-Grabarlo: Graballu.
-Gracia: Desaboríu/esaboriu (sin gracia).
-Gracias: S'agraéci, agraeciu.
-Gracioso: Risoriu (situación graciosa o hazmerreír).
-Gradación: Graación.
-Graduó: Grauó.
-Grajo: Grajilla/gragilla.
-Granada: Graná.
-Granado: Granáu.
-Grande: Grandi, soberanu/a (del lat. SUPERANUS. Grande, soberano, enorme), jermosu/germosu (de buen tamaño, grande; "un melón hermosu").
-Grande (poner grande): Engrandá.
-Grandullón: Gandullu (mozallón, grandullón, destartalado).

-Grandura: f. Grandol.
-Granito: Granitu, cantería.
-Granizar: Granizal.
-Granizo (de GRANO): Graniciu.
-Grano: m. Bagu (1. grano de arroz, de arena, de sal, etc. 2.
uva).
-Granos (reacción por plantas o bichos, erupción): Ronchas.
-Granuja: Martés (granuja, pillo que no trabaja),
polalma/polarma (tb. pillo, bribón, travieso, gamberro, etc.).
-Grapa: Cebica (cebical es poner lañas, grapas de metal para
sujetar los fragmentos de un cacharro de barro roto), laña
(grapa, usase en la frase: "parece una laña"; para decir que está
muy delgado).
-Grapar: Cebical (cebical es poner lañas, grapas de metal para
sujetar los fragmentos de un cacharro de barro roto), laña
(grapa, usase en la frase: "parece una laña"; para decir que está
muy delgado).
-Gratis: A gastus pagu, de baldi, de gañoti.
-Gratuitamente: A gastus pagu, de baldi, de gañoti, gañoteal
(intr. conseguir, recibir o hacer alguna cosa gratuitamente;
"cómu gañoteas!").
-Grieta: Jienda/gienda (brecha, raja, grieta).
-Grima: Escorrozu (1. ruido tenue y misterioso. 2. repugnancia,
asco), zarriu ("estás jechu un zarriu"; "estás hecho un asco"),
tirria (odio, asco).
-Gritando: Jipiandu/gipiandu, gañitandu, berreandu, chillandu.
-Gritar: Jipial/gipial, gañital, berreal, chillal, gurolleal/grulleal
(vocear).
-Grito: Jipiu/gipiu, gritíu, berriu, chílliu.
-Grosero, insolente: Pelilleru, f. artillera, desacotau, f. perigalla,
f. pingona, rabaleru, f. sopílfora, raspau, bordi (burlón, grosero).
-Grumos: Águruyau (adj. que tiene grumos o guruyos. "Esa
masa está aguruyá").
-Gruñir: Ruñil.
-Grupo: f. Componenda, recua (grupo numeroso de personas o
animales).
-Guadaña: Guaña.

-Guadañador: Guañaol.
-Guadañar: Guañal.
-Guantazo: Guantá, sopapu, mitra ("dal una mitra"), soplamocus ("dal un soplamacus"), gofetá ("dal una gofetá").
-Guantes: Guantis.
-Guapo: Guapu, jaquetón (guapo, hombre de buen ver), arriscau (bien vestido y peinado. Arreglado, elegante), atusalsi (peinarse, arreglarse el pelo. Tb. lavarse, arreglarse), arriscau (bien vestido y peinado. Arreglado, elegante), abiau (arreglado, vestido, acicalado), acicalau (acicalado, arreglado, "puesto guapo").
-Guapura: Jermosura/germosura (dicc. bable y castellano).
-Guardado: Recaudau.
-Guardar: Recaudal, arrequeal (recoger, guardar las reses de ganado); recadal (Ba, Mé: guardar muy bien una cosa; poner en orden).
-Guarda: Paiteru/a (1. paitero, de pavitero; guardián de los pavos. 2. guarda de una casa de campo 3. pasto comunal), rodal (guardia municipal. Tb. guarda rural), jabaleru (guarda de un habar).
-Guardia municipal: Rodal (Montehermoso).
-Guardo: Recaudu.
-Guarecerse: Cobijasi/cobijalsi, arrial (v. reflex. Cobijarse; guarecerse bajo un árbol, pared o roca, del agua de lluvia o del viento).
-Guarida: Julera (escondrijo, guarida), jurra (f. guarida de alimañas. El vivar de los conejos).
-Guasa: Bordeu, chufla (1. guasa, broma, burla. 2. bofetáda).
-Guijarro: Gorrón (canto rodado).
-Guisante: Afeisán, albillas/arbillas, chichari.
-Guiso: Guisu/guisoti, cocimientu, presa (trozo de carne de un guiso), caldillu (guiso propio de las matanzas).
-Guitarra (del ár. QUITARAH): Quitarra.
-Guitarrista: Guitarreru.
-Gusano: Gusanu.
-Gustar: Gustal, petal (apetecer), cumpril (agradar), pilral/pirra (de pirlar; gustar mucho. "Se pilra pol"; "se vuelve loco por". "Le

pilra"; "le encanta").
-Gusto: Gustu.
-Gustoso: "D'acatu" (gustoso, muy bueno, de lujo, excelente, de calidad; "esti arrós no están entobía de güen acatu").

H

-Ha: A.
-Habar: Jabal, jabaleru (guarda de un habar).
-Habéis: Eis.
-Haber: Abel, á.
-Haberla: Abéla.
-Haberse: Abelsi, belsi.
-Había: Diba, bia.
-Habido: Bistu.
-Hábil: Apañau, abiau, listu, maestru, aparenti.
-Habilidad: Abeliá, albeliá.
-Habilidoso: Albeliosu.
-Habitación: Cuartu, silleru.
-Habitante: Abitantis.
-Hábito: Cebiqui (obsesión, apego, hábito, afición, vicio. "Comu no dejis el cebiqui del juegu, te vas a arruinal". "Estas encebicau con esa mujel").
-Habla: Jabla, galra, fabla, palra, palraeru, casca (cascar, hablar mucho; "la tu suegra lo que casca!").
-Habla (el): El palraeru, la palra.
-Hablador: Falanti, boquiqui (bocazas), palraol, jablaol, ablaó/ablaol (adj. dicho de alguien que sabe hablar, que habla bien. 2. orador. 3. parlanchín).
-Hablan: Palran, cascan (que hablan mucho).
-Hablando (están): Estan de paliqui, estan de palrriqui, estan cascando, estan palrandu, estan de caraba (estan de charla).
-Hablante: Palranti.
-Hablar: Galral, falar, palral (hablar, de PARABOLARE a través del paso intermedio "parlar". "Palral finolis"), cascal/cascá (1. hablar mucho. "Tu suegra lo que casca!". 2. hablar en demasía contando lo indebido. "Lo as a cascau tó"), palitroca (hablar sin

sentido), palral espaciu (hablar en voz baja).
-Hable: Ablí.
-Hablo: Galru, ablu.
-Habrá: Aberá.
-Habría: Abería.
-Hace: Jaci, ha/has, va/vai ("vai tantu tiempu"; "hace tanto tiempo"), ai ("ai varius añus").
-Haces: Gabiyas (haces de leña, forraje, tabaco, etc. Puñado que el segador hacia con la mano al segar las mieses).
-Hace tiempo: Tiempu á.
-Hacemos: Jacemus.
-Hacen: Jacin.
-Hacendosa: Jacendosa (mujer hacendosa y trabajadora).
-Hacer: Jacel, cadacé ("¿que he de hacer?/¿que voy a hacer?).
-Hacerle: Jaceli.
-Hacerlo: Jacelu.
-Hacernos: Jacelmus.
-Hacerse: Jacelsi.
-Hacia: Jacia.
-Hacia acá: Paacá.
-Hacia allí: P'allí, pallí.
-Hacíamos: Jaciamus.
-Haciendo: Jaciendu, labutandu (haciendo, trabajando).
-Haciéndome: Hiciendumi, jaciendumi.
-Hacha: Jacha, segurón (hacha grande), segureja (hacha pequeña).
-Haga: Jaga.
-Hagáis: Echeis.
-Hago: Jagu.
-Hallábase: Enjallabasi.
-Hallar: Jallal.
-Hallarse: Enjallalsi, jallasi.
-Hamacas: Macas.
-Hambre: Jambri.
-Hambriento/a: Jambrientu/a, jalamiu/a.
-Han: Án.
-Hará: Hadrá.

-Haraganear: Jaraganeal.
-Harapiento: Jarapientu.
-Haraposo: Jarrapillosu/a.
-Haré: Jadré.
-Haremos: Jadremus.
-Haría: Jadria/hadria.
-Haríamos: Jadriamus.
-Harina: Jarina, enjarinal (enharinar).
-Hartar: Tupil, jartal, jartibli (que tiene la capacidad de hartar: "que ombri mas jartibli"; "que ombri mas cansino". "Palramenta jartibli"; "charla pesada").
-Hartarlo: Tupilu, jartalu.
-Hartarse: Jartalsi, empacinalsi (empacharse, hartarse), aupasi (hartarse. Hincharse).
-Hartazgo: Tupa, tupitanga.
-Harto: Tupiu, acibarrau, jartu (jarteti; diminutivo de harto), cogüelmu/cogolmu (hasta arriba, lleno, en abundancia, colmado, a rebosar, "estar harto", "estar hasta el colmo"; "estal jata el cogolmu"), aupau (harto de comer, con el estomago pesado por la digestión, incomodo. Hinchado).
-Hartura: Jartá, jartura, jartalga (f. hartura. Chamizo).
-Hasta (del ár.hisp. ¡ATTÁ, influído por el lat. AD ISTA, "hasta esto"): Jata, jasta, ata, mesmu (prep. incluso, hasta, aún).
-Hastiar: Jastial, engujal (int. hastiar, empalagar. Se dice de los manjares que hartan pronto, aun siendo apetitosos. "Es un duci que enguja muchiu". Badajoz).
-Hastiarse: Enfastialsi, enjastialsi.
-Hastío (del lat. FASTIDIUM): Jastíu, fastíu (desgana, falta de apetito que queda pasada una enfermedad), escorrozu (1. ruido tenue y misterioso. 2. repugnancia, asco), tirria (odio, asco).
-Hato (quizá del got. FATA, "vestidos"): Jatu (atuendo. DRAE: hato).
-Hay: Belaili, aili, ain (si el sujeto es plural se escribe "ain"; "ain muchas mas cosas").
-Haya (verbo haber): Aiga.
-Haz: Jaci.
-Hazmerreír: Asmeriíl, risoriu.

-He: E, ei.
-Heces: Jecis, borris (todo residuo orgánico, del vino, del aceite, etc.).
-Hectómetro: Etometru/etumetru.
-Hecha: Jecha.
-Hecho: Jechu, jeitu.
-Hecho (lo que esta hecho, construido, fabricado): Jechura ("de que fecha es la jechura?"; "¿cuándo se hizo?").
-Hecho (algo mal hecho): Guarreria, tarandangu, garnacha (chapuza).
-Heder: Jedel.
-Hediondo: Jedijondu, jediondu/gediondu, jeiondu/geiondu, jeyiondu.
-Hedor: Jeol/geol. jedol/gedol, jeó/geó.
-Helada: Gelá, pelona o pelúa (helada intensa).
-Helado de frio: Arrecíu (entumecido de frío, helado), geláu.
-Helados: Yelaus/jelaus.
-Helar: Gelal/jelal.
-Helarse: Gelasi/jelasi.
-Helecho: Jelechu/gelechu.
-Hematoma: Moratón, negral.
-Hembra: Jembra/gembra.
-Hembra en celo: Se dice que está "cojia de la luna", berrionda, montal (cubrir a las hembras).
-Hemiplejía: Airi.
-Hemorragia: Emorragia/emorrajia, estallina (hemorragia interna).
-Hemos: Abemus, emus/amus (forma reducida de abemus; "amus vistu dos capachinus"), bemus.
-Henal: Jenal/genal, jenera (ma. lugar donde se guarda el heno. DRAE: henal).
-Hendidura: Jionda/gienda (hendidura, grieta, raja).
-Heno: Jenu/genu, pastu.
-Heñir: Jeñil/geñil.
-Herencia: Erencia, partija/partiju (reparto de la herencia).
-Herida: Jeriá/geriá, pitera (herida en la cabeza. Tb. pequeña raja, agujero pequeño), jienda (herida, brecha, raja, grieta, etc.).

-Herido: Jeríu/geriu.
-Hermafrodita: Gelmafroita/jelmafroita, manfloritu (chivo o cordero hermafrodita), manforitu (animal hermafrodita).
-Hermanado: Gelmanáu/jelmanau.
-Hermanastro: Entregelmanu (medio hermano o hermanastro), gelmanastru/jelmanastru.
-Hermano: Germanu/jermanu, collazu/collaciu (de collacteus. 1. Amigo íntimo, 2. Hermano de leche 3. Compañero. Compañero en el servicio de una casa o en el campo. 4. Compinche).
-Hermoso: Jermosu/germosu.
-Hermosura: Guapura (DRAE: cualidad de guapo).
-Herniado: Quebráu (DRAE: quebrado: que padece quebradura o hernia).
-Herniarse: Quebral (quebrar. Tb. herniarse).
-Héroe: Eroi.
-Hervir: Jerbíl/gerbil, fermental (hervir, fermentar), jilbil.
-Hervor: Jerbol/gerbol, jerbeteu/gerbeteu.
-Herradura: Jerraúra/gerraúra.
-Herraje: Jerraji/gerraji, afrechu (herraje de las porterías).
-Herramientas: Avius, aparejus, achiperris (1. trastos. 2. herramientas de trabajo).
-Herramienta de labranza: Rastra (para amontonar paja y grano), tarecus.
-Herrero: Jerraol/gerraol.
-Herrumbroso: Jerrumbrosu/gerrumbrosu, jerrumbrientu/gerrumbrientu, furrisi, jerrumbrosu/gerrumbrosu (DRAE: herrumbroso, ferruginosa).
-Hice: Jici.
-Hicieron: Jizun, jicierun.
-Hicimos: Jicimus.
-Hiciste: Jicistis.
-Hidalgo: Jialgu/gialgu.
-Hiede: Jiedi, gié/jié/hié.
-Hiel: Jiel/giel, yel.
-Hielo: Yelu, yielu, gielu/jielu, carambanu ("tengu un carambanitu nel pelu").
-Hierba: Yerba/yelba.

-Hierbabuena: Yerbagüena/yelbagüena, presta.
-Hierbajos: Yerbajus, yelbajus, jaramagus (matorrales).
-Hierro: Jierru/gierru, yerru.
-Hierve: Jierbi/gierbi.
-Hígado: Jigau/gigau.
-Higiénico: Ijienicu/igienicu.
-Higo: Jigu/gigu.
-Higuera: Jiguera/giguera.
-Hija: Ija, mija (mi hija. Cambio de orden y posterior aglutinación de algunas palabras: hija mía > mi hija > mija), "cuyu eris" ("cuyu eris?"; "¿de quién eres?").
-Hijo: Iju, miju (mi hijo. Cambio de orden y posterior aglutinación de algunas palabras: hiju míu > mi hiju > miju), "cuyu eris" ("cuyu eris?"; "¿de quién eres?").
-Hijos (los): Lo sijus (dieresis).
-Hila: Jila/gila.
-Hilacha: Jilacha/gilacha.
-Hilachos: Jilachus/gilachus.
-Hiladillo: Jilaíllu/gilaíllu.
-Hilar: Jilal/gilal (hilar. Tb. hacer o decir tonterías), enjaretal.
-Hilera: Carrefila, rejilera, ringlera, filera, carrefilera.
-Hilván: Jirbán/girbán, jilbán/gilbán.
-Hilvanar: Jilbanal/gilbanal, enjaretal (generalmente hilvanar deprisa).
-Himno: Inu.
-Hincapié: Jincapié/gincapié.
-Hincar: Jincal/gincal.
-Hinchado: Jincháu/gincháu.
-Hinchar: Jinchal/ginchal.
-Hincharse de: Atacasi de.
-Hincharse: Aupasi (hartarse, hincharse), jartalsi.
-Hinchazón: Jinchación/ginchación.
-Hipótesis: Ipóteis.
-Historia: Estória.
-Historietas: Alicantinas (dichos, historietas, anécdotas, picardías, tretas, cuentos, "tener el pico de oro"; "tenel muchas alicantinas").

-Hizo: Vai, jizu, jechura (dicho de lo que esta hecho, construido, fabricado. "de que fecha es la jechura?"; "¿cuándo se hizo la obra?").
-Hocico: Jocicu, morrus, belfu (morro, hocico, labios).
-Hociquear: Jociqueal, jozal (levantar la tierra con el hocico).
-Hoche: Jochi.
-Hoguera: Foguera, lumbri.
-Hojalatero: Quinquilleru.
-Hojarasca: Seroja (hojarasca, pasto, leña fina, ramitas para la lumbre), tueru (leño grueso), leñu.
-Hola: Yeu, jeu, jai, jiu, jei, amu, amus allá, lu (como saludo inicial en las formas "¿Que tal?", "¿que hay?", "¿que pasa?", "¿como va?", etc. El Rebollar-Sierra de Gata).
-Holganza: Jolgancia.
-Holgazán: Aragan, candalla, perritracu, jarramanta, jaragan, bordoneru.
-Holgazanear: Jolgacianeal.
-Holgón: Jorgón.
-Holgura: Chengu (1. cojo. 2. herramienta u objeto con holgura).
-Hollín: Jollín, enjollinal (llenar de hollín).
-Hombre: Ombri.
-Hombre del saco: Coruju.
-Hombre lento: Cojonarru (hombre lento, parsimonioso).
-Hombros: Ombrus, apencal (arrimar el hombro, trabajar, cooperar en un esfuerzo).
-Homenaje: Omenagi/omenaji.
-Homicidio: Jomicidiu, matación (Hurdes: homicidio).
-Homogénea: Jomogénia.
-Hondo: Jondu.
-Hondonada: Cañajón (valle, hondonada entre dos cerros).
-Honrado: Onrau.
-Hora: Ora.
-Horca: Orca, liendru (horca de madera para aventar la miés).
-Hormiguero: Jormigueru.
-Hormiguillo: Jormiguillu.
-Hornero: Jorneru/a (hornero/a, persona que atiende un horno).
-Hornillo: Jornillu.

-Horno: Fornu, jornu.
-Horquilla: Jorquilla, ajorquillal (dar forma de horquilla).
-Hortelano: Artolanu.
-Horrible (feo): Adefesiu.
-Hoy: Oi.
-Hoy (ref. a presente): Angañu, uguañoti (adv. t. actualmente, hoy en día).
-Hoya: Joya (agujero en la tierra para plantar árboles o plantas).
-Hoyo pequeño en el suelo: Jochi, bochi (cuando de algo o de alguien se dice que esta "enfochau" quiere decir que esta metído en un hoyo).
-Hoyo grande: Joyancu (tb. es la sepultura. "Enfochau" es "metido en un hoyo").
-Hoz: Joci.
-Hoz pequeña: Jocinu.
-Hubiera: Juera, abiera, biera.
-Hubiese: Juesi, abiesi.
-Hubo: Ubun.
-Hucha: Bucheta.
-Hueco: Güecu/uecu.
-Huele: Güeli, jie, jiedi, jiei, atifa/atufa (huele, generalmente mal).
-Huelva: Güelva/Uelva.
-Huella: Fuélliga/juelliga, güella.
-Huérfano: Güelfanu.
-Huero: Güeru.
-Huerta: Güerta, uerta.
-Huerto: Güertu, ueltu, uertu.
-Huesca: Güesca/Uesca.
-Hueso: Güesu, uesu.
-Hueso de la fruta: Pipu, bagu (bago, grano, semilla), peba (p. e. las pepitas do las uvas).
-Huésped: Güespi, uespi, juespi.
-Huevo: Güevu/uevu.
-Huían: Juyian, ajuian.
-Huida: Juyía, juitiba (fem. que huye).
-Huir: Ajuil, ajuyil (no confundir con ajuirse: marcharse,

escaparse), dejuil, juyil.
-Humanidad: Umaniá.
-Humanismo: Umanismu.
-Humano: Umanu.
-Humear: Jumeal.
-Húmedo: Úmidu, bonal (terreno húmedo, pantanal).
-Humedad: Resenciu (relente o humedad que en noches serenas impregna la atmósfera. "Esti resenciu se le meti a unu en los güesus").
-Humarada: Jumará, bocaná (golpe de humo; "una bocaná de jumu").
-Humareda: Jumarera, jumaera.
-Húmero: Úmeru.
-Humillación: Jollación.
-Humillando: Jollandu.
-Humillándolo: Jollandulu.
-Humo: Jumu.
-Hundido: Jundíu, atollau (hundido en barro), esfarrungáu (pared, techo, etc. hundido).
-Hundir: Barrundil.
-Huracán: Uracán.
-Hurdes: Jurdis/Hurdis.
-Hurgar: Fural (huronear, hurgar), jurgal.
-Hurgonear: Jurgoneal (hurgonear, remover una cosa).
-Huron: Jurón.
-Husmear: Jusmeal, ausmal (husmear, olfatear, barruntar), fisgal (fisgar).
-Huso: Jusu.

I

-Iba: Diba, ia.
-Íbamos: Dibamus.
-Ictericia: Tericia, tiricia.
-Idea: Acuerdu (idea, ocurrencia; "as teniu güen acuerdu, si señol"), "ni peba" ("ni idea"; "lo desconozco").
-Ideal: Aparenti, propiu (adj. própio, idóneo).

-Identidad: Identiá.

-Identifica: Dentifica.

-Idioma: f. Idioma (la idioma).

-Idiota: Ajilau, panoli, chalau.

-Ido: Íu, diu.

-Idóneo: Aparenti, propiu (adj. própio, idóneo).

-Iglesia: Ilesia/elesia.

-Ignorante: Enoranti, cutainu.

-Igual: Lo mesmu, pintiparau (semejante. Igual. "Es pintiparau al su pairi". Adecuado. Perfecto).

-Igual (en igual de): Endigual, en d´igual, antigual.

-Igual a: Aparenti a ("el niñu é aparenti al su pairi").

-Igualdad: Egualdá.

-Iguales: Endigualis, "de la mesma condición" ("semus de la mesma condición"; " somos los dos iguales").

-Igualito: Egualinu.

-Ilusionar: Elusional, encandilal ("s´encandiló con aquella i la compró").

-Ilustrado: Elustráu.

-Ilustre: Elustris.

-Imagen: Santu, estampa (imagen, cromo, etc.), jechura/hechura (creación, obra, resultado, producto, composición, formación, configuración, forma, trama, factura, disposición, distribución, complexión, constitución, imagen, figura).

-Imaginaciones: Emaginaerus/emajinaerus.

-Imaginado: Emaginau/emajinau, majinau/maginau.

-Imagínalo: Emajinalu/emaginalu.

-Imitar: Rémeal.

-Impaciencia: Intriquidencia.

-Impacientado/a: Despacientau/á (impacientado, intranquilo).

-Impacientar: Despaciental (1. Impacientar. 2. Impacientarse).

-Impaciente: Despacientau, impacienti.

-Impedido: Empedíu, tullió.

-Impedirlo: Empeílu.

-Imperativo: Emperatíu.

-Imperfecto: Emperfetu.

-Impertinente: Empertinenti.
-Impide: Empíi.
-Implican: Emplica.
-Implícito: Emplícitu.
-Imponer: Emponel.
-Importancia: Jangá (una tontería, algo sin importancia).
-Importante: Emportanti, de nombreria.
-Imposible: Impusibli, incapás.
-Impreciso: Emprecisu.
-Imprescindible: Emprecendibli.
-Impresión: Empresión.
-Impresora: Emprisoras.
-Imprimen: Emprentan.
-Imprimir: Emprimil, emprental, imprental.
-Impropios: Empropius.
-Impuesta: Empuesta.
-Impuesto: Emponiu.
-Impuestos: Empuestus.
-Impulso (tb. arrebato): Arrepiu, "dal la picá" ("cuandu le dá la picá se vá de casa"), ramalazu.
-Imputar: Achacal.
-Inciso: Encisu.
-Inclinación: Pajeu (querencia, inclinación, proclividad, tendencia. "Canta el pajeu que se trai"; "se vé de que vá").
-Inclinado: Ladeáu.
-Inclinar: Canteal (torcer, inclinar).
-Incluida: Enjaretá, encluia.
-Incluido: Encluiu, enjaretau.
-Incluir: Encluíl, enjaretal.
-Incluso: Enclusu, inclusamenti, mesmu (prep. incluso, hasta, aún.), mesmaenti (adv. m. incluso. 2. loc. adv. m. en: incluso en).
-Incluyen: Enclúin.
-Incluyendo: Encluyendu.
-Incitar: Soliviantal (soliviantar. 1. Alterar el ánimo de una persona. 2. Incitar a una persona a que tenga una actitud violenta o de protesta).
-Incompetente: Incompatenti (1. Adj. dicho de alguien

incompetente, inválido, irrespetuoso. 2. Dicho de algo inservible).
-Incomprensible: Incompresibli.
-Incomunicado: Solitariu (dicho de algo o alguien. Aislado, solo, incomunicado).
-Inconsistente: Ralu/a (poco espeso/a. Inconsistente; "Estas natillas están ralas").
-Incordiar: Chinchal.
-Incredulidad: Chascu.
-Incrédulo: Increibli.
-Increíblemente: Fenómenamente (adv. indica modo. Pl. noc. increíblemente, fenomenalmente).
-Incrustarse: Enclustalsi, encasasi (Hurdes: encajarse, incrustarse).
-Inculcar: Incucà (act. inculcar, infundir. "M'incucó lo de sel educau").
-Inculto: Encultu, garrulu (garrulo).
-Indecente: Endecenti.
-Indeciso: Endecisu.
-Independiente: Endependienti.
-Independientemente: Endependientementi.
-Indeseable: Zarriu (cosa vieja, inútil e inservible).
-Indica: Endica, endirga/endilga.
-Indicaciones: Endicacionis, endilgus/endirgus.
-Indicadores: Endicaoris.
-Indicar: Endical, endilgal/endirgal (mostrar, señalar, indicar el camino. Tb. endosar, colocar, enjaretar, encajar, poner, meter, etc.).
-Índice: Éndici, mocosu (dedo índice).
-Indigestión: Endijestión/endigestión, bandarriu (indigestión con fuerte dolor do tripas).
-Indigestos: Endijestus/endigestus.
-Indignación: Arregañu (tb. rabia), chascu.
-Indirectas: Endiretas, puntá.
-Indirecto: Endiretu.
-Indisposición: Tartagu (sofocón producido por cansancio o disgusto. Indisposición).

-Indispuesto: Endispuestu/a (adj. dicho de alguien indispuesto, enfermo).
-Individual: Endividual.
-Individuo: Endivíu.
-Inepto/a: Calabazu/a (bruto/a, persona terca e inepta).
-Inestable: Enistabli, tenguerengui (Ba. cosa poco estable, que se cae a la menor sacudida).
-Infarto: Infaltu, jamacucu (tb. mareo, desmayo, embolia, etc.).
-Infectado (dejar infectado): Engafal.
-Infectarse: Inconasi (Ma. irritarse una herida. DRAE: enconar).
-Infeliz: Enfelíci.
-Inferior: Enferiol.
-Inferioridad: Enferioriá.
-Ínfimo: Énfimu.
-Infinitivo: Enfinitibu.
-Infinito: Enfenitu.
-Inflamación: Enflamación, fogariña (sensación de calor en la boca que producen las llagas).
-Inflamarse: Enflamalsi, abafal (la carne, el pescado, etc. por efecto de corrupción).
-Influencia: Enfruencia.
-Influir: Enfluil.
-Información: Enformación, endirgu/endilgu (indicación, orientación, información).
-Informal: Enformal, changüín (hablador, informal), chichibaili (sust. "Estáte quieto, que eres un chichibaile". Persona de poca formalidad dado a las bromas y chanzas a quien nadie toma en serio y que sirve de chacota.
-Informar: Endirgal/endilgal (dirigir, encaminar, orientar, indicar el camino).
-Infringir: Enflinjil/enflingil.
-Infundir: Incucà (act. inculcar, infundir. "M'incucó lo de sel educau").
-Ingles: Ingres, ingues, verijas/verinjas ("me se rescuecin las verijas").
-Inglés: Ingrés.
-Ingredientes: Agredientis.

-**Ingreso:** Engresu.
-**Iniciarse:** Enicialsi.
-**Iniciativa:** Eniciativa.
-**Inicio:** Aniciu, iniciu, enceti.
-**Injerir (del lat. INSERERE):** Enjeril/engeril.
-**Injertado:** Enjeltau/engeltau.
-**Injertador:** Pujaol, enjeraol.
-**Injerto:** Enjertu.
-**Injusto:** Enjustu.
-**Inquietud:** Jormiguiyu (nerviosismo, inquietud).
-**Inmaduro:** Enmauru, reciu (tb. ácido. "Esta naraja esta mu recia, tié que madural"), zorondu (fruto con un poco de dureza, que todavía no esta pasado).
-**Inmediatamente:** Enmeyatamenti/imediatamenti.
-**Inmediato:** Enmeyatu, imediatu, desiguia (1. adv. m. de seguida, continuamente. 2. prónto, de inmediato).
-**Inmensa:** Imensa.
-**Inmersión:** Zambuyía, zambuyón (violenta).
-**Inmoral:** Enmoral.
-**Inmortal:** Enmortal.
-**Inmóvil:** Enmóvi.
-**Inmutable:** Enmutabli.
-**Inocente:** Enocenti.
-**Inquietar:** Soliviantal (inquietar o alterar a alguien), desatalantal (desasosegar, inquietar).
-**Inquietud:** Enquietú.
-**Inquilino:** Alquilinu.
-**Inscripción:** Escrición.
-**Inscripciones:** Escricionis.
-**Insecticida:** Enseticía, flis, fli-fli, flin.
-**Insecto (del lat. INSECTUS):** Ensetu.
-**Inseguro:** Enseguru.
-**Insensibilidad:** Encorchau (v. intrans. Tener la sensación como de hinchamiento y casi insensibilidad en algún miembro después de haber sufrido algún dolor o afección).
-**Inserción:** Endilgui (de endilgar. Lo que se ha colgado, subido, insertado, etc. "e endilgau un endilgui nel mi blogui"; "he subido

un articulo a mi blog").
-Insertar: Ensertal, endilgal.
-Inservible: Inservibli, changarriu, zarriu (cosa u objeto inútil o inservible), eschangarriu (objeto malo e inservible).
-Insignificante: Cucufati (pequeño e insignificante), renacuaju.
-Insípido: Desaboríu.
-Insistencia: Tabarra, ensistencia, "erri qu´erri" ("erre que erre").
-Insistir: Tabarra ("dar la tabarra"), ensistil.
-Insolente: Pelilleru, f. artillera, desacotau, f. perigalla, f. pingona, rabaleru, f. sopílfora, raspau, bordi (burlón, grosero).
-Insomne: Trasvelau (f. desvelado, que tiene insomnio).
-Insomnio: Trasvelación (desvelo, insomnio).
-Inspiración: Espiración.
-Instalador: Estaladó.
-Instante: Inti ("al inti"; al momento, al instante), intri, istanti.
-Instituto: Estitutus.
-Instruirse: Estruilsi.
-Instrumento: Estrumentu.
-Insultante: Ensurtanti.
-Insultar: Ensurtal, faltal/fartal, sel faltosu (insultar), poner pingandu (insultar. DRAE: del lat. pendicare, de pendere: intr. pender, colgar: gotear lo que está empapado en algún líquido. Mérida: gotear, venir empapado, chorrear. Ma: gotear).
-Insultón: Faltón.
-Integrados: Entegráus, entigraus.
-Integrantes: Entegrantis, entigrantis.
-Inteligencia: Cencia (ciencia: sabiduría, cultura, inteligencia, etc.), sesu, sesera, calapatriciu (sentido común, seso, sesera, juicio, sensatez, formalidad, etc.), entendaeras (entendimiento).
-Intemperie: Intemperiu.
-Intención: Entencion, entinción (intención, idea. Tb. murciano).
-Intencionadamente: A posta (adrede, intencionadamente, con alevosía).
-Intencionalidad: Entencionaliá.
-Intenso: Entensu, pinu (lo más intenso de algo).
-Intentar: Enristral (atacar, intentar, emprender, abordar. De "en ristre"; preparado para usarse, lanzarse, étc).

-**Intenté:** Ententé.
-**Intento:** Ententu.
-**Intercalar:** Entrecalal.
-**Intercambiarse:** Entrichambalsi.
-**Interés:** Enterés.
-**Interacciones:** Enteracionis.
-**Interesado:** Enteresáu.
-**Interesante:** Entresanti.
-**Interfaz:** Tentaeru (f. electrón. Zona de comunicación o acción de un sistema sobre otro).
-**Interior:** Enteriol.
-**Interlocutores:** Entrelocutoris.
-**Intermediario:** Entremediariu.
-**Intermedio publicitario:** Descansu.
-**Intermitente:** Entremitenti.
-**Internet:** Enterné.
-**Internacional:** Entrinacional.
-**Interno:** Enternu.
-**Interpreta:** Entrepeta.
-**Interpretable:** Entrepetabli.
-**Interpretado:** Entrepetáu, canteau.
-**Interpretar:** Entrepetal, canteal.
-**Interrogación:** Enterrogación.
-**Interruptor:** Enterrutol.
-**Intervalo:** Entirbalu.
-**Intervenido:** Entreveníu.
-**Intervenir:** Entrevíinil, entrevení.
-**Intestino:** Entestinu, bandú/banduju (panza, vientre, barriga, tripa, estomago).
-**Intoxicados:** Antosicaus/entosicaus.
-**Intoxicación:** Entosicación.
-**Intranquilo/a:** Despacientau/á [adj (dicho de alguien) impacientado, intranquilo].
-**Intransitable:** Andurrial (camino difícil e intransitable).
-**Introducida:** Entrouciá.
-**Introducido:** Entrouciú.
-**Introducir:** Metel.

-Introducirlo: Entroucilu.
-Inundada: Alagá.
-Inundado: Alagau.
-Inundar: Alagá/alagal.
-Inútil: Enútil, zarriu (inútil, de poco o escaso valor), engarriu, papón (persona inútil, abobado, soso).
-Inútiles: Zarriosu (rodeado de cosas inútiles).
-Inutilizar: Eschambal, enchambal (inutilizar algo), enchangal (estropear algo), enchanqui.
-Invadir: Envadil (act. invadir), enfestal (invadir algo, por ejemplo mediante una moda).
-Invariable: Envariabli.
-Invención: Envención, maturranga (engaño, trampa, maña, mentira, invención), alicantinas (treta, cuento; "tenel muchias alicantinas", "tener mucho cuento").
-Inventar: Envental.
-Inventario: Enventariu.
-Inventada: Enventá.
-Invento: Enventu.
-Inventor: Enventol.
-Inverso: Enversu.
-Invertir: Envertil.
-Investigar: Envestigal, pesquisal (averiguar, investigar).
-Investigarlo: Envestigallu.
-Invierno: Inverná.
-Invitar: Envital, convidal.
-Inyección: Endición, indición (bable: indición).
-Ir: Dil, dir, il, dilburallá (ir allá), amus allá (ir a un sitio. Tb. como saludo; hola o adiós), jateal (ir de camino), dil aparejandu (ir terminando).
-Iracundo: Eracundu, ralu.
-Irascible: Ralu.
-Iría: Idría.
-Iros: Dirbus, berus, ilbus.
-Irse: Abentalsi, venteal, cogel el pendilgui (algo imaginario que tenías que coger cuando te echaban de un sitio; "cojer los bartulos y largarse". Marcharse, irse, largarse, etc.).

-Irte: Dilti.
-Irreal: Inreal.
-Irremediablemente: Parudengunu (adv. m. sin reparo, irremediablemente).
-Irresponsable: Calapatriciu ("tener seso", sesera, juicio, sensatez, sentido común, formalidad, etc.).
-Irrigación: Enrrigación, biznaga (pera de goma para irrigaciones y otros usos).
-Irritación: Enritación, descalientu.
-Irritado: Enritau, estal cone jocicu (estar enfadado, enojado).
-Irritar: Enrital, jucheal (abuchear e irritar a alguien).
-Irrites: Chisquis (de chiscal; encender. Cuando se provoca a alguien que está irritado se dice "no me chisquis" en la idea de que va a echar fuego de lo caldeado que está. En extremeño tiene el sentido propio y el figurado).
-Izquierda: Gocha, esquierda, chovu (zurdo).

J

-Jabalí: Jabalín.
-Jabalí pequeño: Arrayán, rayón.
-Jabardillo (enjambre de abejas): Jabardillu.
-Jabón: Zugu (primer jabón que se le da a la colada).
-Jaca (caballo castrado): Jacu (caballo malo, poco andador).
-Jactancioso: Alabanciosu/a (bravucón, vanidoso, fantoche, jactancioso, petulante, etc.).
-Jactarse: Jatalsi.
-Jadeando: Jalbandu.
-Jaleo: Jarana (jaleo, bulla, etc.), arfolín (barullo, jaleo, etc.).
-Jamás: Enjamás.
-Jazmines: Bonjaminis.
-Jefes: Mandamasis, manijeru (capataz, encargado o jefe de una cuadrilla de trabajadores).
-Jeringa: Cheringa.
-Jersey (DRAE: jersey): Jersel (plural: herselis/jerselis), jersé, casacu (prenda de vestir, de punto, que cubre desde los hombros hasta la cintura y se ciñe más o menos al cuerpo.

Jersey).
-Jilguero: Colorín, colorító.
-Joder: Joel, joé, amolal (DRAE: amolar), chinchal, jeringal
("deja de jeringal!").
-Jodido: Joiu.
-Jodo: Jou, jeringu, chinchu (de chinchal).
-Jofaina: Cofaina.
-Jolgorio: Jarana, farria, carabeu, juelga, jolgoriu, juelgoriu.
-Jolín (interjección): Cóñili, coili, cóncholi, córcholi, conchu,
corchu, coñi, conchi, corciu.
-Joroba: Chiroba.
-Jorobado: Jorobau, jorobú, perdigón (mé. se dice del que es
cargado de espaldas, ligeramente jorobado).
-Joven: Nuevu (adj. joven, de poca edad. "Es un zagal mu
nuevu". "Jice po recordá las oraciones que m' enseñaron
cuando nuevo". Chamizo, "El Miajón de los Castúos"), zagal.
-Jóvenes: Jenti/genti nueva, nuevus.
-Joyas: Perendenguis (m. pl. pendientes y en general alhajas
de las mujeres. Se dice de los guapos de la novia),
salcillus/sarcillus, esmochal (piercing. Ponerse un pendiente),
mocha (mujer sin pendiente, "estar mocha" es estar sin las joyas
de arriba).
-Jubiloso: Jubilosu.
-Judía: Frijón, afeisan.
-Judías con carilla o careta: Fridiñu, muchachinus con chalecu
o chalequinu.
-Judías verdes: Garrapatus.
-Juerga: Juelga, farria, jarana, bureu (del francés bureau.
Juerga, entretenimiento, ruleo, diversión), carabeu,
jolgoriu/juelgoriu, pingoneu (fiesta. "Dilsi de pingoneu"; "Irse de
fiesta"), furriola (f. juerga, generalmente en el campo. "An estau
de furriola". Badajoz. En otros lugares, como Guareña, se dice
furriona).
-Juerguista: Pingu-pingón/a (tb. v. pindajo. Mujer de vida
desordenada).
-Juez: Jueci, jues.
-Jugaba: Juegaba.

-Jugando: Juegandu.
-Jugar (del lat. IOCARI): Juegal.
-Jugaron: Juegarun.
-Jugo: Zugu, miajón (m. esencia, jugo, tuétano).
-Jugoso: Jugosu, aguachinosu (Aldeanueva).
-Juicio (sentido común): Calapatriciu ("tener seso", sesera, juicio, sensatez, formalidad, etc.).
-Juicios: Juicius.
-Julio (del lat. IULIUS): Juliu.
-Junio (del lat. IUNIUS): Juniu.
-Junta: Juntanza (junta, reunión), ruleu, arrejunta (ver. juntar).
-Juntamos: Ajuntémus, arrejuntamus, arrejuntemus.
-Juntar: Arrejuntal, apellal.
-Juntaron: Juntarun.
-Juntarse (sin casar): Arrejuntalsi.
-Juntarse: Ajuntalsi, juntanza (junta, reunión), acontral (quedar, juntarse, encontrarse con otra persona), juntaeru (juntarse de continuo).
-Junto: Arrejuntu, apegostronáu (tb. pegado), renti pol renti (al lado del, junto a), al pie (al lado, junto a), renti de (junto a, al lado de).
-Juramento: Juramentu.
-Jurídico: Juriicu.
-Justamente: Talmenti ("talmenti asina"; "justamente así").
-Justo (locución circunstancial de lugar): Rayiu ("pasu rayiu").
-Justo: Justu, endispuesinu (justo después).
-Justo aquí: Aquina.
-Juvenil: Jovenil.
-Juventud: Juventú, moceá/mocedá (ma: juventud. DRAE: mocedad), moceassi (vivir la adolescencia, adoptar los modales y actitudes propios de los jóvenes. DRAE: mocer), jenti/genti nueva.
-Juzgar: Julgal.

K

-Kilo: Kilu.
-Kilómetro: Kilomitru.
-Kilovatio: Kilovatu.
-Kimono: Kimonu.
-Kiosco: Kioscu.

L

-Labios: Belfus (morro, hocico, labios), jocicu, morrus.
-Labor (del lat. LABOR, -ORIS): Labutu.
-Labrador: Labraó.
-Lacio: Chuchurriu, languiosu/langui (lacio, lánguido),
chuchurríu (ajado, lacio, deslucido), maníu (1. Adj. dicho de algo
sobado, ajado, manoseado. 2. Manido, casi podrido. 3. Dicho de
una planta ajada, lacia. "Esta maceta está manía". 4. Viejo,
deslucido.).
-Lacón: Pispiernu.
-Ladeado: Daleau.
-Ladear: Daleal (tb. echar. "Daleal esu p´allá"; "echar eso para
allá"), embruecal.
-Ladearse: Canteasi (ladearse para mirar u observar alguna
cosa).
-Ladera: Laera.
-Ladilla: Elaílla.
-Lado: Lau, tó pol tó (loc. adv. m. Por todos lados. 2.
absolutamente), endaleal (poner de lado), soslai (Badajoz:
soslayo, lado), renti pol renti (al lado del), al tu renti (a tu lado),
de renti del/del renti de (del lado del), pol renti (por el lado), pol
renti del (por el lado del), al pie (al lado, junto a).
-Ladrillo: Rasilla.
-Ladrón: Lairón/ona, lairu (ratero), mangante (ladrón de poca
monta).
-Lagartona: Pílfora/repílfora ("so pilfora").
-Lago: Lagu, làu.
-Laguna: Pedrea (tb. charca), cienu (suciedad del fondo).
-Lamer: Lambel, lambial.
-Lamentoso: Pujiedi (lamentoso. De -pujo- diarrea

ensangrentada propia de la colitis ulcerosa).
-Lametazo: Lambetazu.
-Lametón: Lambeúra, lambetón.
-Langosta: Cañafota/cañafoti/cañafotu (langosta), langostu (saltamontes).
-Lánguido: Languiosu.
-Lanzadores: Lanzaoris, regaoris (de confites, caramelos, arroz, flores, etc.).
-Lapicero: Lapiceru, lapi, lapis.
-Lápiz (del lat. LAPIS, "piedra"): Lapi, lapis.
-Lares: Llaris.
-Largarse: Abentalsi, venteal, "cogel el pendilgui" (pendingue. Sust. "Cogió el pendingui y se fue". Acción de irse sin dar explicaciones, de manera brusca. El DRAE recoge la expresión "tomar el pendingue" como marcharse. Marcharse, irse, largarse).
-Largate: Juta p´aí.
-Largo: Jopu (largo, fuera), juta o "juta p´aí".
-Largor: f. Largol.
-Lata: Calambú/calambúcu (cubo para agua. Lata para beber).
-Lateral: Laera (ma. parte lateral del carro).
-Latigazo: Zurriasgu (dado con una vara), zurriu, zurriagazu, estallaera (tralla del látigo), estallíu (golpe fuerte y brusco).
-Látigo: Látigu, rabiza.
-Laurel: Aurel.
-Lavado: Fleti (flete, lavado general), escamondau (lavado a fondo).
-Lavar: Escamondal/escachimondal (limpiar a fondo), fleti (limpieza general), lavoteal, batieru (tabla de madera o de corcho fuerte sobre la cual se bate y se refriega la ropa para lavarla).
-Lavarse: Lavalsi, atusalsi (peinarse, arreglarse el pelo. Tb. lavarse, arreglarse).
-Laxante: Purga (para cualquier medicina de efecto laxante), purganti.
-Lazo: Lazu.
-Lección: Leción.

-Lecciones: Lecionis.
-Lector: Letol (1. m. lector. 2. persona estudiante).
-Lecturas: Leturas.
-Leche: Lechi.
-Lecho: Lechu.
-Lechón (cerdo pequeño): Pelailla.
-Lechuza: Coruja.
-Leer: Leyel, lel.
-Leerlo: Leelu.
-Legaña: Lagaña.
-Le habían: L' abian.
-Leíais: Leíais, leyiais.
-Lejos: Desapaltau, largu, encajalsi (1. ir lejos. "Sí, craru, ora
me vi a encajal p´allí"; tan lejus. 2. echarse encima una cosa.
"Se va encajal el inviernu i el tejau pol arreglal").
-Lenguaje: Lenguaji/lenguagi.
-Lenguaraz: Lenguarón, lenguarúu, lengüereta.
-Lentitud: Cachaza ("que cachaza tieni!").
-Lento: Cojonarru (m. hombre lento, parsimonioso),
despaciu/espaciu (dim. espacinu/despacinu. "los caracolis van
mu espacinu"), pachorra (demasiado lento).
-Leñador: Cortaol, leñaol.
-Leña: Seroja (hojarasca, pasto, leña fina, ramitas para la
lumbre), tueru (leño grueso), leñu.
-Leño: Tueru (leño grueso), leñu.
-Letrado: Abogáu.
-Levadura: Ludia (f. levadura del pan).
-Levantado: Alevantau.
-Levantamiento: Levantiju (acción de levantar, levantamiento).
-Levantando: Alevantandu.
-Levantar la tierra (labor agrícola): Arical.
-Léxico: Lésicu/a.
-Ley: Lei.
-Leyendo: Leyendu.
-Liado: Arrebujau, enrevesináu (difícil, liado), reurdí, enrelial
(poner liado), enrevesal/enrevesinal (poner liado).
-Liar: Arrebujal, lial, baruqueal, tracamundeal (tb. es confundir,

revolver, etc. Siempre en el sentido de poner algo revuelto,
poner algo "patas arriba". "Se tracamundea al palral"; "se lia al
hablar").
-Liarse al hablar: Trafucalsi ("me estó trafucandu!; "¡me estoy
liando al hablar!").
-Libélula: Caballitu.
-Libertad: Libertá.
-Líbranos: Alibranus.
-Librar: Alibral.
-Librarse: Alibralsi.
-Libre: Libri, desajenu/desagenu (libre, ajeno, despreocupado),
jorru (libre, desocupado, vacio).
-Libros: Librus.
-Liéis: Abarulleis.
-Ligada: Ligá.
-Ligadura: Venceju (de oncejo, alterado desde antiguo por
confusión con vencejo, ligadura con que se ata una cosa,
especialmente los haces de las mieses).
-Ligeros: Lijérus/ligérus.
-Lima: Limatón (lima de gran tamaño).
-Limitada: Enlimitá, delimitá.
-Limitado: Enlimitáu, delimitáu.
-Limitar: Lindal, atestal (lindar).
-Límite: Acaberu, arrayu, lindi, parceris (señales indicadoras del
límite de una propiedad).
-Limpiar: Limpii, escachimondal (limpiar a fondo), golfifal
(limpiar habitación), fleti (limpieza general), fleti (aseo o limpieza
en profundidad. "Le vi a dal un güen fleti al niñu").
-Limpieza: Fleti (aseo o limpieza en profundidad. "Le vi a dal un
güen fleti al niñu").
-Lindan: Alindan.
-Lindar: Alindal.
-Línea: Arrayu ("el arrayu"; "la linea"), destraci, carrefila (linea o
fila), jilguera/gilaera (f. ac. de seguir la línea de algo. "No ai que
torcési, ai que dì pola jilaera"), línia.
-Lío: Embolau, enreu (enredo), baraña (maraña), barullu,
rebujón (lío de algo), rebujiña, estrebejíl/estrebegil (lío,

confusión, desorden).
-Lioso: Enliosu.
-Liquido: Liquiu, embebel (dicho de un líquido, consumir por la evaporación o absorber por otra cosa; "la esponja s´ha enbebiu toa l´agua"; "La esponja ha absorbido todo el agua").
-Lisiarse: Baldarsi (de baldau).
-Liso: Lisu, refalal (resbalar), refalatera (lugar resbaladizo).
-Lista: Retaila, retajila/retagila, sartá (cantidad de algo muy seguido).
-Listo: Vivureju (listo, espabilado), apreparau (listo, preparado), enterau (en forma despectiva).
-Litro: Litru.
-Lo (del lat. ILLUM, acus. de ILLE): Lu.
-Lobo (del lat. LUPUS): Lobu.
-Localizable: Localidabri.
-Loco: Atacau, arrepiau, chirichi, arrematau (loco perdido, loco total).
-Lodo: Barru, lou.
-Logo: Santu, estampa (imagen).
-Lograr: Recadal (conseguir, lograr, obtener, alcanzar).
-Logró: Aconsiguió.
-Lombriz: Lumbris.
-Lomito: Lombinu (carne de cerdo que forma el lomo. Tierra que levanta el arado entre surco y surco).
-Lomo: Lombu (carne de cerdo que forma el lomo. Tb. montaña, promontorio, colina, etc.).
-Loncha: Lasca.
-Longitud: f. Largol (DRAE: largor), lonjitú/longitú, largura.
-Losa grande: Lancha (generalmente de pizarra).
-Lote: Fleti (flete de trabajar, de limpiar, etc).
-Lotería: Luteria.
-Luciérnaga: Arancu, "bichitu de luci", "cocu de luci", "coquitu de la luci", lusencú.
-Lucir (del lat. LUCERE): Lucil.
-Lucir: Fardal.
-Lucrarse: Rejundil (Tb. sacar partido, explotar, obtener).
-Lucha: Briega (Tb. faena).

-Lucha a brazo partido: Bruchi.
-Luchar: Briegal (tb. faenar), lucheal, baqueal (de baque, lucha de juego acordada para medirse las fuerzas), brucheal (luchar a brazo partido), combatibli (que tiene la capacidad de combatir o luchar: "sijus combatiblis"; "hijos luchadores").
-Luego (después, seguidamente): Dispués, alugu, aluegu, luegu, endispués, alogu, alú (adv. t. vid. alogu), aluspués (adv. t. después, seguidamente, luego).
-Lugar: Sitiu, resolana (lugar resolano), andiquiera (en cualquier lugar).
-Lugar (en lugar de): En igual de, pol vedi de (loc. prep. en lugar de, en vez de).
-Lujo: A to postín (con todo lujo).
-Lumbre: Lumbri, chosca.
-Lunático: Lunariu, luneru.
-Luz: Lus, lú, pardeal (luz atardecer), crareal (luz amanecer).
-Luzca: Luceal (hacer que algo brille, luzca o parpadee), luza.

LL

-Llama (del lat. FLAMMA): Flama, chamá (lumbre pequeña de una hoguera).
-Llama (verb. llamar o nombrar): Almienta ("comu s´almienta esti artefatu?"), anombra.
-Llamaban (de nombrar): Almientaban ("l´almientaban Manoli").
-Llamado: Jucheáu.
-Llamar: Jucheal.
-Llamarada: Llamaretá.
-Llamaran: Almientarán ("nel mi puebru es asina, en otrus l´almientarán de otra horma").
-Llanamente: Claridosu (es decir las cosas llanamente).
-Llano (del lat. PLANUS): Chanu, achanáu/a (aplanado/a por enfermedad o cansancio), claridosu (es decir las cosas llanamente).
-Llanto: Berraquera, berreu, jimplal (llorizquear, sollozar, hacer pucheros).
-Llanto fuerte: Berrinchi, berriu.

-Llave: Llavi.
-Llegado: Chegáu.
-Llegamos: Allegamus.
-Llegar: Arribal, chegal.
-Llegó: Chegó.
-Llenado: Enllenau.
-Llenas: Enllenas.
-Lleno: Enllenu, preñau, cogüelmu/cogolmu (hasta arriba, lleno, en abundancia, colmado, a rebosar. "Estal jata el cogolmu"; "estar hasta el colmo").
-Lleva: Estílasi/s´estila ("se lleva", "se estila").
-Llevar: Llevál.
-Llevarlos: Llevalus.
-Llevarse: Llevalsi, arramplá/arrampal (intr. llevarse codiciosamente todo lo que hay en un lugar. "Arrampló con tolos caramelus"), "jacel güena gabiya" (llevarse bien. Amigos).
-Llevárselo todo: Arramplá/arrampal.
-Lloradera: Lloraeru.
-Llorar: Berraquera, berreal, jimplal.
-Lloriquear: Jimplal (llorisquear, sollozar, "hacer pucheros"), llorisqueal (llorar con frecuencia sin motivo justificado).
-Lloro fuerte: Berrinchi, berriu, berri.
-Llorón: Pujiedi/pugiedi (llorón, quejica).
-Llover: Carreal.
-Lloroso/a: Ajimplau/á (dim. ajimplainu/a).
-Lloviendo: Lluviendu.
-Llovizna: Lluvisna.
-Lloviznando: Chispeandu.
-Lloviznar: Lluvisnal, chispeal, chirimiri.
-Lluvia: Chuvia, chirimiri (chispeando, llovizna).
-Lluvioso: Lloviosu.

M

-Macerar: Mullecel.
-Machacar: Machal (ma. acción. "Acitunas machás"), machaeru (ma. efecto de machar), muelga (moler, triturar. "Alimpii i muelga los tomatis"; "limpiar y triturar los tomates").

-Macho: Machiu.
-Machotazo: Machaúra.
-Madero: Tueru (madero grueso, tronco limpio de ramas, leño).
-Madrastra: Mairasta.
-Madre (del lat. MATER, -TRIS): Mai, mairi.
-Madrecita: Mairina (tb. madrina).
-Madrid: Madrí, Mairil, Mairilis (Madriles; "esti ombri anduvu pá los Mairilis").
-Madriguera: Jurranchera (madriguera, cueva, refugio), mairiguera.
-Madrina: Mairina (tb. madrecita).
-Madroñera: Mairoñera.
-Madrugada: Mairugá, resenciu/recenciu (aire fresco y húmedo de la noche, de la madrugada o de la mañana).
-Madrugador: Tempraneru (Ma. DRAE: que es antes del tiempo regular, que no corresponde. Benasque: adj. que se levanta temprano. Sinónimo de maytinero, amaytinado).
-Madrugar: Acordal.
-Madrugaron: Mairugarun.
-Maduros: Jechus ("tumatis jechus"; "tomates maduros"), rendius.
-Maestro: Maestru.
-Magnifico: Manificu.
-Magreo: Magreteu.
-Magulladura: Moratón.
-Maíz: Millu.
-Majadero: Majara, calajansu, gansu, abombau, ajilau/agilau, bollau, chalau. Chirichi (estar o ser tonto: "esti esta chirichi", "esti es chirichi"), espantaju, jodiu, alelaó (atontado), bojusu, bollau, cutáu (tonto, ignorante, pueril, "pobre hombre", diminutivo: cutainu/cutaitu), pavu ("joiu pavu"), gansu ("joiu gansu").
-Majestad: Magestá/majestá.
-Majestades: Magestás/majestás.
-Mal: Arrematau (mal, fatal. "Estas arrematau"; "estas fatal"), cochambrau/acochambrá (algo mal hecho).
-Mala: Míseri.
-Mala persona: Judia, malinu (se le dice generalmente a los

niños por traviesos).
-Maldades: Judiás.
-Maleducado: Raspau ("este zagal está raspau"; "este chico es un maleducado").
-Malestar: "Tenel el cuerpu cortau" (sentir sensación de malestar, especialmente digestivo), acibarral (cogido, enfermar).
-Maleza: Jaramagus (arbustos, matorrales).
-Malgastar: Esparramal.
-Malherido: Maljeriu/malgeriu.
-Malherir: Maljeril/malgeril, acachinal (herir gravemente).
-Malicioso: Maleciosu, asolapau (astuto, malicioso y sagaz), socu (1. soso. 2. malicióso, asolapado).
-Malo: Malinu (dim. de malo. Tb. un poco enfermo), joiu (jodido), acibarral (cogido, enfermar), reveníu o chuchurriu (pasado, especialmente un alimento).
-Malo (malvado): Judiu/a.
-Maltratados: Breaus.
-Maltratándolo: Esbreándulu, judiqueandu.
-Maltratar: Judiqueal, breal.
-Maltrato: Judiqueu.
-Maltrecho: Martrechu.
-Malvado: Judiu, malbáu.
-Mal vestido: Farraguas.
-Mamar: Mamal.
-Manada: Maná, vacá (de vacas).
-Manantial: Veneru.
-Manchas: Pintas (tb. manchas en la piel. Tb. pecas), lamparonis (manchas, normalmente en la ropa), churretis (manchas de suciedad en la piel).
-Manchado: Remostosu/mostosu (tb. pringoso), embarraganau, embozau, pingau.
-Manchar: Embarraganal, loal (enlodar. Ensuciar, embadurnar, manchar), pingal, remostal.
-Mancharse: Embozalsi, embarraganal (manchar, ensuciar), pingalsi (Ma: pringarse, ensuciarse, mancharse. Poner pingandu, insultar. DRAE: del lat. pendicare, de pendere: intr. pender, colgar: gotear lo que está empapado en algún líquido.

Mérida: gotear, venir empapado, chorrear. Ma: gotear), remostal.
-Manchones: Lamparonis (manchas normalmente en la ropa), churretónis (manchas de suciedad en la piel. "Esti zagal trai los morrus enllenus de churretonis").
-Mándame: Mandaimi.
-Mandar: Mandal.
-Mandíbula: Quejá, quijá.
-Mando: Mandu.
-Manejar: Manejal, gobernal, goberná.
-Manera: Maea, asina (así, de esta forma, de esta manera).
-Mangas: En sisa (sin mangas. "Jaci viruji comu pá dil en sisa"; "hace frío como para ir en mangas cortas").
-Mango: Cabu.
-Manía: Ficancia, ajincamientu (fijación en querer o decir algo. Manía), escorrozu (1. ruido tenue y misterioso. 2. repugnáncia, asco), tirria (odio, asco).
-Manido: Maníu (1. adj. dicho de algo sobado, ajado, manoseado. 2. manido, casi podrido. 3. dicho de una planta ajada, lacia. "Esta maceta está manía". 4. viejo, deslucido.), chuchurríu (ajado, lacio, deslucido).
-Manifiesto: Manifiestu.
-Manijero: Manejeru.
-Manipulador/a: Manejanti/a (manipulador/a. Que se excede en sus obligaciones).
-Manirroto: Derrotaol (despilfarrador).
-Mano izquierda: Chova ("l´endiñé cona chova un guantazu"; "Le di con la izquierda un guantazo").
-Manojo: Manuju.
-Manoseado: Sobaqueau, sobau, chuchurríu (ajado, lacio, deslucido), maníu (1. adj. dicho de algo sobado, ajado, manoseado. 2. manido, casi podrido. 3. dicho de una planta ajada, lacia. "Esta maceta está manía". 4. viejo, deslucido.).
-Manosear: Sobaqueál, sobal, amamolal (ablandar la fruta con la mano).
-Manoseo: Sobaqueu, sobeu.
-Manotada: Manotá.
-Manotazo: Manotazu.

-Manso: Mansu.
-Manta de cama: Cobertón/cobertol.
-Mantel: Pañu.
-Mantén: Ten.
-Mantener: Tenel.
-Manteca: Caldillo, cachuela, zurrapa, pringui, manteca colorá, (producto típico de Extremadura. Está elaborado a base de hígado de cerdo frito en manteca con aliños de ajo y pimentón. Se suele untar en las tostadas del desayuno como un paté).
-Mantequilla: Manteca, chicharrón (lo que queda al derretirse).
-Mantienen: Mantíinin.
-Mantis Religiosa: Santa Teresa/Santateresita, teresita, triquitesa, caballitu de Santiagu.
-Manzana: Peru.
-Maña: Abeliá/albeliá, maturranga (engaño, trampa, maña, mentira, invención), alicantinas (treta, cuentista. "Tener muchas alicantinas", "tener el pico de oro"), martingala (engaño, maña, treta, astucia. "Ganaron al fúgol polas martingalas del árbitro").
-Mañana: Mañaa, traspasáu (pasado mañana).
-Maquillada: Emperifollá (ir muy maquillada y arreglada).
-Mar: "La mal", mari, má ("me cachis ena má").
-Maraña: Enreu (enredo), baraña.
-Marcado (muy): Arrecarcau.
-Marcan: Rayan.
-Marcar: Enseñalal.
-Marcos: Marcus.
-Marchado: Marcháu.
-Marcha (fiesta): Jarana ("dil de jarana"; "ir de fiesta"), ferreona, furriola, jolgoriu, juelgoriu, rejolgoriu, de pingoneu ("dil de pingoneu"), farria (fiesta, diversión), bureu (del francés bureau. Juerga, entretenimiento, ruleo, diversión), carabeu, juelga (juerga), juelgoriu.
-Marchándose: Diendusi.
-Marchar: Dir, dil, il, ajuil (marchar, escapar).
-Marcharos: Dirbus/dilbus, ajuilsi (marcharse, escaparse).
-Marcharse: Dirsi/dilsi, ilsi, ajuilsi (marcharse, escaparse), cogel el pendilgui (marcharse, irse, largarse, etc.).

-Marchito: Chuchurriu.
-Marea: Maeá.
-Mareado: Tarumba (DRAE).
-Mareo: Vagíu (DRAE: vagido), jamacucu.
-Margarita (flor): Magarza.
-Margen: Marjin.
-Márgenes: Márjinis.
-Marica: Parguela (DRAE), mariposón.
-Marido: Mariu.
-Marimacho: Machupericu, machuviolu.
-Martillazo: Maltillazu.
-Martillo: Maltillu.
-Mártir: Mártil.
-Martirizar: Descalental/escalental.
-Marroquí: Marroquín.
-Masa: Puelmi (f. mezcla líquida muy espesa, de pimienta y vinagre, que se usa para limpiar metales. "Los doraus los limpia con puelmi". También se llama así a toda sustancia espesa. "Esus garbanzus son tan güenus que si unu se descuida se jacin una puelmi". De los barrizales se dice: "Qué puelmi s´ha formau". Badajoz), ralu (poco espeso, denso o escaso. "Estas natillas están ralas"), espesu/despesu (ma. espeso, concentrado).
-Masaje: Masaji, soba.
-Masajear: Masajeal, sobal (Ma. En castellano manosear y oprimir una cosa para que se ablande y suavice; dar una paliza, pegar, en sentido figurado).
-Mascar: Espurrial (espolvorear, mascar, esparcir).
-Máscara de carnaval: Caramandón.
-Mastica: Masca.
-Masticar: Ñascal, mascal.
-Mastín (perro mastín): Perru de majá (perro de majada).
-Matanza: Matancia.
-Matar: Arrevanal (cortar pedazos largos de pan. Cortar a uno un órgano del cuerpo. Matar), estirancal (tumbar a alguien o algo. Matar), jincaera (acción de hincar. Insistencia en una cosa), jincal (1. beber. 2. clavar. 3. matár), matación (Hurdes:

homicidio).
-Matices: Maticis.
-Matiz: Matici.
-Matorral: Jaramagu (arbusto, matorral).
-Matriz (del lat. MATRIX, -ICIS): Matris, natura (de los animales).
-Maullar: Mial (muy extendido por toda Extremadura), majurral, maurral.
-Máximo: Máisimu, másimu.
-Mayo (del lat. MAIUS): Mayu.
-Mayor (del lat. MAIOR, -ORIS): Mayol, maiol.
-Mayorazgo: Mayoralgu, mayoraju.
-Mayordomo: Rapa (persona que esta al servicio de alguien. Criado, mayordomo).
-Mayores: Mayoris.
-Mayoría: Huerza.
-Mazo: Mazu.
-Mazorca de maíz: Mazaroca, Panocha.
-Mecer: Bullil.
-Mecido: Bulliu.
-Mecha: Torcía.
-Mechero: Yesqueru.
-Media: Meia.
-Mediador: Mediaol.
-Mediados: Mediaus, meyáus.
-Mediano: Medianu, meyánu.
-Mediar: Medial.
-Medicamento: Curativa, meicamentu.
-Medicina: Meicina, boticas, medecina.
-Medico: Meicu.
-Medida grande: Cuartilla.
-Medida: Midía, miía, achiscalmenti (en menor medida, de manera escasa, enjutamente), celemín (medida pequeña de grano).
-Medie: Medíi.
-Medieval: Medíival.
-Medio: Mé ("por mé del tu primu la conociu"), meiu, metá

(mitád), entremediu/entrimediu (entre uno y otro).
-Mediodía: Meiodia/meiudia.
-Medir (del lat. METIRI): Midil.
-Mediterráneo: Meiterráneu.
-Medroso: Mairosu.
-Medula: Tútanu (m. el tuétano, la medula), destutanal (tr. destruir la medula de uno, el tuétano. Se emplea más frecuentemente en sentido reflexivo. "S´ha destutanau" y también "está destutanau". Ha perdido el tuétano o la medula. Corriente en toda la provincia de Badajoz).
-Me ha: M´ha.
-Méjico: Mejicu.
-Mejilla: Carrillu, carrilera (rostro, mejilla).
-Mejor: Mijol/mejol.
-Mejorado: Puliu.
-Mejorar: Pulil.
-Melancolía: Estrañezá.
-Melero: Mieleru (melero, melcochero).
-Melocotón: Meracotón.
-Melocotonar: m. Merocotonal.
-Melocotonero: f. Merocotonal.
-Mellado: Mellucu (que le falta uno o más dientes).
-Membrillo: Bembrillu.
-Mención: Mentación, mentau ("ha hecho mención"; "a mentau"), citau.
-Mendigo: Pediganti, pediol.
-Mendrugo: Pan peurniu (pan duro).
-Meneó: Bulló.
-Menester: Meestel, mestel, es nesezáriu (fr. ús. + infinitivo personal o que + subjuntivo. Es menester).
-Menguar: Enohicá, enchical.
-Meningitis: Miningiti.
-Menor: Menol, chicu, achiscalmenti (en menor medida, de manera escasa, enjutamente).
-Menos: Menus, siquiá (por lo menos. "Inque… siquiá…."; "Aunque… por lo menos…").
-Menoscabo: Menuscabu.

-Menosprecio: Menuspreciu.
-Mensaje: Mensaji.
-Mentado: Almientau/mentau.
-Mentir: Mentil.
-Mentira: Maturranga (DRAE: f. Treta, marrullería, engaño, trampa, maña, mentira, invención), alicantinas/licantinas (treta, cuentos "tener muchas alicantinas", "tener el pico de oro, tener mucho cuento"), macana (tb. maquina que funciona mal).
-Mentiroso: Troleru, enraó/ora (mentiroso/a).
-Menudo: Menuú.
-Menudo (a): De continu (a menudo, continuamente).
-Meñique: Meñicli, zeñiqui, meñiqui, ñiqui, menique, benique.
-Merced: A téncias ("estal a téncias de" es estar a merced de, dependiendo de o pendiente a).
-Merece: Mereci.
-Merecemos: Merecemus.
-Merendar: Merendillal.
-Merengue: Merengui.
-Mérida: Méria.
-Merienda (comida de media tarde): Merendilla.
-Merluza: Pescá (pescada, merluza. "Paeci qu´está pasá esta pescá").
-Merodear: Raceal ("anda raceandu p`aquí esi ombri").
-Meses: Mesis.
-Mesa (del lat. MENSA): Mesa, vestiura (f. tela que cubre la mesa camilla).
-Meter: Entral, endilgal (tb. endosar, colocar, acomodar, encajar, poner, facilitar, etc. Tb. dirigir, encaminar),
-Meterse: Entralsi.
-Metiendo: Entrandu.
-Métodos: Métuus.
-Metomentodo: Mezuqueru (metomentodo, entrometido), gosiperu/gusiperu, alcagüeti, escusau, ablaó, lenguarón, lianti, enraó, chinchorreru, mezuqueru (metomentodo, entrometido).
-Metro: Metru.
-Mezcla: Arrebuju, mestura/mistura, arrebujiña (mezcla inadecuada de diferentes generos), ralu (poco espeso, denso o

escaso. "Estas natillas están ralas"), espesu/despesu (ma.
espeso, concentrado).
-Mezclar: Arrebujal, mestural, tracamundeal (tb. es confundir,
revolver, abarullar, etc. Siempre en el sentido de poner algo
revuelto, poner algo "patas arriba". "No m'enteru d'algunas
palabras i las tracamundeu").
-Mí: Megu [del lat. MECUM. Sólo cuando es complemento
circunstancial con preposición: pa megu ("para mí"), de megu
("de mí"), etc. Nunca cuando es sujeto (yo) o complemento
directo / indirecto (me). "Pa megu si, sedria gol"].
-Micro: Micru.
-Miedo: Mieu, cangui, canguelu, repelús/repelucu/repeluznu
(sensación de escalofrío o miedo), ceroti (miedo, terror).
-Miedoso: Cagau, cagainu, jiñau (del caló "jiñal").
-Miel: Arropi (almíbar de miel cocida y espumada), amelazal
(llenar de miel, de melaza), aguamiel (arrope con calabaza
cocida).
-Miembros: Miembrus, biembrus.
-Mientras: Mentris.
-Mierda: Ñorda, cagajonis (excrementos de caballos, mulos y
burros), pribá (excrementos de animal), palominu (de la
paloma), cagalutas (cagarruta. Excremento de las cabras y
ovejas).
-Migaja: Miaja.
-Migajón: Miajón.
-Milagro: Milagru.
-Milano: Bilanu.
-Miles: Milis.
-Militar (alta graduación): "Capigorrón".
-Militar: Melital.
-Mimado: Apopáu/á.
-Mimar: Apopal (cuidar, mimar, tratar a una persona con mimo).
-Mimbre (del lat. VIMEN, -INIS): Vimbri/vrimbi.
-Mimo: Caroña (carantoña, caricia, mimo), mimu.
-Miles: Milis.
-Mínimas: Ménimas.
-Mínimo: Ménimu.

-Ministro: Menistru.
-Minúsculas: Menúculas.
-Minúsculo, pequeño: Chichirimundi.
-Minusválido: Tulliu (deficiente, con alguna minusvalía. Tb. baldado).
-Minutos: Menutus.
-Míos: Míus.
-Mira: Cucha (mira, escucha, atiende "cucha un momentinu"; "atiende un momento"), guipa (mira, ve).
-Mirada: Ojeá ("jechal una ojeá").
-Mírale: Míali.
-Míralo: Míalu.
-Miramiento: Almiración (cuidado, atención, miramiento. "Tenel almiración conel perru").
-Mirar: Guípal/guipeal/guipá/guipaina ("vamus a guipal qu´ha pasau". Tb. calar "ya he calado yo a este"; "ya e guipau yo a esti". Tb. curiosear; "jechal una guipaina" es "echar un vistazo"), miralla, dinguelal (1. Mirar apasionadamente. 2. Enamorar).
-Mirarte: Miralti.
-Mirlo: Milru, f. milra/mielra, m. mielru.
-Mirón: Goleol (que le gusta mirar o interesarse por todo. Tb. Cotilla).
-Mísera: Míseri.
-Miserable: Otuño (tacaño).
-Miserias: Miserías.
-Misma: Mismita.
-Mismo: Mesmu, mismitu, aquina (aquí mismo).
-Mitad: Metá.
-Mitigar: Mitigal.
-Mixtos: Mistus.
-Mocear: Moceal.
-Mocedad: Moceá.
-Moco: Moquera, velas (mocos verdes saliendo de la nariz), caquera.
-Mocoso: Mucosu.
-Mochila: Cabal, bandolera, morral, talegu, zurrón (mochila, bandolera de los pastores), talega (f. bolsa de paño que se

cierra ajustándola con un cordón, utilizada para llevar la comida).
-**Moda:** Moa, estilasi (prnl. ma: acostumbrar a, llevarse (una moda). DRAE: estilar).
-**Modales:** Moalis, modosu/a (persona de buenos modales, generalmente usado en su forma diminutiva: modosinu, modosina. DRAE: modoso/a).
-**Modalidad:** Moaliá.
-**Modelo:** Moelu.
-**Módem:** Moin.
-**Moderación:** Moderamientu.
-**Moderador:** Moderaol.
-**Moderno:** Dangañu, moelnu.
-**Modificador:** Moificaol.
-**Modo:** Mou, asinqué ("de este modo"), "de mó i maea que" (loc. conjunt. consec. De modo que, de manera que).
-**Modorra:** Moorra.
-**Modulado:** Mouláu.
-**Mofan:** Moflan.
-**Mojado (estar o ponerse muy mojado):** Pingandu.
-**Mojar:** Pingal.
-**Mojarse:** Pingalsi (mojarse mucho, empaparse).
-**Molde para queso:** Cinchu.
-**Moler:** Molel, muelga ("muelga los tomatis"; "limpia los tomates"), machal (machacar. "Acitunas machás").
-**Molestar:** Chinchal, jeringal (fastidiar, molestar).
-**Molestia:** Molestanza, molestancia, jarreti (Jarrete. Sust. molestia, fastidio. "Qué pesau eris, cuántu te gusta dal jarreti").
-**Molesto:** Castigosu.
-**Molinillo:** Revolandera (juguete con aspas accionadas por el viento).
-**Momento:** Inti ("al inti"; al momento, al instante), en cuantu que (en el momento que), a ca ná (a cada momento), a ca istanti (de vez en cuando), a ca i cuandu (en todo momento).
-**Monasterio:** Monasteriu.
-**Monitor:** Monitol.
-**Monstruo:** Mostru.

-Montado: Montáu, entablau, entangau (establecido, montado, organizado), estaribel (cosas puestas unas sobre otras con riesgo de caerse).
-Montaña: Lombu (tb. promontorio, colina).
-Montar: Entagal (establecer, montar, organizar), estaribel (cosas puestas unas sobre otras con riesgo de caerse).
-Monte: Monti, lombu (dim. lombinu. Tb. monte, montículo, montaña, promontorio, colina).
-Montijo (pueblo): El Montiju.
-Montón: Tupa, estarivel (1. montón de algo. 2. estantería, escenario, tablao, etc. 3. escándalo o follón. Dicc. salmantino: estaribel), riolá (grl: montón, muchedumbre, gran cantidad de cosas en movimiento), parva (f. montón o cantidad grande de algo. 2. montón de paja o mies).
-Moño: Moñu.
-Morada: Morá.
-Morado (de frió): Enmoreciu.
-Moradura: Negral.
-Moral: Lacha (tb. pudor, vergüenza. "Que poca lacha tienis!").
-Moratón: Negral.
-Morboso: Mormosu.
-Morcilla: Patatera (morcilla fabricada con patata cocida y grasa de cerdo), mondonga (morcilla de extraordinario sabor hecha de sangre de cerdo y tocino).
-Mordedura: Moldeura, picaúra.
-Morder: Mordiscal.
-Mordido: Muerdiu, mezuqueáu.
-Mordisco: Bocáu, muerdiscu, muerdu.
-Mordisquear: Mezuqueal.
-Mordisqueo: Mezuqueáu.
-Moreno: Jerruchu (persona de piel oscura), pretu (1. apretado, prieto. 2. de color oscuro o moreno. Bable y castellano).
-Morfología: Jechura/hechura (tb. creación, obra, resultado, producto, composición, formación, configuración, forma, trama, factura, disposición, distribución, complexión, constitución, imagen, figura).
-Moribundo: Morimundu/a (ma. moribundo. Variante popular:

morimundo).
-Morir: Diñal, espenal, espenaeru (morir muy lentamente),
espichal, palmal, cascal, endiñal, espechal, espelal.
-Morirse: "Estiral la pata", palmala, empalmala, cascala,
espichala, diñala, endiñala.
-Morro: Jocicu, morru, belfu (morro, hocico, labios), morrú (1.
que tiene morro, descarado. 2. testarudo).
-Mosquearse: Enmoscasi (ma. mosquearse, enfadarse. De
mosca).
-Mosquita muerta: Suavi (asolapao. SUAVI tamién se dice
cuando se somete el animo de alguién. "Es mu bordi, peru lo e
dejau mas suavi qu´un guanti".
-Mosquito: Finfanu, pinfanu, biroleru, violerus.
-Mosto: Mostu, alía (mosto de vino sin fermentar con un poco
de aguardiente).
-Mostraba: Muestraba, endilgaba.
-Mostrar: Mostral, endilgal/endirgal (mostrar, señalar, indicar.
Tb. endosar, colocar, enjaretar, encajar, poner, meter, etc.).
-Mostrarse: Retratalsi ("ejalu, s´esta retratandu el solitu").
-Mostró: Muestró.
-Motivada: Motivá.
-Motivados: Motiváus.
-Motivo: Motivu.
-Moto: Amotu.
-Mover: Mual, mudal, meneal, muvel, rebullil, bullil, bandeal
("buscarse la vida", "buscarse las habichuelas", etc.).
-Moverse: Gaspaleal (1. achuchar, animar, incitar, estimular,
excitar, reavivar o
alentar fatigosamente, con mucho trabajo. 2. moverse), respajilal
(moverse rápidamente).
-Movía: Meneaba, muvia, rebullia, bullia.
-Movido: Muau, bulliu, meneau, rebulliu.
-Movimiento: Movimientu, trajin (movimiento de un lado a otro
sin parar), arrepiu (movimiento breve e involuntario),
esparabanis (movimientos que hace una persona nerviosa.
Gestos extraños), zocotreu (movimiento brusco).
-Mozalbete: Mozalbeti.

-Mozo: Mozu, chicu, zagal (niño, muchacho), chachu (muchacho).
-Muchacha: Chacha, zagala (niña, muchacha).
-Muchacho: Chachu (úsase también como interj. para denotar sorpresa. "Chachu, no me digas!"), zagal (niño, muchacho).
-Muchachote: Zagalón.
-Muchas veces: A basi de ("a basi de suprical"; "suplicando muchas veces").
-Muchedumbre: Gomia (muchedumbre, gentío), riolá (grl: montón, muchedumbre, gran cantidad de cosas en movimiento), quisqui ("to quisqui"; todo el mundo, multitud de personas), recua (grupo numeroso de personas o animales).
-Mucho: Abondu (mucho, abundante).
-Mucho (con mucho): A basi de... ("a basi de trebajal"; "con mucho trabajo").
-Mucho (en gran cantidad): Una montonera, una tupa ("una tupa, sin conocimientu dingunu"), recua (grupo numeroso de personas o animales), milenta ("ai que no te veu milenta d'añus!"), catervá.
-Muchísimos: Muchísius, una montonera, milenta ("ai que no te veu milenta d'añus!").
-Muda: Remú (ropa interior), mua.
-Mudar: Mual, canteal.
-Mudarse: Mualsi, cantealsi.
-Mudo: Muú, mú.
-Mueble: Almariu, aljacena/jacena/chineru (alacena, mueble armario o vitrina de cocina empotrado o no), bulancra, nesol (nesor).
-Muela de aceitunas: Molejón.
-Muele: Mueli.
-Muelle: Muelli.
-Muermo: Modorra.
-Muerte: Muelti, espenaeru (ir muriendo poco a poco. Sufrimiento).
-Muerto: Mueltu.
-Muestra: Mostra, mostración (f. muestra, demostración).
-Mueve: Demuá (cambia de lugar).

-**Muévete:** Arrejáciti (apartate), ajila/agila.
-**Mugre:** Roña.
-**Mujer:** Mujel.
-**Mujer astuta, picara:** Pilfora ("so pilfora").
-**Mujer de buen ver:** Jaquetona.
-**Mujer despierta:** Chispoleta.
-**Mujer desvergonzada:** Sota (mujer mala y desvergonzada).
-**Mujer fácil:** Cachipandu.
-**Mujer gorda y pesada:** Panduerga (DRAE: pandorga).
-**Mujer que sale mucho:** Perigalla, pendón (se dice de la persona que está todo el día callejeando), artillera, pingona, rabalera.
-**Mujer mala:** Sota (mujer mala y desvergonzada).
-**Mujer varonil:** Machopingu/machupingu, machorra (tb. cabra u oveja que no pueden criar), machunga, marimachu.
-**Mujer vieja:** Canduerga.
-**Mulas:** Bestias (en gral. a todo el ganado caballar).
-**Multitud:** Murtitú, regolfa (apogeo, multitud).
-**Mundo:** Mundu, quisqui ("to quisqui"; todo el mundo, multitud de personas).
-**Muñeco:** Pelele (DRAE: 1. Especie de muñeco corpulento de paja o trapos que se suele poner en los balcones o que mantea el pueblo en las carnestolendas. 2. Persona a la que se le manipula fácilmente; sin personalidad. 3. Traje de punto de una pieza que se pone a los niños para dormir).
-**Murciélago:** Murciágalu.
-**Murió (se):** "Estiró la pata", "la palmó", "la cascó", "la espichó", "la diñó".
-**Murmurador:** Copleru (1. poeta popular. 2. que habla muchas cosas).
-**Murmurar:** Relatal, oirgal (murmurar de la gente).
-**Muro:** Muru, cibantu (muro de una charca), tapia (muro de cerca), jaztial (pared).
-**Muscular:** Musculal.
-**Músculo:** Musculu.
-**Músicas:** Sonis (toques musicales).
-**Muslo:** Anca, muslu, cacha (muslo de mujer).

-Mustio: Chuchurriu, languiñosu.
-Muy abajo: Abajonti.
-Muy bajo: Abajoti.
-Muy: Mu.

N

-Nácar: Naca.
-Nacer: Nacel.
-Nacida/o: Nacencia ("con nacencia el 3 d´Abril"; "nacida el 3 de Abril").
-Nacimiento (del lat. NASCENTIA): Nacencia (nacimiento, origen).
-Nada: Ná, naina, naita (absolutamente nada), ni mijita, vajíu (vaho, vapor. Nada).
-Nada más: Namás, naita (absolutamente nada).
-Nadar: Nadal, nal.
-Nadie: Naidi, nadi (ma).
-Naranjo: Naranju, naraju, celindu (flor del naranjo).
-Naturaleza: De nativitati (loc. adv. m. por naturaleza).
-Náuseas: Fatiga, ansias (la diferencia de número de la misma palabra indica diferencia de significado: -ansia- en singular significa pena en algunos lugares de Extremadura, también en otros egoísmo y afán. -Ansias-, en plural, tiene el significado de náuseas).
-Navaja: Faca, cheira.
-Navajazo: Mojaina.
-Navegar: Trajinal (ir de un lado a otro. "Trajinal pó´el enterné"; "navegar por internet").
-Navidad: Navidá.
-Navidades: Navidaes/navidais.
-Neblina: Nieblina, ñeblina.
-Necedad: Necedá, pachochá, jangá (tonteria).
-Necesario: Mestel, menesté (menester. 2. ser necesario, hacer falta. "No es menesté tantu"), nesezáriu.
-Necesidad: Nesecidá/neseciá, "sin sel mestel" (sin necesidad).
-Necesita: Nesecita.

-Necesitar: Nesecital, precisal (también DRAE como 3ª acepción).
-Necesito: Nesecitu.
-Nectarina: Nactarina.
-Negación: Negamientu.
-Negarse: Negasi.
-Negatividad: Negatibiá.
-Negativo: Negatibu.
-Negro: Negru, prietu (moreno u oscuro, casi negro. Tb. es apretado o prieto).
-Nervios: Niervus, asparabanis (ataque de nervios), arrepiu, "dal la picá"/"dal la vená" ("cuandu le dá la picá se va de casa"), ramalazu (arrebato de locura).
-Nerviosismo: Jormiguillu (nerviosismo, inquietud).
-Nervioso: Chispoletu (nervioso, vivaracho, activo), aturruyalsi (vbo. haz el trabajo tranquilo, no te aturruyes. Ponerse nervioso, acobardarse. Es corrupción de aturullarse), soliviantal (alarmar, alterar, poner nervioso o mover el ánimo de alguien para inducirle a adoptar alguna actitud rebelde u hostil), "dal la picá"/"dal la vená" ("cuandu le dá la picá se va de casa").
-Nevar (del lat.vulg. NIVARE): Neval.
-Ni: Nin, ninque (ni aunque).
-Nidal: Ñial.
-Nido: Ñiu.
-Niebla: Ñeblina (dim. de niebla; nieblina. Tb. niebla espesa y cerrada).
-Nieta: Ñeta, neta.
-Nieto: Nietu, ñetu, netu.
-Nieve: Nievi.
-Ningún: Dengun.
-Ninguna: Nenguna, donguna/dinguna.
-Ninguno: Dengunu/dingunu, nengunu.
-Niña: Cria, zagala.
-Niñera: Chacha.
-Niño: Criu, zagal, neñu.
-Niño pequeño: Chiriveji/chirivegi, cagachin, chinorri (muy usado para denominar a los niños).

-Níspero: Almispiru, niéspera, níspiru.
-Nocturno: Notulnu.
-Noche: Nochi, nuechi, resenciu/recenciu (aire fresco y húmedo de la noche serena, de la madrugada o de la mañana).
-Nochebuena: Nochigüena/nochiuena.
-Nogal: f. Ñogal, nogala.
-No labrado, dícese del terreno destinado sólo a pastos: Pusiu.
-Nombrado: Anombrau, almientau.
-Nombra (la): L´anombra.
-Nombrar: Nombral, almiental.
-Nombrarla: Miéntala, anombrala.
-Nombrarlo: Mientálu/mentálu.
-Nombre: Nombri.
-Normalizar: Normativizal.
-Normalmente: Normalmenti.
-Norte: Norti.
-Nos enseña (de aprender): Mus aprendi.
-Nos: Mos, molas ("molas conocemus"; "nos las conocemos").
-Nosotros: Musotrus/mosotrus, nusotrus.
-Nostalgia: Querencia (cariño, atracción, nostalgia).
-Notar: Barruntal.
-Notorio: Apregonáu (tb. pregonado).
-Noviazgo: Novialgu, noviaju.
-Noviembre: Noviembri.
-Novillo: Chotu (ternero).
-Novillos (ausentarse de clase): Monta ("jacel monta"; "hacer novillos").
-Nubes (aparición de nubes/cambio del tiempo): Demuación.
-Nuboso: Emborregau, demuación (cambio del tiempo, aparición de nubes).
-Nuca: Cogoti.
-Núcleos: Nuclius.
-Nudo: Ñú, añú, eñú, uñú, ñúu.
-Nuestra: Muestra.
-Nuestro: Muestru.
-Nuevo: Nuevu.

-Nuez: Nués (prural "las nues"), gañola, gañolina, gorgolina.
-Número (del lat. NUMERUS): Númiru.
-Nunca: Enjamás.

Ñ

-Ñoño: Ñoñu.

O

-Objetivo: Ojetivu.
-Objeto: Achiperri (objeto, cosa).
-Obcecar: Encebical.
-Obcecarse: Encebicalsi.
-Obeso: Fornúu, cebau.
-Objeto: Ojetu.
-Obligada: Obligá.
-Obligado: Obligáu.
-Obra: Estaribel, jechura/hechura (lo que esta hecho, construido, fabricado. "de que fecha es la jechura?"; "¿cuándo se hizo la obra?". Creación, obra, resultado, producto, composición, formación, configuración, forma, trama, factura, disposición, distribución, complexión, constitución, imagen, figura).
-Observar: Guipal, guipeal.
-Obsesión: Pensaeru, cebiqui (obsesión, apego, hábito, afición, vicio. "Comu no dejis el cebiqui del juegu, te vas a arruinal". "Estas encebicau con esa mujel").
-Obsesionado: Encebicau/a.
-Obsesionarse: Encebicalsi.
-Obstáculo: Estáoulu.
-Obstante: Estanti.
-Obstinación: Encebicalsi.
-Obstinado: Calabazón, morrúu (morrúo. Terco, obstinado), encebicau.
-Obstinarse: Encebical.
-Obstruido: Atorau.

-Obstruir: Embozal (obturar, obstruir una máquina).
-Obstruirse: Atoráu (1. Obstruido, atascado. 2. Atravesado. 3. Persona tosca. 4. Harto de comer).
-Obtener: Recadal (conseguir, lograr, obtener, alcanzar, etc.), rejundil (sacar partido, explotar, obtener).
-Obturar: Embozal (obturar, obstruir una máquina).
-Obvio: Ófiu, oviu.
-Obviamente: Oviamenti.
-Ocasión (del lat. OCASSIO, -ONIS): Tercial ("si se tercia"; si llega el momento, si llega la ocasión, la oportunidad), resuelgu (oportunidad, respiro).
-Ocasiones (en): A las vecis ("en ocasiones").
-Ocaso: Orijoscu.
-Ociosidad: A ratus perdíus (en momentos de ociosidad).
-Octubre: Otubri.
-Ocultaba: Encultaba.
-Ocultar: Ocurtal, encultal.
-Ocultarse: Encultalsi.
-Oculto: Asolapau (persona falsa, astuto, malicioso y sagaz).
-Ocupado: Ocupau.
-Ocupar: Ocupal.
-Ocuparse: Cudial (cuidar, ocuparse).
-Ocurre: Ocurri.
-Ocurrencia: Acuerdu (idea, ocurrencia; "As teniu güen acuerdu, si señol").
-Ocurrir: Ocurril.
-Odio: Enterria/enterriria/tirria (odio, asco), jincha/gincha (f. hincha, odio), escorrozu (1. ruido tenue y misterioso. 2. repugnancia, asco).
-Oeste: Ponienti.
-Ofender: Faltal, sel faltosu, suavi ("ponel suavi"; suavizar o someter el animo), soliviantal (soliviantar. 1. alterar el ánimo de una persona. 2. incitar a una persona a que tenga una actitud violenta o de protesta).
-Ofendido: Ofendíu.
-Ofensiva (de ofender): Faltona/fartona.
-Oficio: Endilgu (oficio u ocupación).

-Ofrenda (del lat. OFFERENDA): Ofrencia/oferencia.
-Ofuscar: Enfuscal.
-Ofuscarse: Enfuscalsi.
-Oído: Oyíu.
-Oigas: Oyas.
-Oigo: Oyu.
-Oír: Oíl, oyel, sentil.
-Oírlo: Oyélu, oilu.
-Ojal: Agujal (plural agujalis), botonera.
-Ojeador: Rutaol, ruteal.
-Ojeando: Visteandu, visoreandu (ma: echar un vistazo), guripeandu (de gurupeu. Ver, visitar, echar un vistazo).
-Ojeándolo: Visteandulu, visoreal (ma: echar un vistazo), ojiu (vista o aspecto que ofrece la sementera, el campo), guripeu (tb. ver, visitar, echar un vistazo).
-Ojo: Oju, pitiñosu (1. m. dicho de los ojos encogidos por estar enfermos y legañosos. 2. dicho de los ojos pequeños. 3. ojos pintones), a cierraojus (sin pensarlo. Tb. "con los ojos cerrados"), a la birulé (con un oju. 1. bizco. 2. con un ojo amoratado).
-Oler (acción de oler): Golel (tb. cotillear).
-Oler: Atifal, jedel, jiedil, atufal ("atufal a chamusquina"; "oler a quemado").
-Olfatear: Ausmal (husmear, olfatear, barruntar), golel.
-Olfato: Golfatu, fatu.
-Olivo/a: Golibu/a.
-Olor: Jeol/geol.
-Olor fuerte y desagradable: Jeó/geó, fatu, tufu, bufu (pedo. Lugar cerrado que huele mal "el cuartu esta abufau"; "el cuarto huele mal"), cheru (mal olor. Olor que despide la carne de cordero al guisarla).
-Olor (impregnar de olor, generalmente desagradable): Atufal/atufá (de tufo. "Con esa colonia tuya vas atufá tóa la casa"), abufal.
-Olvidado: Orviau/olviau, queau ("queau olvidao"; "dejado olvidado").
-Olvidar: Orvial/olvial, queal ("queal olvidau"; "dejar olvidado").

-Olvidemos: Olviemus/orviemus.
-Olvido: Orvíu/olviu.
-Ombligo (del lat. UMBILICUS): Lumbrigu, umbrigu.
-Ondulación (del lat. UNDULA, "ola pequeña"): Andulación, undulación.
-O... o...: U... u... (correl. disyunt. O... o...).
-Opción: Oción.
-Operar (del lat. OPERARI): Uperal.
-Opinión: Luneru/a (dicho de una persona que cambia constantemente de parecer, de gustos, preferencias u opiniones).
-Oportunidad: Opoltuniá, tercia (oportunidad. "Si se tercia..."; "si se da la oportunidad...", resuelgu (oportunidad, respiro).
-Oprimir: Entrillal (oprimir o pillar algo), entallal.
-Oprimirlo: Entrillalu, entallalu.
-Optimo: Ótimu.
-Oraciones: Oracionis, m. relatinis.
-Orador: Ablaor/ora (1. adj. dicho de alguien que sabe hablar, que habla bien. 2. orador. 3. parlanchín).
-Orden: Ordin, a jilu (con orden, conforme a un orden. "A esti neñu ai que llevalu a jilu"), al retorteru (sin orden, alborotado).
-Ordenado/a: Recadau/á, curiosu/a ("as dejau la mesa mu curiosa").
-Ordenador: Ordenaol/ordinaol.
-Ordenar: Recadal (poner en orden).
-Órdenes: Ordinis.
-Ordeno: Ordenu.
-Orégano: Oriéganu.
-Oreja: Remisacu (ma. corte que se hace en las orejas de las ovejas).
-Organizar: Entagal (establecer, montar, organizar), enjaretal (tb. organizar, preparar, etc.), endilgal, gobernal (arreglar la casa), engargallal (arreglar algo), atalantal (organizar, arreglar, preparar. Tb. tranquilizar, sosegar), enjaretal (tb. organizar, preparar), atusal (peinarse, arreglarse el pelo. Tb. lavarse, arreglarse), apreparar (preparar), avial.
-Órgano sexual femenino: Chuminu, condumiu, natura (en los

animales).
-Orgullo: Ergullu.
-Orgulloso: Ergullosu, foitu/a (orgulloso/a. Tb. presumido/a. "Ponersi foitu", presumir), alabanciosu (orgulloso, bravucón, vanidoso, fantoche, jactancioso).
-Orientación: Orentación.
-Orientar: Orental, endirgal/endilgal (dirigir, encaminar, orientar, indicar el camino).
-Origen: Nacencia (nacimiento, origen; "de nacencia estremeñu"), origin/orijin.
-Orígenes: Originis/orijinis.
-Origina: Orijina.
-Originario: Rescrecel (proceder de), originariu.
-Orina (del lat. URINA): Urina, urinis (m.pl. orina. DRAE: orín).
-Orinal: Escupidera, bica, bacineta, bicu, biqui.
-Orinar: Meal, meína (sensación repetitiva de ganas de orinar).
-Oriundo: Rescrecel (proceder de).
-Ortigas: Joltiguillas, joltigas.
-Ortografía: Ortugrafía.
-Os: Vus, vos, sus.
-Os lo: Volo ("no volo perdais"; "no os lo perdais").
-Osario: Calavernu.
-Oscurecer: Escurecel, pardeal/pardagueal (atardecer).
-Oscurezca: Oscureza.
-Oscuridad: Oscuriá, escuridá.
-Oscuridades: Escuranas.
-Oscuro (del lat. OBSCURUS): Escuru, joscu (del lat. FUSCUS, "oscuro").
-O sea (expr.): "U sá".
-Osear: Juseal (La Pesga. Osear; espantar las aves domésticas y la caza).
-Oso (del lat. URSUS): Osu.
-¡Ostias! (expr. incredulidad, asombro, etc.): Oscus!, osquis!, oscuas!, osti! ("osti,... la qu´está cayendu!").
-Ostia (torta, bofetada): Guantá, sopapu, mitra ("dal una mitra"), soplamocus ("dal un soplamacus"), gofetá ("dal una gofetá").

-¡**Ostras! (expr. incredulidad, asombro, etc.):** Oscus!, osquis!, oscuas!.
-**Otoñada:** Toñaina.
-**Otra:** Sotra, desotra, otra paí (expresión; "otra por ahí"), güelvi/uelvi (otra vez, vuelve), algotras (algunas otras), a téncias ("estal a téncias de" es estar a merced de, dependiendo de o pendiente a).
-**Otro:** Sotru, otru, desotru, algotru (algún otro), unu… otru… algotru… (expr. "uno… otro… otro"), a tencias ("estar a tencias". Estar o vivir a merced de otro/a).
-**Ovillo:** Bolu.
-**Ovio:** Ófiu.
-**Oxidación:** Osidá (acción y efecto de oxidar y oxidarse. DRAE: oxidación).
-**Oxidado:** Jerrumbrientu/gerrumbrientu, furrisi, jerrumbrosu/gerrumbrosu (esta oxidado. DRAE: herrumbroso, ferruginosa), osidau, rejumbrosu.
-**Oxidan (se):** "Se ponin jerrumbrientus/gerrumbrientus", "se ponin jerrumbrosus/gerrumbrosus", "se ponin jerrujentus/gerrugentus o orimientus".
-**Oxidar:** "Se pué ponel jerrumbrientu/gerrumbrientu o jerrumbrosu/gerrumbrosu" (se puede oxidar), osidal.
-**Oxidarse:** "Pué ponelsi jerrumbrosu o jerrumbrientu" (puede oxidarse), enrobináisi.
-**Oxido:** Jerrumbri/gerrumbri.
-**Oye:** Oyi.
-**Oz:** Joz, jozi.
-**Oz (despuntada, hozinu/juzinu):** Calaboza.
-**Ozes:** Jocis.

P

-**Pacer:** Pacel.
-**Paciencia (del lat. PATIENTIA):** Pacencia, despacientaus (impacientes, sin paciencia).
-**Pacificar:** Pacifical.
-**Pacífico:** Pacíficu.

-Pachochada: Patochada (necedad, tontería, patochada, sandez), jangá (tonteria).
-Pachorra: Cachaza (demasiada lentitud, parsimonia, cuajo. "Que cachaza tieni!"), pachorra (demasiada calma, demasiada tranquilidad).
-Pachucho/a: Pachuchu/a (no confundir con pachochu: chocho).
-Padrastro: Espolón (pedazo pequeño de piel que se levanta de la carne inmediata a las uñas de las manos).
-Padre: Pairi.
-Padrenuestro: Pairinuesu, padrinuestru.
-Pagaba: Apoquinaba.
-Pagar: Apoquinal.
-Página: Pajina.
-País: Páis.
-Paisano: Paisanu.
-Palabra (del lat. PARABOLA): Parabra.
-Palabrería: Parabreria.
-Palabrota: Picardia.
-Palangana: Cofaina.
-Paleta de albañil: Baileju.
-Paleta: Badil.
-Pálida: Paliucha.
-Palidecer: Paliecel.
-Palillo mondadientes: Escarvadientis.
-Paliza (sobre esfuerzo): Palera, julepi, tute (m. paliza por hacer un trabajo de mucho esfuerzo o por recorrer una gran distancia. "M'é pegau un tute d'aquí pa Cazres i de Cazres pacá...").
-Paliza: Zurra, palera, tunda, pelfa/perfa, somanta.
-Paliza (dar una paliza): "Dal una zurra" (de zurral; pegar), "dal una tunda", "dal una somanta", "dal una palera", "dal una perfa/pelfa".
-Palmadas: Palmás.
-Palo: Palu, estaca.
-Palomina: Palomina (DRAE: excremento de paloma).
-Palomino: Palominu.

-Palpando: A tientu, apalpandu.

-Palpar: Atiental/tiental (tocar, palpar), atopal (Siberia: tocar, palpar. Dicc. gral: encontrar), a tientu (palpando), apalpal.

-Pámpano: Pémpanu, pímpanu (ma. pámpano, zarcillo de la vid. Dicc bable y castellano).

-Pamplina (tontería): Jangá, jodiura, charraná, panochá.

-Pan: Chuscu (trozo de pan), coscorrón (es el pico del pan, el extremo).

-Panadería: Tajona, taona.

-Panal: Buracus (agujeros. Alvéolos o celdillas de los panales).

-Pandilla: Partía (Ace: de amigos), richola (Cá, Ba: pandilla de muchachos), corrobla (1. reunión de amigos donde se habla. 2. reunión de personas. 3. tertulia. 4. pandilla o cuadrilla que se van juntos a comer o de juerga).

-Pandorga: Panduerga (mujer gorda y pesada. DRAE: pandorga).

-Panegírico: Panegíricu.

-Pánico: Cagazu.

-Panorámica: Ojiu (vista o aspecto que ofrecen las encinas, la sementera, el campo).

-Pantalón: Carzón/calzón, calzona/carzona o carzas/calzas (pantalón corto de niños).

-Pantanoso: Aguachináu (terreno aguachinao: empapado), camberu (terreno bajo y
pantanoso), chapallal (terreno pantanoso, charco), friadal (lugar pantanoso).

-Pantorrilla: Pantorría.

-Panza (del lat. PANTEX): Bandú (panza, vientre, barriga), banduju (barriga, tripa, estomago).

-Paño: Pañu, rodilla/roilla (paño o trapo de la cocina).

-Pañuelo: Moqueru, picu (de lana, casero, para estar por casa las mujeres).

-Papada: La papera, la papá, el papu.

-Papel (del cat. paper, y éste del lat. papyrus): Papé, desafil (papel de celofán).

-Papilla: Puelmi (f. mezcla líquida muy espesa, de pimienta y vinagre, que se usa para limpiar metales. "Los doraus los limpia

con puelmi". También se llama así a toda sustancia espesa.
"Esus garbanzus son tan güenus que si unu se descuida se
jacin una puelmi". De los barrizales se dice: "Qué puelmi s´ha
formau". Badajoz), ralu (poco espeso, denso o escaso. "Estas
natillas están ralas"), espesu/despesu (ma. espeso,
concentrado).
-Paquete: Paqueti.
-Para: Pa.
-Para adelante: Palantri, palanti.
-Para acá: Pacá, paacá.
-Para aquí: P'aquí.
-Para allá: Payá.
-Para arriba: Parriba.
-Para atrás: P'atrás.
-Parada: Pará.
-Parado (ensimismado): Clisau, parau.
-Para dónde: Pandí, paondi.
-Para el: Pal.
-Paraguayo (fruta): Albérchicu.
-Para la: Pala.
-Parálisis: Airi (aire. "Al mi primu l´ha dau un airi"), paralí (tb
dicc. salmantino, Béjar, dicc Bable y castellano, Cuenca,
Tenerife, andaluz, Chile y Murcia).
-Paralizado (de embobado, estupefacto, etc.): Clisau ("esta
clisaitu"; "esta paralizado").
-Para nada: Paná.
-Para que: Paque, a qué ton (A que ton – a que son. A propósito
de qué, por qué razón, a santo de qué, por qué, para qué. "Lu, a
qué ton vieni esu ahora?"), con el fin que (loc. conjunt. f. con el
fin de que, para que).
-Parar: Etenel (detener), paral, acalugal (parar, tranquilizarse).
-Parasol: Sombraju.
-Parcela: Hadera, hara (tierras en que se divide el término, se
siembra cada cuatro años).
-Parche: Parchi.
-Parece: Paji, paici/paeci, pareci, me se jaci (me parece),
tepajati (te parece a ti), me cuaca o m'acuaca ("me conviene" o

"me parece bien").
-Parecen: Paecin/paicin/parecin.
-Parecer (del lat.vulg. PARESCERE): Parecel, paecel.
-Parecía: Paicia, pareciá.
-Parecida: Comparanti, aparenti, apaicia, aparecía.
-Parecido: Autáu, paecíu, apaiciu, comparanti, aparenti,
aparecíu, aspéci de (loc. adj. similar a, parecido a, del tipo).
-Pared: Parel, jaztial, tapia (muro de cerca).
-Parihuela: Espariuela/esparijuela.
-Parir: Alumbral.
-Parlamentario: Palramentariu.
-Parlamento: Palramentu.
-Parla: Palra.
-Parlar: Palral.
-Parlo: Palru, galru.
-Parpadear: Relucil, luceal (hacer que algo brille, luzca o
parpadee).
-Párpado (del lat. vulg. PALPETRUM): Párparu (ya Alea v. 1200).
-Parque: Palque.
-Parsimonia: Cachaza ("que cachaza tieni!").
-Parte: Palti/parti ("en parti denguna"; "en ninguna parte").
-Partida: Paltiá.
-Partido: Partiu, rejundil (tb. sacar partido, explotar, obtener).
-Partir: Partil, escalabral (partir la cabeza. "Comu te caigas d´aí
te vas a escalabral la caeza").
-Partir (a): A paltí, desque (desde que, a partir de que).
-Partirse: Escachalsi (romperse), escachasi (partirse de risa),
escalabrasi (partirse la cabeza).
-Parto: Recachaeru/a (Ma: lento, de larga duración. Se aplica
especialmente al parto: parto difícil y de larga duración.
Diccionario etimológico: de re- y -cacha: nalga, del latín
Cappula, en lugar del clásico capula, cacha sería cada una de
las dos piezas que forman
el mango de la navaja. La acepción más usual pasó a la de
"Nalga" en las zonas de
Salamanca, Asturias Occidental, Galicia y el Bierzo. En otros
dominios dialectales

tiene el valor de "lugar resguardado del aire" (así en Viudas, y tb en Andaluz, en ciertas construcciones anticuadas como a la regachera del olivo)
-**Parva:** Palva, solera (barreduras de la parva después de aventada).
-**Parra:** Parrera (gral, parra).
-**Parrafada:** Palraítu, parrafá.
-**Parrilla:** Esparrillas (parrillas, trébedes).
-**Parrillera:** Esparrillas (parrillas, trébedes).
-**Pasa (del lat. PASSA, de PANDERE, "tender, extender):** Aconteci.
-**Pasaba:** Acontecí.
-**Pasacalle:** Alborá (tocado al amanecer).
-**Pasad:** Pasá (Tb. pasada).
-**Pasadas:** Corrias ("el partiu prencipió alas 12:00 corrías"; "el partido empezó a las 12:00 pasadas").
-**Pasado:** Pasáu, rebeniu (añejo, pasado especialmente un alimento), picau, atasajáu (salado, pasado, acecinado), chuchurriu.
-**Pasado mañana:** Traspasáu.
-**Pasajero:** Pasajeru.
-**Pasando:** Pasandu.
-**Pasar (del lat. passare, de passus, paso):** Pasal, raceal (aparecer, asistir, visitar, frecuentar un lugar), colá (colar, pasar, atravesar. "Ai que colá el bolindri entri lo sotrus dos"), colal (pasar de prisa).
-**Pasarela:** Pasilera, pasaeru.
-**Pasarlo:** Pasalu.
-**Pasarse:** Dilsi la manu (modismo. "Irse la mano en algo", propasarse, pasarse. "Ei jechu migas peru me s'á díu la manu ena sal").
-**Pase:** Pasi, entrá (1. paso. 2. entrada).
-**Pasear:** Garbeal.
-**Paseo:** Albarzón (RAE: barzón), garbeu (paseo, dar una vuelta).
-**Pasillo:** Colá (pasillo de la casa estrecho y largo).
-**Paso (del lat. passus):** Pasu, zancás/zacajus/trancus (pasos

largos).
-Pasta: Puelmi (f. mezcla líquida muy espesa, de pimienta y vinagre, que se usa para limpiar metales. "Los doraus los limpia con puelme". También se llama así a toda sustancia espesa. "Esus garbanzus son tan güenus que si unu se descuida se jacin una puelme". De los barrizales se dice: "Qué puelme s´ha formau". Badajoz).
-Pasta de la aceituna molida: Carozu.
-Pasto: Pastu, montanera (pasto del cerdo).
-Pastores: Pastoris.
-Pataleta: Perrengui (enfado, pataleta o rabieta, sobre todo en los niños).
-Paté: Cardillu [especie de paté (fuagrás, foagrá, foie-gras) hecho con las asaduras del cerdo].
-Patio: Corral.
-Patizambo: Patizumbu.
-Pato: Patu, gallareta (ave palmípeda parecida a los patos pequeños, de color pardo oscuro).
-Patochada: Pachochá (necedad, tontería. DRAE: chochez ya en auto del siglo XVI), jangá (tontería).
-Patrimonio: Patrimoniu, fincalidá (Hurdes: patrimonio rústico, propiedad, hacienda).
-Pausa: Avau ("no dal avau"; no dar respiro, sin descanso, sin tregua, sin pausa, etc.).
-Pavón: Papón (persona inútil, abobado, soso, etc.).
-Payasada: Coyay, coyayá (tontería, payasada, etc.), jangá (tontería).
-Payaso (estupido, majadero, etc.): Calajansu, gansu, abombau, ajilau/agilau, bollau, chalau, chirichi.
-Paz (del lat. PAX, PACIS): Paci.
-Pecas: Pintas (pecas de la cara).
-Pecador: Pecaol.
-Peces: Pecis.
-Peculiaridades: Peculiariais.
-Pedáneo: Pedañu.
-Pedanía: Pedáñia.
-Pedante: Peanti, sabijondu (sabelotodo, pedante).

-Pedazo: Pazu, cachu, peazu/piazu, trizas (pedazos muy pequeños. "El jarrón esta jechu trizas").
-Pedernal: Piernal.
-Pederse: Peersi/peelsi, bufasi (tirarse una ventosidad maloliente sin sonido. Tirarse un bufo).
-Pedía: Píia, pidia.
-Pedir: Piíl, pidil.
-Pedirán: Peirán.
-Pedo: Peu, bufu (ventosidad maloliente sin sonido), tufu.
-Pedorreta: Peorrera.
-Pedorro: Peorru.
-Pedrada: Peñascazu, pedrá.
-Pedrera: Canchal.
-Pedrusco: Cantaparru.
-Pegado: Pegau, apegau, cisti (ceñido, ajustado), apegotonau/á (dicho de una cosa, muy pegada, apelmazada), renti a (pegado a).
-Pegajoso: Mostosu.
-Pegamos: Peguemus.
-Pegando a: A renti de (rozando a).
-Pegar: Piegal, pegal.
-Pegar (agredir): Zurral ("zurral la badana"; pegarle a alguien), curral, jarreal (pegar, agredir).
-Pegarse (golpearse): Zurrasi (ace y grl: pegarse. Tb. asustarse).
-Pegujal: Pebujal.
-Peinar: Peinal, atusal (peinar. Peinar con la mano, especialmente cuando está el pelo mojado).
-Peinarse: Peinalsi, atusalsi (peinarse, arreglarse el pelo, lavarse, arreglarse).
-Peínate: Péinati.
-Pelambrera: Peluquora (gral. pelambrera, gran abundancia de pelo).
-Pelar: Sollal (sollalti/desollalti la piel; levantarte la piel).
-Peldaño: Pendañu, agrás.
-Pelear: Baqueal (luchar, pelear a brazo partido), bregal.
-Peletero: Pieleru.

-Película: Pilicula.
-Peligro: Peligrú.
-Pelma: Cansinu, pesau.
-Pelmazo: Cansinu, pesau, aburribli (que tiene la capacidad de aburrir: "Presona aburribli"), cataplasma, pejiguera.
-Pelo: Pelu (pelinu; diminutivo), espelechá (perder el pelo o cambiar el pelo en los animales), espelichau (que se le ha caído el pelo o lo ha cambiado), espelichandu (que se le esta cayendo el pelo o lo esta cambiando), pelánganu (m. us. más en plural. Cabello descuidado o en mal estado; "qué pelánganus trais!"), greñas, canu (pelo rubio), pelú/pelúu (peludo), peleti (un pelete; un pelo púbico), pelambrera (1. melena. 2. todo el bello púbico; "que pelambrera!"), atusalsi (peinarse, arreglarse el pelo. Tb. lavarse, arreglarse), rifau (rizado. "Pelu rifau"), pelu grifu (pelo rizado), quiqui (tupé o rizo del pelo).
-Pelota: Pilota, babosu (pelotillero, adulador), lambiculu, en peloti ("en pelotas"; desnudo).
-Pelotazo: Lambreazu.
-Pelotero: Papelón, suavi.
-Pelotillero: Lambiosu, babosu.
-Peludo: Pelú, pelúu.
-Peluquera: Pelambrera (tb. gral. gran abundancia de pelo).
-Pelleja (del lat. PELLICULA): Pellija.
-Pellejo: Pelleju, pellica (piel de los animales).
-Pellizcar: Pelliscá, peñiscal.
-Pellizco: Pelliscu, peñicu.
-Pena: Penaeru (situación aflictiva), ajogaeru, fatiga (sensación de pena hacia otra persona. "Me da fatiga velu asín").
-Penca: Tenca (f. tallo de la hoja de acelga. DRAE: penca).
-Pendiente: Aténcias ("estal a téncias de"; estar a merced de, dependiendo de o pendiente a), acilati/afilati (pendiente brusca).
-Pendientes: Perendenguis (m. pl. pendientes y en general alhajas de las mujeres. Se dice de los guapos de la novia), salcillus/sarcillus, esmochal (piercing. Ponerse un pendiente), mocha (mujer sin pendientes).
-Pene: Minga.
-Penoso: Pená, penaeru (situación aflictiva).

-Pensamiento: Pensaeru.
-Pensando: Cabilandu.
-Pensar: Pensal.
-Pensárselo: A cierraojus (sin pensárselo. Tb. "con los ojos cerrados").
-Pensares: Pensaris.
-Pensarlo: Pensalu.
-Pensión: Posá (m. pensión, casa de huéspedes. DRAE: posada).
-Peña (roca): Canchu (un canchal es un peñascal. Zona rocosa. Sitio cubierto de peñas).
-Peñascal: m. Canchal (tb. canchalera. Peñascal. Zona rocosa. Sitio cubierto de peñas).
-Peñasco: Canchera (peñasco grande).
-Peonza: Trombu, peona, trompu, repiona.
-Peor: Peol/piol.
-Pepita: Peba, bagujus (desperdicios de la uva, cáscara y pepitas).
-Pequeña: Gurrumina, chiquinina, chiquirrinina (muy pequeña), repióna, chichirimundi (pequeña, minúscula), menua (menudo. Dim. minuina).
-Pequeño: Gurruminu, chiquininu, repión, chichirimundi (pequeño, minúsculo), menúu (menudo. Dim. minuinu).
-Percibir, especialmente un sonido: Sentí/sentil.
-Percha: Caramanchu/garamanchu (rama de encina seca para colgar la ropa, el sombrero, etc. a modo de perchero).
-Perchero: Caramanchu/garamanchu (rama de encina seca para colgar la ropa, el sombrero, etc. a modo de perchero).
-Perder (extraviar): Trasconejal, jondeau/á (por ahí tirado/a).
-Perder el tiempo: Engorral.
-Perderse: Perdelsi.
-Perdida: Perdia, trasconejá, jondeá (por ahí tirada).
-Pérdida (del lat.tard. PERDITA): Perda.
-Perdido: Esperdigau/desperdigau, perdiu, trasconejau, jondeau (por ahí tirado).
-Perdiz: Perdís.
-Perdona: Dispensa.

-Perdonen: Dispensin.
-Perdurable: Predurabli.
-Perecer: Esperecel.
-Peregrino: Pelegrinu.
-Perejil: Peregil.
-Pereza: Jaragandina, galvana (desgana, falta de ganas para hacer algo, pereza, aburrimiento), mogangu (sueño, pereza, desgana, etc. "Que mogangu tengu"), jaragana (persona vaga).
-Perezoso: Jarramanta, jaragan, bordoneru, camastrón (m. haragán, vago, perezoso).
-Perfeccionado: Puliu.
-Perfeccionar: Pulil.
-Perfecto: Perfetus, pintiparau (semejante. Igual. "Es pintiparau al su pairi". Adecuado. Perfecto).
-Perfumar: Perjumal.
-Periódico: Perioicu, jornalariu.
-Periodista: Peiorista.
-Perjudicar: Prejudicial.
-Perjudicial: Prejudical.
-Perjuicio: Prejuiciu.
-Perla: Pelra.
-Perlesía: Pelresía.
-Permanente: Premanenti.
-Permanezca: Premaneza.
-Permiso: Premisu.
-Permiten: Premitin.
-Permitir: Premitil.
-Pernera del pantalón: Pernil.
-Pero: Peru, "ara que" (loc. conjunt. advers. Ahora bien, pero, aunque. "Tamién hui anca tu agüelu, ara que no estaba").
-Perro: Tuto, perru de majá (perro de majada, mastín).
-Perro pastor: Carea (perro del pastor que sirve para carear a las ovejas; "carear" es dirigir el ganado hacia alguna parte).
-Perro mastín: Perru de majá (mastín, perro de majada).
-Perronillas: Perrunillas.
-Perseguir: Preseguil, en cata/an cata (buscar, perseguir; "díl en cata de", "ví an cata de").

-Persigo: Presigu.
-Persignarse: Presinási/presinálsi (med. persignarse).
-Perseverante: Téntigu/a. (1. dicho de una persona perseverante, constante. 2. dicho de una persona, insistente, pesada, cargante, etc.).
-Persiana: Presiana.
-Persona: Presona, gomia (muchas personas, muchedumbre, gentío).
-Persona activa: Chispoleta (persona vivaracha, nerviosa, activa), vivureja.
-Persona alegre: Vivaracha, lanteru (m. hablador, dicharachero, vivaz, alegre), bullanguera (alegre, juerguista. De bulla).
-Persona alta: Espingardu.
-Persona amargada: Renegá, relatóna (enfadada, que discute mucho).
-Persona antipática e insociable: Ridícula ("Juan es un ridículu"; "Juan es un antipatico"), siesa, rancia, revenía, saboría/esaboría, jedionda/edionda.
-Persona astuta y taimada: Asolapau, cucu.
-Persona atontada: Panoli, papón (persona inútil, abobado, soso), lermu, jelá (alelada, persona inutil e incapaz; "Esti arbañil esta helau").
-Persona boba: Papón (persona inútil, abobado, soso), lermu, pavu, pajilusu/pagilusu, panoli, jelá (persona inutil e incapaz; "esti arbañil esta helau").
-Persona bocazas: Boquiqui (charlatana y mentirosa, bocazas).
-Persona cabezona (tozuda): Tozúa, morronga, morrua, morral, alcornoqui/arcornoqui.
-Persona callada: Soncón o soncona (persona callada, disimulador).
-Persona callojera: Pingu (persona callejera, de vida alegre), garroteru (a, adj. se dice de los jóvenes que están siempre en la calle abandonando sus ocupaciones. "Qué niña más garrotera. Siempre está por la calle". Barcarrota).
-Persona campestre: Camperu/a [adj. (dicho de alguien) que le gusta el campo y lo tiene como pasatiempo, no como trabajo. "Ain muchius caballistas que son camperus namás"].

-Persona cascarrabias, amargada: Renegá (persona
amargada, renegada), relatóna (persona que discute mucho,
cascarrabias), gedionda/jedionda (persona que se enfada
fácilmente).
-Persona con buen aspecto, sana: "Persona con güen pelaji"
(pelaji; aspecto, facha. "Tieni güen pelaji"; "tiene buen aspecto").
-Persona cambiante: Luneru/a (dicho de una persona que
cambia constantemente de parecer, de gustos, preferencias u
opiniones), veleta.
-Persona cansina: Cansibli (que tiene la capacidad de cansar;
"pressona cansibli"), pesáu, cansinu, jartibli (que tiene la
capacidad de hartar: "que presona mas jartibli"; "que persona
mas pesada", "palramenta hartibli"; "charla cansina"),
emparchosa.
-Persona cerrada: Calamandruñu.
-Persona constante, perseverante: Téntigu/a. (1. dicho de una
persona perseverante, constante. 2. dicho de una persona
insistente, pesada, cargante).
-Persona cuidadosa: Curiosu/a (dicho de una persona,
cuidadosa y detallista en sus tareas).
-Persona curiosa y entrometida: Escusado.
-Persona charlatana y mentirosa: Boquiqui (bocazas).
-Persona delicada: Gedionda/jedionda, tiquimiqui, melindrosa,
poipa (persona delicada y llorona. Poipa tb. es abubilla),
modosu/a (persona de buenos modales, generalmente usado en
su forma diminutiva: modosinu, modosina. DRAE: modoso/a).
-Persona delicada (poco): Farfalla (persona poco curiosa ó
poco delicada).
-Persona demente: Zumbau (DRAE: zumbado; dícese de
aquella persona que muestra evidentes indicios de demencia).
-Persona desagradable en el trato, fea, gorda e inculta:
Marraju.
-Persona educada: Modosu/a (persona de buenos modales,
generalmente usado en su forma diminutiva: modosinu,
modosina. DRAE: modoso/a).
-Persona elegante: Carra, arriscau (persona bien vestida. Tb.
simpatica).

-Persona encogida o torcida: Se dice que esta "mancornau".
-Persona enfadosa (que se enfada fácilmente): Gedionda/jedionda.
-Persona estúpida: Panoli (poco espabilada), papón (persona inútil, abobado. Tb. soso. Persona demasiada tranquila "que papo tienis"), lermo, jelá (helada. Persona inutil e incapaz. "Esta comu jelá").
-Persona falsa: Asolapau (persona falsa, astuta, maliciosa y sagaz).
-Persona fenómeno: Charnecu, güevú, bregáu, arriscu, arrestau, bravu, arrecarcau, arrochau, relanzau, cojonúu, apañau, abiau, listu, maestru.
-Persona fiestera: Perigallu/a, pilfora (f. expr. muy extendida "so pilfora"), pingón/a, pingu (tb. v. pindaju. Mujer de vida desordenada).
-Persona fina: Finolis (tb. sabelotodo, pedante).
-Persona hábil, curiosa: Aparenti.
-Persona habladora: Que le da al palriqui, chalratana.
-Persona inculta: Presona no leia.
-Persona informal: Chirimbaina, tarambaina, cucufati, cascabel, méndigu.
-Persona insignificante: Gurruminu/a (persona pequeña. Tb. persona poca cosa, que no vale para nada).
-Persona insistente: Téntigu/a (1. dicho de una persona perseverante, constante. 2. dicho de una persona insistente, pesada, cargante).
-Persona inútil: Panoli (persona poco espabilada), papón (persona inútil, abobado. Tb. soso), lermu, jelá (persona inútil e incapaz).
-Persona irresponsable: Chirimbaina, tarambaina, cucufati, cascabel, méndigu.
-Persona juerguista: Vivaracha (vivaz), lanteru (m. hablador, dicharachero, vivaz, alegre), bullanguera (alegre, juerguista. De bulla, bullicio).
-Persona llorona y delicada: Poipa (persona delicada y llorona. Poipa tb. es abubilla).
-Persona mala: Judia, siesa (tb. persona sosa).

-Persona mellada: Melliqui.
-Persona menuda en tamaño, delgada: Esmirriau,
escuchumizau, enclenqui, encanijau.
-Persona morena: Jerruchu (persona de piel oscura).
-Persona nerviosa: Chispoleta (persona vivaracha, nerviosa,
activa).
-Persona pasmada: Panoli (persona simple y sin voluntad),
papón (persona inútil, abobado, soso, demasiado tranquila "que
papo tienis"), lermu.
-Persona pequeña: Gurrumina (adj. persona pequeña,
insignificante. Con esta misma acepción se encuentra en el
vocabulario argentino y boliviano de Ciro Bayo).
-Persona perezosa: Perra, perritraca, aperreá/aperrá,
mostrenca, penca, güebóna (lenta).
-Persona pesada: Cansina, pesá, aburribli (que tiene la
capacidad de aburrir. "Presona aburribli"), cataplasma, téntiga
(1. dicho de una persona perseverante, constante. 2. dicho de
una persona insistente, pesada, cargante), pejiguera,
emparchosa.
-Persona promiscua: Pingu.
-Persona poco inquieta: Alelá (tb. papona, persona demasiado
tranquila).
-Persona poco sociable, oscura: Coruju/a.
-Persona quisquillosa: Peliyeru, pejigueru/pegigueru.
-Persona roñica: Rañosu/a (adj. tacáño, roñoso, roñica).
-Persona roñosa (del lat. AEROGINOSUS): Rañosu/a (adj.
tacaño/a, roñoso/a, roñica).
**-Persona sensible (que se ofende, molesta o entristece con
facilidad):** Sentíu/a ("el criu es mu sentiu"; "el niño es muy
sensible").
-Persona simple: Papón (persona inútil, abobado, soso. Tb.
demasiado tranquila "que papo tienis, prenda!"), lermu, siesa (tb.
persona mala).
-Persona sosa: Siesa (tb. persona mala), simplón.
-Persona sucia: Guarrindonga (persona guarra, sucia).
-Persona torpe: Ceporru.
-Persona tozuda: Tozúa, morronga, morrua, morral,

alcornoqui/arcornoqui.
-Persona tranquila: Alelau (persona demasiado tranquila).
-Persona mal vestida, con mala pinta: Espantaju, farraguas.
-Persona vaga: Jaragana.
-Persona vergonzosa: Vergonzúu (vergonzuo).
-Persona vivaracha: Chispoleta (persona vivaracha, nerviosa, activa).
-Persona vivaz: Vivureja, chispoleta (persona vivaracha, nerviosa, activa).
-Personaje: Presonaji/presonagi.
-Personal: Presonal.
-Personales: Presonalis.
-Personarse: Presonalsi.
-Personaron: Presonarun.
-Perspectiva: Prespetiva, almiración (vista, perspectiva; "tenel güena almiración dendi la ventana").
-Pertenece: Preteneci.
-Perverso: Prevelsu.
-Pesado: Pesáu.
-Pesado (de pesadez): Pesáu, cansinu, aburribli (que tiene la capacidad de aburrir: "presona aburribli"), matraca (cansino), jartibli (que tiene la capacidad de hartar: "que tiu mas jartibli"; "que tio mas cargante, mas pesado". "Palramenta hartibli"; "charla pesada"), pejiguera (del latín persicaria. Persona que se está quejando continuamente, persona pesada, molesta).
-Pesadumbre: Aginaeru/ajinaeru.
-Pésame: Cabezá (inclinación de cabeza al dar el pésame).
-Pesar: "Con to i con esu" (a pesar de todo).
-Pescada: Pescá (m. ZOOL pescada, merluza).
-Pescador: Pescaol.
-Pesebre (del lat. PRAESEPE): Pesebri.
-Peseta: Rubia, lúa.
-Pésimo: Pésimu.
-Peso: Derrengal (ceder bajo un peso), derrengau (cedido bajo un peso).
-Pesquisa: Cata (busca, pesquisa).
-Peste: Fatu, jedol/gedol, tufo/tufu.

-Petardo: Mistu (mistos restallones), estallaera/restallaera, restallón.
-Petate: Morral, talega (f. bolsa de paño que se cierra ajustándola con un cordón, utilizada para llevar la comida).
-Petición: Apedimientu.
-Petirrojo: Pimienteru.
-Petróleo: Pitroliu.
-Petulante: Alabanciosu/a (bravucón, vanidoso, fantoche, jactancioso, petulante).
-Pez: Peci (conservación de la antigua -e latina).
-Picado: Picau (dim. picainu).
-Picadura: Picá.
-Picardías: Alicantinas (dichos, historietas, anécdotas, picardías, tretas, cuentos, "tener el pico de oro"; "tenel muchas alicantinas").
-Picarse: Picalsi.
-Picazón: Piquiña.
-Pico: Picu, cotorina (cabeza, cima, lo más alto. Coronilla de la cabeza).
-Picor: Piquiña (picor, picores), usura (picor, comezón).
-Picotazo: Jerretazu/jarretazu.
-Pichón: Palominu (ma. pichón. DRAE: palomino: pollo de la paloma brava).
-Pídele: Píili.
-Pidiendo: Piiendu.
-Pido: Piu.
-Pie: Pié, burrilla (pie de madera para sostener tinajas de barro).
-Piedra: Piera, china, chinoti (piedra redondeada de tamaño mediano), chinatu (piedra pequeña redondeada), rollu (piedra redonda del río o vías), peñascu (piedra grande), gorrón (canto rodado erosionado por la corriente del río), canchu (roca. Un grupo de canchus forman un canchal, grupo de rocas o piedras grandes. Un peñascal).
-Piel: Pelleju, pellica (piel de animal), camisa (piel de la culebra).
-Piénsalo: Pensalú.
-Pienso: Pensu.
-Piercing: Esmochal (ponerse un pendiente).

-Pierna: Pielna, canilla (tb. grifo para las tinajas de vino), canillas (piernas delgadas), corba (parte post. rodilla), escarrapachau (abierto de piernas).
-Pies: Pinrrelis, tachinis.
-Piezgo (del lat. PEDICUS): Pielgu, pielga.
-Pifia: Picia.
-Pila de lavar: Paneru.
-Pilón para pisar la uva: Lagareta.
-Pilla: Entalla, pesca, coji/cogi, apaña.
-Pillado: Entallau, entrillau, pescau, cojiu/cogiu, apañau.
-Pillar: Entrillal (entallar, oprimir, pillar), entallal, pescal, apañal.
-Pillo: Martés (granuja, pillo que no trabaja), perigallu (sinvergüenza, golfo, callejero), polalma/polarma (tb. granuja, bribón, travieso, gamberro, etc.).
-Pimentón: Pimientón.
-Pimiento: Guinda.
-Pimiento rojo: Guinda colorá.
-Pinar: Pinal (ma. tb. en Tenerife).
-Pinchar: Jinchoneal (pinchar, hurgar).
-Pinchazo: Jinchonazu (pinchazo).
-Pincho: Pinchi.
-Pingajo: Pingaju.
-Pingoneo: Jarana ("dil de jarana"; ir de juerga, de fiesta, etc.).
-Pintados: Pintaús.
-Pintar (con cal): Branqueal, encalal, enjalvegal, faldegal.
-Pintarse: Emperifollá (ir muy maquillada y arreglada).
-Pintor: Pintó.
-Pinza de tender la ropa: Alfilel.
-Piojo: Abicáncanu.
-Pipa: Peba (f. las pipas de melón, sandía, calabaza, etc. También se usa en la frase: "no sabe ni peba"; "no sabe ni jota". También se llama así a la borrachera. "Ha cogido una peba". Badajoz), bagu (grano, semilla).
-Pirrarse: Pilrasi (sentirse sumamente atraído por algo).
-Pirueta: Piruleta (pirueta, cabriola), cirigoncia (sust. "Se alejó haciendo cirigoncias". Salto, pirueta graciosa).
-Pisar: Achancal (1. pisar el barro. 2. encajár, ajustar).

-Piscina: Picina.

-Piso: Pisu, cimará (zona alta, parte de arriba de la casa, desván), cimeru (pisu cimeru; piso de arriba, planta alta), parriba/p´arriba (hacia arriba de, por arriba).

-Pisotear: Potreá (intr. saltar o moverse a semejanza de un potro pisoteando y dando patadas estropeando o descolocando algo. "No potrées el sillón"), achancal (1. pisar el barro. 2. encajar, ajustar).

-Pixelado: Biselau.

-Pizca: Pisca, un cuantu-cuantu o cuanti-cuanti (es un poco, una pizca, poca cantidad pero bastante para lo que se necesita), froncia (Badajoz: brizna, pizca; "No quea ni una froncia").

-Placebo: Placebu, placèu.

-Placenta: Paves, paré.

-Placer: Gustu.

-Planta: Pranta, mata.

-Plantadas: Plantás.

-Plantar: Prantal.

-Plantío: Plantiu.

-Plastilina: Plastelina.

-Plata: Prata.

-Plato: Pratu, larguero (fuente o plato grande ovalado), azafati (bandeja, fuente, plato grande), en cima (adv. dicho de un plato que se come después de otro "qué ai de comè en cima?").

-Plató: Platon.

-Plaza: Praza.

-Pliego: Priegu.

-Pluma: Chupón (pluma del rabo y de las alas de las aves).

-Plumero: Pajeá (intr. vérsele a alguien el plumero dejando claras sus inclinaciones o intenciones. "No me dici a quién vota, peru yo se cómo pajeá esi").

-Plural: Prural.

-Pluralidad: Prulariá.

-Población: Puebración.

-Pobre (del lat. PAUPER, -ERIS): Probi, cutáu/cutainu/cutaitu (ignorante, pueril. Pobre hombre).

-Pobrecito: Cutaitu/cutainu (dim. de cutáu. Ignorante, pueril.

Pobre hombre), probicinu.
-Pocilga (casa): Sajurda.
-Pócima: Bilistraju, mesturaji (m. pócima, mezcla de muchas cosas. "Baiga un
mesturaji qu´está jaciendu").
-Poco menos: Naina.
-Poco: Pocu, pinga, mijina (trocito, un poquito. "Una mijina".), abaté (por poco; "abaté i no llegas"), a ca istanti (poco a poco; "ve tirando a ca istanti"), pisca (pizca), un cuantu-cuantu o cuanti-cuanti (un poco, una pizca, poca cantidad pero bastante para lo que se necesita), froncia (Badajoz: brizna, pizca; "no quea ni una froncia"), un poquinu (un poquito), poquinu a poquinu (poco a poco), abati (casi o por poco. "Abati te cais"; "casi te caes"), cuasi (casi o un poco), "a piqui" (casi o por poco. "A piqui me caigu"; "casi me caigo"), cuasiqué (casi o por poco. "Casi que").
-Podar: Poal.
-Pode: Poé.
-Podéis: Pueis.
-Podemos: Poemus.
-Poder (del lat. POTERE): Puel, poel.
-Poderío: Potestá (f. prepotencia, poderío que se da una persona. "Vino con una potestá que no me veas").
-Poderlas: Poelas/puelas.
-Podía: Poía/puía.
-Podían: Poian/puian.
-Podido: Poiu/puiu.
-Podría: Poderia.
-Podrido: Pochu, endiocau, abofau (de abafal. La carne, pescado, etc por efecto de corrupción), maníu (1. adj. dicho de un producto sobado, ajado, manoseado. 2. manido, casi podrido. 3. dicho de una planta. Ajado, lacio. "Esta maceta está maníа").
-Poesía: Puesía.
-Poetas: Puetas.
-Polea: Carrucha.
-Policía: Pulicia, "la guardia".

-Política: Pulitica.
-Polvareda: Polvajera/polvagera, polvarera/polvaera, polvorera, terreriu/terregueru/terregueriu (polvareda. Montón de polvo o de tierra).
-Polverío: Polveríu, polviseriu.
-Polvo: Porvu, tamu (polvo fino en el ambiente que desprenden generalmente los cereales), jilván/joienda (polvo. Ord. acto sexual).
-Pollo (del lat. POLLUS): Pollu.
-Pon: Quea.
-Pone: Pon.
-Ponéis: Puniís.
-Ponemos: Punemus, ponemus.
-Ponen: Ponin.
-Poner: Ponel, endilgal (tb. endosar, colocar, acomodar, encajar, meter, facilitar, etc. Tb. dirigir, encaminar), endonau (encasquetar, endosar, colocar, etc. "¡Los pairis s´han iu al cini i m´han endonau al zagal!"), abiental.
-Poner a secar: Ensecal.
-Poner de lado: Endaleal.
-Poner en cueros: Enpelotal (desnudar).
-Poner en el suelo lo que se lleva encima: Encampal.
-Poner liado: Enrelial, enrevesal, enrevesinal.
-Ponerlo/a: Ponélu/a, púnelu/a.
-Poneros: Ponelvus/punelvus.
-Ponerse: Ponelsi/punelsi.
-Poner taramas: Entarmal.
-Poner tonto: Entontal.
-Poner torcido: Entortal.
-Poner una señal: Enseñalal (marcar).
-Poner un tapón: Entaponal.
-Ponerse a predecir: Embarruntal.
-Pongo: Endilgu, queu, abientu.
-Poniendo: Pusiendu, queandu, abentandu.
-Poniéndole: Pusiendoli.
-Poniéndolo: Pusiendolu.
-Poquito: Miajirrinina, poquinu, poquininu, mejina, mijina.

-**Por:** Pol.
-**Por ahí:** P´ai, paí.
-**Por allá:** P'alla, pallá.
-**Por allí/hacia allí:** P'allí, pallí.
-**Por aquí:** P´aquí, paquí.
-**Porción:** Jicara (porción de chocolate), cachu, raja (frec. en la fruta).
-**Por debajo:** Pombaju.
-**Por dónde:** Pondí.
-**Por el:** Pó´el, pol.
-**Por encima:** Polcima.
-**Porfiando:** Porfionis (estar o ponerse porfionis).
-**Por hay:** Paí.
-**Por la:** Po' la.
-**Por lo:** Po' lo.
-**Por lo menos:** Siquiera ("por lo menos esta trabajando"; "siquiera esta trebajandu").
-**Por medio de:** Pol mé de.
-**Por medio:** Po' me.
-**Por poco:** Abati ("abati me caigu").
-**Por que:** A qué ton (a propósito de qué, por qué razón, a santo de qué, por qué, para qué. "Lu, a qué ton vieni esu ahora?").
-**Porquería:** Guarreria, morroña (n. porquería, suciedad producida por la falta de limpieza de un lugar o en una persona), fusca (1. porquería que sale al barrer. 2. hojarascas y restos de plantas o árboles que quedan en el suelo), cochambri, ponzoña (mierda, basura, suciedad).
-**Por supuesto:** "De contau".
-**Portadas:** Portás.
-**Portador:** Portaol.
-**Portal:** Portáu.
-**Portalón:** Portal.
-**Portarse:** Portalsi.
-**Portazgo:** Portalgu, portaju.
-**Porte:** Pelaje (m. dicho de una persona; aspecto, facha. "Tené güen pelaje"; "estar sano, tener buen aspecto físico"), jechura, pelitascu, aspetu, relumbranti (adj. dicho de alguien que destaca

por su apariencia lujosa).
-Portera: Angarilla/engarilla.
-Portilla: Portillu (portilla, puerta pequeña para pasar de un lado a otro de las fincas).
-Portugal: Purtugal.
-Porrazo: Porraciu, porrazu.
-Porros: Porreteu (consumo de porros).
-Posa mano: Baranda.
-Posar (se): Aposal (si).
-Poseen: Poséin.
-Poseer: Puseel.
-Posibilidad: Posibiliá, pusibilidá.
-Posible (del lat. POSSIBILIS): Pusibli, capás, "a lo mejó" (es posible), es capás de (fr. ús. que + subjuntivo. Es posible que).
-Poso: Posu.
-Posponerlo: Posponelu.
-Posponiendo: Pospusiendu.
-Posterioridad: Posterioriá.
-Postilla: Pústula.
-Postrero: Postreru.
-Postura: Poniura.
-Potencialidad: Potencialiá.
-Potro: Potru.
-Pozo: Pozu.
-Practicamos: Platicamus.
-Practicante: Platicanti.
-Practicar: Pratical.
-Pradera: Plaera.
-Prado: Plau.
-Precario: Pritiquíu/a (antiguo, precario. DRAE: prístino/a).
-Precavido: Percavíu.
-Precedente: Preceenti.
-Precedido: Preceíu.
-Precio: Importá (tr. tasar, poner precio. "El pisu se lo importaron en 15 millonis").
-Predecible: Preidibli.
-Predecir: Barruntal, embarruntal (ponerse a predecir).

-Predica: Pedrica.
-Predicado: Pedricáu.
-Predicador: Pedricaol.
-Predicar: Pedrical.
-Predominio: Preominiu.
-Pregonado: Apregonáu (tb. notorio).
-Pregonando: Apregonandu.
-Pregonar: Apregonal.
-Preguntar: Preguntal, preguntaor/ora (adj. dicho de alguien que pregunta).
-Prejuicio: Perjuiciu.
-Premiado: Premiáu.
-Prender: Chiscal (encender, hacer que salten chispas. "Esti chisqueru no chisca").
-Preocupación: Ajuncu (preocupación, apuro, agobio), descalientu/escalientu (sufrimiento, disgusto, preocupación, angustia, agobio, desazón), ajinaeru.
-Preocupado: Ajináu.
-Preparado: Apreparau, aviau, enjaretau/enjaretá (preparado/a, arreglado/a, dispuesto/a).
-Preparar: Apreparal, avial, entagal (establecer, montar, organizar), enjaretal (tb. organizar, preparar), endilgal, gobernal (arreglar la casa), engargallal (arreglar algo), atalantal (organizar, arreglar, preparar. Tb. tranquilizar, sosegar), atusal (peinarse, arreglarse el pelo. Tb. lavarse, arreglarse).
-Preparando: Apreparandu, aviandu.
-Preparar: Enjaretal (tb. organizar, arreglar, etc.).
-Preparativos: Preparus, avius (preparos).
-Prepotencia: Potestá (f. prepotencia, poderío que se da una persona. "Vino con una potestá que no me veas").
-Presa: Priesa, pesquora (f. presa. 1. presa en un río o regato. 2. presa de un molino), presa (trozo de carne de un guiso).
-Presagiar: Barruntal.
-Presentable: Arriscau (bien vestido y peinado. Arreglado).
-Presente: Presenti, ogañu, presentera.
-Presentir: Barruntal.
-Presión: Emprimil (poner en presión).

-Presionar: Aprimil.
-Prestada: Emprestá.
-Préstamo: Empréstamu.
-Prestar: Emprestal, emprestá.
-Presumido: Foitu.
-Presumir: Fardal/fardeal, ponelsi foitu (ponerse presumido).
-Pretende: Pretendi.
-Previo (antes): Endinantis, antis, enantis, endenantis.
-Prieto: Pretu (1. apretado, prieto. 2. de color oscuro o moreno.
Bable y castellano).
-Primer: Primel.
-Primero/a: Primeru/a, de prencipiu.
-Principal: Prencipal.
-Principio: Escomienzu, emprencipiu, a lo primeru (al principio).
-Pringado: Pingau, embozau.
-Pringar: Pingal, embozal.
-Pringarse: Embozalsi.
-Pringoso: Remostosu, mostosu.
-Prisa: Priesa, apencal (andar de prisa), dal cheira (darse prisa),
"a jarapu sacáu" (expresión con el significado de "a toda prisa"),
"a to metel" (a toda prisa).
-Prístino: Pritiquiu/a (antiguo/a, precario/a. DRAE: prístino/a).
-Probabilidad (del lat. PROBABILITAS, -ATIS): Probabiliá.
-Probado: Catau.
-Probar: Catal.
-Problema: Poblema.
-Procede: Procei.
-Proceder (de): Rescrecel.
-Procesión: Prucesión, proseción/pruseción, pruci.
-Proceso: Procesu.
-Procura: Precura.
-Procurar: Precural.
-Producidos: Proucíus.
-Producto: Proustu, produtu, jechura/hechura (creación, obra,
resultado, producto, composición, formación, configuración,
forma, trama, factura, disposición, distribución, complexión,
constitución, imagen, figura).

-Produzca: Rejunda (tb. sacar partido, explotar, obtener).
-Proferir: Jipial, gañital.
-Profesor: Profesol, maestru.
-Profesores: Profesoris, maestrus.
-Profirió: Jipió, gañitó.
-Profundizar (sin): "Asín poncima" (loc. adv. someramente, sin profundizar), de respajilón (loc. adv. m. someramente, sin profundizar).
-Profundo (poco): Pandu, someru/sumeru.
-Programas: Plogramas, pogramas.
-Progresando: Pulandu.
-Prohibición: Proibición.
-Prohibido: Proibíu, atarugau [atarugal. Tr.-prnl. fig. y fam. Hacer callar (a uno)].
-Prolijo (del lat. PROLIXUS): Ploriju.
-Promiscuo/a: Manoseau/á (adj. dicho de alguien que no es virgen. Se aplica a la persona que cambia de pareja sexual con frecuencia).
-Promontorio: Lombu (dim. lombinu. Tb. montículo, montaña, promontorio, colina, etc.).
-Pronto: Plontu, en cuanti (en cuanto, tan pronto como), deque (conj. temp. tan pronto como), desiguia (1. adv. m. de seguida, continuamente. 2. pronto, de inmediato), aína (temprano), arrepiu ("le dió un arrepiu i se hué"; "le dió un pronto i se fué").
-Pronuncia: Almienta, prenuncia.
-Pronunciación: Prenunciación.
-Pronunciándolo: Almientádulu.
-Propasarse: Despasási (act. propasarse, pasarse, abusar), "dilsi la manu" (modismo. "Irse la mano en algo": propasarse, pasarse. "Ei jechu migas peru me s'á díu la manu ena sal").
-Propensión: Pajou (m. propensión, inclinación, tendencia; "se le ve'l pajou").
-Propicio: Que rejunda (de rejundil. Tb. sacar partido, explotar, obtener).
-Propiedad: Propiedá.
-Propietario: Amu, propietariu.
-Propina: Batifora (adv. de regalo, de propina).

-Propio: Propiu.
-Proponiendo: Propusiendu.
-Proporción: Al respestivi.
-Propósito: A qué ton (a propósito de qué, por qué razón, a santo de qué, por qué, para qué. "Lu, a qué ton vieni esu ahora?").
-Propuesto: Propuestu.
-Propuso: Propusun.
-Prórroga: F. Próloga.
-Prosperar: Rejundil (Tb. sacar partido, explotar, obtener).
-Prospero: Que rejunda (de rejundil. Tb. sacar partido, explotar, obtener).
-Prostituta: Furraca/furriaca (tb. fresca), perigalla, pindingui (1. f. mujer de comportamiento sexual considerado desordenado y poco adecuado. 2. Prostituta), furraqueal (vul. "andar de putas"), tulipanda.
-Protección: Proteción, al ventistati (locución adverbial. Lo tiene todo al ventistate. Tener algo al aire libre, sin protección. Proviene de la degeneración de la expresión latina ab in testate: bienes de una herencia sin testamento).
-Protestón: Pujiedi/pugiedi (quejica, llorón. De - pujo-, diarrea ensangrentada propia de la colitis ulcerosa), quejiqui, pejiguera, relatona, melindrosu/a (tb. escrupuloso/a).
-Provecho: Provechu.
-Provee: Provei.
-Provenir: Rescrecel (proceder de o provenir de).
-Provisionalmente: Prosimalmenti (adv. m. provisionalmente).
-Provisiones: Condíu (se llama así á las provisiones para hacer la comida o cocido).
-Provocaba: Prevocaba, atientaba.
-Provocar: Prevocal, atiental.
-Próximo: A rapis (a raíz, al ras, próximo a).
-Proyectar: Proyetal.
-Proyecto: Proyetu.
-Prudente: Pruenti.
-Prueba (del lat. PROBARE): Preba.
-Publicadas: Espubricás.

-**Publicar:** Espubrical.
-**Público:** Públicu/pubricu.
-**Puchero:** Cociu (cocido de garbanzos).
-**Pude:** Puí.
-**Pudiendo:** Puiendu.
-**Pudiente:** Pudienti.
-**Pudiera:** Puiera.
-**Pudieron:** Puierun.
-**Pudo:** Púu.
-**Pudor:** Lacha (tb. moral, vergüenza. "Que poca lacha tienis!").
-**Pudre (v. pudrir):** Puiri.
-**Pudrir (v. pudrir del lat. PUTRERE):** Puiril, putrifical.
-**Pudrirse:** Acochambrasi, perdési (echarse a perder una cosa, pudrirse), picalsi, abufalsi ("la carni pué abafalsi"), corrumpilsi.
-**Pueblo:** Pueblu/puebru.
-**Pueda:** Puea.
-**Puede:** Puei.
-**Pueden:** Puein.
-**Puedes:** Púes.
-**Puedo:** Pueu.
-**Puente:** Puenti (femen. y m.).
-**Puerro silvestre:** Aju porru.
-**Puerta:** Angarilla/engarilla (cancilla o portón de las fincas), porterón (parte superior de la puerta de la casa), postigu (1. mitad superior abatible de las puertas antiguas. 2. ventanilla pequeña en la puerta. 3. pestillo o cerrojo), batipuerta (parte inferior de la puerta), espampaná (se dice de una puerta o ventana totalmente abierta; "abierta de par en par").
-**Pues:** Pós, pó, pus.
-**Pues y:** Pui ("pui" no es lo mismo que "pos" o "pues". Es "pos y" contraido, sobre todo al principio de preguntas; "pui esu?", "pui antocis?", "pui no lo sabis?", "pui por qué?"), pi (1. Pues y, lu?, antoci?, antoncis, qué?. 2. expr. ¿I qué, pues?).
-**Puesta de sol:** Postura.
-**Puesto (verb. poner):** Poníu, puníu, enliau ("m´he enliau a jacelu ora mismitu"; "me he puesto a hacerlo ahora mismo").
-**Pulgar (dedo):** Gordu.

-Pulido: Pulíu.

-Pulso: En pesu (a pulso; "cogela en pesu, a vé si está enllena").

-Punta: Pua, puga (punta o clavo).

-Punto: Puntu, a piqui (a punto. "Anduvi a piqui de dal un guarrazu"; "estuve a punto de caerme"), al pun pun (expr. "punto por punto"), quiiri (esta a punto de).

-Punzada: Picá.

-Puñado: Puñáu, una embozá/ambozá ("jechali una ambozá de bellotas al cochinu"), pabea (puñado pequeño de pajas de juncia o de otro vegetal).

-Puñetazo: Puñu.

-Purgante: Pulganti.

-Purificar: Espurechal (limpiar, gral. purificar).

-Pus: f. Pesti, m. pudri.

-Puse: Pusi, enreé ("me enreé a envestigal"; "me puse a investigar").

-Puso: Pusiu.

-Puta: Cachipandu, furrraca/furriaca (tb. fresca. "Furraqueal" es "andar de putas" y tb. "follar"), lumia ("siete veces puta"), pilingui/pindingui ("una pilingui". 1. f. mujer de comportamiento sexual considerado desordenado y poco adecuado. 2. prostituta), tulipanda.

Q

-Que: : Qu´en (que en), qu´ena (que en la), qu´es (que es), qu'estamus (que estamos), qu' abel (que haber), qué jacis (qué haces), qu' an (que han), qu' ay (que hay), avel (que haya), qu´he (que he), qu´aun (que aún), cual ("vai sabel por mé de cuál enreus a atinau"; "vete a saber por medio de que enredos ha acertado").

-Quebrantar: Atiental.

-Queda: Quea.

-Quedábamos: Queabámus.

-Quedaban: Queaban.

-Quedada: Quedá.

-Quedado: Aterminau ("bemus aterminau que sedrá la de coló brancu").

-Quedamos: Queamus.

-Quedan: Quean.

-Quedar: Queal, acontral (1. quedar. 2. juntarse con otra persona).

-Quedara: Queara.

-Quedaremos: Quearemus.

-Quedarla: Queála.

-Quedarse: Quealsi, arrepañal (1. coger con prisa. 2. quedarse con algo. 3. robar), enrabal, encajau ("s´a encajau el balón en el tejau"; "se ha quedado la pelota en el tejado").

-Quédate: Queati, estati ("estati quiitu"; "quedate quieto").

-Quede: Quei, queé.

-Queden: Quein, queén.

-Quedó: Queó.

-Quejarse: Quejalsi, relatal ("siempri relata la mesma").

-Quejica: Quejiqui, pejiguera, pujiedi/pugiedi (peo jiede. "Eris un pujiedi". Quejica, llorón), relatona, melindrosu/a (tb. escrupuloso/a).

-Quemado: Achicharrau, turrau, chamusquina ("jiedi a chamusquina"; "huele a quemado"), requemau.

-Quemar: Turral, achicharral.

-Quemé: Achicharré.

-Queremos: Queremus.

-Querer: Querel.

-Querían: Quirian.

-Queridos: Querius.

-Querrás: Quedras.

-Queso: Quesu.

-Quién: Cúyu (cúyu eris?> ¿de quién eres?. Cúyu es?> ¿de quién es?).

-Quienes: Quien (tb. quieren), quienis.

-Quiere: Quiel, quié.

-Quieren: Quien (tb. quienes).

-Quieres: Quieris, quié.

-Quiero: Quiu, quieu.

-Quieto: Qiitu, clisau (absorto, paralizado, quieto),
muermu/amuermau (adj. quiéto, parádo, sin ánimo. "Qué
muermu estás hoy". En el DRAE se recoge con otro significado).
-Quijada (mandíbula): Quejá, queju.
-Quincallero: Quinquilleru, quinqui, ajolateru, lateru.
-Quintana de la Serena: Quintaneru/a (1. adj. GENT. natural de
Quintana de la Serena. 2. perteneciente o relacionado con esta
localidad extremeña).
-Quisiera: Quijiera/quigiera, quiera.
-Quisquilloso/a: Pelilleru/a (persona que se irrita fácilmente,
que le gusta discutir sin necesidad).
-Quitar: Quital, desquital, repañal, arrepañal,
desapartal/esapartal (apartar, eliminar, quitar. Quitar, apartar o
eliminar de algún sitio, lugar, etc. "M´han desapartau del
equipu").
-Quítate: Desaparta/esaparta (apartate).
-Quitárselo: Quitálsilu, repañalselu, arrepañalselu.
-Quizás (del lat. QUI SAPIT, "quién sabe"): Quizías, "a lo
mejó".

R

-Rabadilla: Penca (punta o extremidad del espinazo).
-Rabia (del lat. RABIES): Rabiña, arregañu (tb. indignación).
-Rabiar (encolerizar, hacer rabiar): Chinchal, enrabietal,
emperreal.
-Rabieta: Perrengui (enfado o rabieta, sobre todo en los niños).
-Rabioso: Rabiñosu, rabiosu.
-Rabo: Jopo.
-Racional (de RAZÓN): Racional.
-Radio: Rayiu, radiu.
-Radio (transistor): Arradiu.
-Radiofónico: Rayufónicu, raiufonicu.
-Raíz: Rais, a rapis (a raíz, al ras, próximo a. "Cortau a rapis";
"cortado de raíz).
-Raja: Rajaúra, jienda (brecha, raja, grieta), rachaúra (en pared
o recipiente de barro).

-Rajar: Rachal (cortar leña: en Asturias, León. Salamanca: hender, rajar), rechal.

-Rama: Tarama (rama seca y delgada de un árbol, generalmente de encina).

-Ramo: Ramu, manoju.

-Rampa (del fr. RAMPE): Rambla (gral. y Ciudad Rodrigo), rampla.

-Rancio: Maniu, ranciu (rancio, aburrido, soso. Aplicado a personas).

-Rapar: Motilal (cortar el pelo al cero), al rape ("ejalu al rape"; "dejalo rapado").

-Raparse: Al rape ("pelalsi al rape la caeza"; "raparse la cabeza").

-Rápidamente: Ringla (adv. rápidamente), respajilal (vbo. "salió d´allí respajilandu". Irse o salir de un lugar de forma rápida, como huyendo de algo. Proviene de respahilar, y este a su vez de raspahilar: moverse rápida y atropelladamente).

-Rapidez: Rapié.

-Rápido: Rapiu, ligeru ("que ligeru va el burrinu"), respajilal (vbo. "salió d´allí respajilandu". Irse o salir de un lugar de forma rápida, como huyendo de algo. Proviene de respahilar, y este a su vez de raspahilar: moverse rápida y atropelladamente).

-Rapiñar: Arrebañál.

-Raquítico: Raquíticu, consumiu (muy delgado por enfermedad, desnutrición, parásitos, etc.), birria (f. persona o cosa despreciable o raquítica. "Es una birria". Se usa también en Zamora y en Andalucía).

-Raramente: Ralaenti (tb. ranciaenti. Adv. m. raramente).

-Raro: Ralu.

-Ras: A rapis (a raíz, al ras, próximo a), al renti del (a ras del).

-Rasado: Rasaru.

-Rasante: Rasanti.

-Rascar: Arrascal.

-Rasero: Raseru.

-Raso: Rasu.

-Rasgado: Farrungau.

-Rasgo: Raju, rasgus.

-Rasguño: Raspón, rejuñón (rasguño, arañazo).
-Raspadura: Farrondón, "echalsi las roillas abaju" (expr. "echarse las rodillas abajo"; "rasparse las rodillas"), despostillón (desconchón en la pared. "La parel esta despostillá").
-Raspar: Raspal.
-Raspón: Farrondón, "echalsi las roillas abaju" (echarse las rodillas abajo; "jazelsi un raspón enas roillas"), despostillón, (desconchón en la pared. "La parel esta despostillá").
-Rastrear: Rastreal.
-Rastrear: Rustrijus.
-Rastrillo: Rastru, mercaillu.
-Rastro (del lat. RASTRUM): Rastru.
-Rastrojar (arrancar el rastrojo): Restrojeal, rastrojeal.
-Rastrojo (del lat. RE-STIPULA): Restroju.
-Ratero (ladrón, ratero): Lairón/ona, lairu.
-Rato: Ratu, intri, inti (un instante. "Amus a estal un inti").
-Rayuela: Role (f. juego de la rayuela).
-Razón: "Pol esi mistériu" (expr. por esa razón), "a qué ton" (a propósito de qué, por qué razón, a santo de qué, por qué, para qué. "Lu, a qué ton vieni esu agora?").
-Razonable: Razonabli (que tiene la capacidad de razonar. "Maestru razonabli").
-Razonar: Razonal.
-Razones: Razonis.
-Reacciona: Racioná.
-Reacio: Retuseru, retusu.
-Real: Rial, ral.
-Realice: Rialici.
-Realidad: Rialiá, manigual ("cuando en realidad").
-Realiza: Realiza.
-Realizan: Realizan.
-Realizar: Realizal.
-Rebanada: Rebaná (gral. torrija).
-Rebanar: Rebanal.
-Rebañar: Arrebañá.
-Rebaño: Piara.
-Rebasar: Rebimbal.

-Reblandecer: Mollecel/mullecel.
-Reblandecido: Molleciu/mulleciu.
-Rebosar: Cogüelmu/cogolmu (lleno, en abundancia, colmado, a rebosar. "Estar hasta el colmo"; "estal jata el cogolmu").
-Rebozar: Pingal, loal/enloal (enlodar. Ensuciar, embadurnar, manchar, untar, embarrar, rebozar...).
-Rebrote: Respeliña, repatajiña.
-Rebullir: Reballal (rebullir, despertar).
-Rebusca: Rebuscu (ma. acción y efecto de rebuscar).
-Rebuscar: Chindal (rebuscar, curiosear), landeál (del bajo latino –lande-), arrebuscal, escrucal/escurcal/esculcal (tb. "revolver", "registrar", "seleccionar", etc.).
-Rebusco: A rebuscu (acción de ir a coger productos de cosecha a un terreno ajeno después de haber sido cogido ya por sus dueños), landeu, chindu.
-Rebuznar: Rosnal.
-Recabar: Recadal.
-Recadero: Recaeru (1. m. recadero. 2. transportista de una empresa), galopín/galopu (muchacho que va a por los recados).
-Recado: Recáu, mandau.
-Receptor: Recetol.
-Recibidor de una casa: Zagual (zaguán; entrada de la casa).
-Recibir: Recibil, gañoteal (recibir gratis).
-Recio: Reciu.
-Recipiente: Calambucu.
-Recipiente: Artesa (recipiente grande de madera de forma rectangular cuyas paredes se van estrechando hacia la base, usada para trabajar la masa del pan cuando antiguamente se cocía en las casas o la masa del chorizo cuando se hacía matanza).
-Reclinatorio: Roilleru.
-Recoge: Arrecoji/arrecogi.
-Recogedor: Ricojeol/ricogeol.
-Recoger: Arrecojel/arrecogel, arrepañal/arrebañal, apañal, recadal.
-Recoger aceitunas de verdeo: Ripial.
-Recogida: Arrepañu, arrecojia/arrecogia, recadás ("parabras

recadás del mi puebru).
-Recogido: Arrecogiu/arrecojiu, recadau ("vemus recadau tolas costumbres del mi pais"), arrepañau.
-Recolectar: A rebuscu (acción de ir a coger productos de cosecha a un terreno ajeno después de haber sido cogido ya por sus dueños).
-Recomendándose: Recomendandusi.
-Reconocimiento: Reconocencia.
-Reconquista: Arreconquista.
-Recordaba: Arrecordaba.
-Recordar: Recordal.
-Recordarnos: Recordalmus.
-Recorrer: Acorrel.
-Recorrido: Bandeu (hacel un bandeu; hacer un recorrido).
-Recostado: Recostaó.
-Rectificar: Almendal (enmendar, corregir).
-Rectitud: Restitul.
-Recto: Biru (tieso, recto).
-Recuerdo: Recueldu, visu (viso. Sust. recuerdo. "No lo sé bien, pero no tengu visu d´esu".
-Recular: Arreculal.
-Recuperar: Arrecuperal.
-Recuperarse: Arrecuperalsi.
-Recurso: Recursu.
-Rechinar: Chilrial.
-Rechoncho: Rechonchú, recanchú, porrúu/a (1. dicho de objetos más anchos que largos y de pequeño tamaño; un dedo, una porra, etc. 2. grueso, gordo, rechoncho, ancho. 3. obstinado, terco).
-Red: Redi.
-Redondel: Reondel/riondel (redondel, círculo).
-Redondo: Reondu/riondu.
-Reducir (del lat. REDUCERE): Reucil, reducil.
-Redundante: Reundanti.
-Redundar: Rejundil.
-Reemplazo: Remplazu.
-Reestructura: Restrustura.

-Referente: Tocanti, tocantimenti (loc. Hurdes: referente a).
-Referida: Referiá.
-Referido: Refiriú.
-Refiriéndose: Refiriendusi.
-Referirse: Refirilsi.
-Refieres: Refiiris.
-Refilón (de): Respajilón ("de respajilón").
-Reflejado: Reflejau.
-Reflexión: Refresión.
-Reflexionar: Refresional.
-Reformar: Reponè (act. reformar, modificar. "Repuso la casa colas perras dela cosecha").
-Reforzado: Rejorzau.
-Reforzar: Rejorzal.
-Refresco: Refrescu.
-Refuerte: Rejuerti.
-Refugiarse: Refujialsi.
-Refugio: Refujiu, jurranchera (madriguera, cueva, refugio), chupanu (refugio, cobertizo de ramas).
-Refunfuñar: Funfuruñal.
-Regalado: Daó.
-Regaliz: Astratu, palu estratu, palutratu.
-Regalo: Regalu.
-Regar: Regal.
-Regato: Regachu.
-Regazo: Halda (falda, regazo).
-Régimen: Réjimin/régimin.
-Región: Rejión.
-Regiones: Rejionis.
-Regir: Rejil.
-Registrado: Rustriau.
-Registrar: Calnou, rustrial, escrucal/escurcal/esculcal (tb. "revolver", " rebuscar ", "seleccionar", etc.).
-Regla: Regra, mojón (señal para hacer recta la arada).
-Regodearse: Regodiegalsi.
-Regodeo: Garnacha (diversión y regodeo. Tb. chapuza).
-Regresar: Acudil/acuil (regresar, volver a casa DRAE: acudir),

regresal.
-Regruñir: Recongal, regruñil.
-Regular: Regulal, reguleru (para genero masculino; "esi cochi anda reguleru").
-Rehervir: Rejilvil (rehogar, rehervir).
-Rehogado: Rejilvíu (rehogado, rehervido), rejogáu.
-Rehuir: Rejuil, rejuyil.
-Reír (del lat. RIDERE): Ril, riíl, riyil.
-Reírse: Riyisi, riyilsi.
-Relación (con relación a): Al tentu ("al tentu a otros paisis semus mas pobris").
-Relacionarse: Relacionasi, aquellasi, alternal.
-Relajar: Relajal.
-Relamerse: Relambialsi, relambelsi, repapucealsi, repapilalsi.
-Relamido: Relambiu.
-Relámpago: Culebrilla, relámpagu.
-Relativamente: Relativamenti.
-Relatos: Cuentus.
-Relente: Resenciu (aire fresco y húmedo en noches serenas).
-Religioso: Relijiosu/religiosu.
-Relojes: Relojis, relocis.
-Reluciente: Relucenti.
-Remachar: Machambral/amachambral (asegurar, remachar, unir elementos de forma segura).
-Remate: Acaberu (como sustantivo significa arremate, término, final).
-Remedar (imitar, remedar voces, gestos o acciones. Tb. DRAE): Rémeal, arrendal (1. imitar a alguien para burlarse. 2. alquilar), .
-Remendar: Pieceal (remendar una prenda), pieceru.
-Remiendo: Rimiendu, lancháu (portaje).
-Remite: Remiti.
-Remiten: Remitin.
-Remojado: Esponjau, amolleciu/mulleciu.
-Remojar: Amollecel, esponjal (empapar. "Esponjal el pan en la lechi").
-Remojo: Moju ("jechal en moju").

-Remolino: Polvorinu (remolino de aire y polvo).
-Removedor: Baila (paleta para remover las brasas del brasero), badil (cogedor para la basura).
-Remover: Remuvel.
-Renacimiento: Renacimentu.
-Rencor: Resquemó, malaenconia.
-Rencoroso/a: Rabúu/a (rabudo/da. adj. 1. dicho de personas, rencoroso. 2. dicho de animales que no tiene rabo).
-Rendido: Arrengau (baldado, muy cansado, rendido, doblado por los años, por el trabajo).
-Rendija: Jienda (hendidura, grieta, raja).
-Rendir (rentar, producir): Rejundil (Tb. sacar partido, explotar, obtener).
-Rendirse: Rundilsi (refl. caerse, rendirse, arruinarse).
-Rengar: Derringal.
-Renombre (fama, renombre): Nombraía, nombrería.
-Renuncia: Demisión (dimisión, renuncia).
-Reparado: Aviau, arreparau.
-Reparar: Avial, arreparal.
-Reparara: Arreparara, aviara.
-Reparos: Arreparus, parudengunu (sin reparo, sin remedio, irremediablemente).
-Repartición: Repartimientu (1. acción de repartir, repartición. 2. efecto de repartir, repartición).
-Repartir: Arrepartil.
-Repartirnos: Arrepartilmus.
-Reparto: Partija/partiju (reparto de la herencia).
-Repaso: Bandeu ("le pegó un güen bandeu a la casa").
-Repetir: Ripitil.
-Repisa pequeña en la pared: Poyata.
-Repitió: Ripitíu.
-Repleto: Atopau (a tope), enllenu, cogüelmu/cogolmu (lleno, en abundancia, colmado, a rebosar. "Estar hasta el colmo"; "estal jata el cogolmu").
-Reposar: Repusal.
-Reposo (sosiego): Abáu.
-Repostero: Mamposteru (gral: repostero).

-Representado: Representáu.
-Reproduce: Reproúci.
-Reproducir: Reproucil, riproduil.
-Repugnancia: Escorrozu (1. ruido tenue y misterioso. 2. repugnancia, asco), zarriu ("estás jechu un zarriu"; "estás hecho un asco"), tirria (odio, asco).
-Repugnante: Repunnanti.
-Resabiado/a: Raspau/á.
-Resaltar: Resaltal.
-Resbaladizo: Refalizu, resbalón, refalosu, refalatera (lugar resbaladizo).
-Resbalar: Refalal.
-Rescatar: Rescatal.
-Reservado: Acutau, reselvau.
-Reservar: Reselval, desapartal/esapartal, apartal.
-Resfriado: Costipau.
-Resguardado: Reselvau (resguardo. "Aí está reselvau"; "ahí está a resguardo").
-Resguardar: Resguardal.
-Resguardarse: Cobijalsi.
-Resguardo: Chupanu (refugio, cobertizo de ramas).
-Residir: Resíil.
-Residuo: Residu, escurriaja, bagazu (resto de la uva después de prensar).
-Resignación: Resinación, ave (interj . expresa afirmación, resignación o interés según la entonación que se le dé), chinchalsi/chinchasi (aguantarse por no conseguir lo que uno se propone), achantalsi (aguantarse con resignación).
-Resistir: Resestil.
-Resolver: Resolvel.
-Resoplar: Rejimplal.
-Respecta: Tocanti a (loc. prep. "tocante a", "por lo que respecta a").
-Respecto: Respestivi, tocanti a (loc. prep. "tocante a", "por lo que respecta a").
-Respectivamente: Al respetivi (1. loc. adv. m. respectivamente. 2. loc. adj. de: con relación a).

-Respectivas: Respetivas.
-Respecto: Respetivi, al tentu a ("con respecto a").
-Respirar: Respiral.
-Respiro: Resuelgu (oportunidad, respiro), avau ("no dal avau"; no dar respiro, sin descanso, sin tregua, sin pausa, etc).
-Responder: Respondel/respuendel.
-Respondón: Chispoletu (vivaracho, nervioso, activo).
-Responsable: Responsabli.
-Responsabilizar: Endiñal.
-Reproche: Jarretazu (aguijonazo. Fig. burla o reproche hiriente).
-Resquemor: Requemación.
-Resto: Restu.
-Restos: Escurrajus/escurriajus-escurrajas/escurriajas (f. escurriduras, restos, sobras. Casi siempre se refiere a la comida. "A mí siempre me tocan las escurrajas". Frecuente en toda la provincia de Badajoz y muy usado también en Zamora), escarpicias (restos de cualquier cosa).
-Restrictiva: Restritiba.
-Restringida: Restrinjia/restringia.
-Restringido: Restrinjiu/restringiu.
-Restringir: Restrinjil/restringil.
-Resulta: Risurta.
-Resultado: Resurtáu, resultancia, jechura/hechura (creación, obra, resultado, producto, composición, formación, configuración, forma, trama, factura, disposición, distribución, complexión, constitución, imagen, figura).
-Resultar: Resurtal.
-Resumen: Resumin.
-Resumidos: Resumíus.
-Resumir (del lat. RESUMERE, "volver a tomar"): Resumil.
-Retama: Jaramagu (arbustos, matorrales, maleza).
-Retardo: Retardu.
-Retenimiento: Retenencia (1. f. ac. de retener, retenimiento. 2. ef. de retener, retenimiento).
-Retirar: Desapartal/esapartal, apartal.
-Retirarse: Desapartalsi/esapartalsi, apartalsi.

-Retoño: Retoñu, bardasca (retoños que nacen del tronco del olivo).
-Retortijón: Retorsión, retorcijón.
-Retrasado: Retrasau, atrasau, rezagau, andal tardius.
-Retrasarse: Enrabal.
-Retrayéndonos: Retrayendumus.
-Retroceder: Arreculal.
-Reuma: f. Reuma.
-Reúne: Reuni, junta/ajunta/rejunta.
-Reunión: Corrobla (tb. reunión de amigos donde se habla, reunión de personas, tertulia, pandilla o cuadrilla que se van juntos a comer o de juerga), queá, juntanza (junta, reunión), juntaeru (reunión continua), barajunda (mucha gente).
-Reventar: Espiparral (aplastar, oprimir, reventar, extirpar, destripar).
-Revés: Canteal (poner del revés).
-Revés (al revés de): Antigual/manigual (al revés de, antes igual, en vez de, en lugar de, por vez de. "Antigual de curarla"), "pol vedi de" (loc. prep. En lugar de, en vez de).
-Revisado: Revisau.
-Revoltoso: Revesinu (endiablado, revoltoso, travieso).
-Revolver: Regolbel, tracamundeal, escrucal/escurcal/esculcal (tb. rebuscar, registrar, seleccionar, etc.).
-Revolvió: Regolbió.
-Revuelta: Regüelta.
-Revuelto: Regüeltu.
-Rey: Rei, reyi (para -rey- mago).
-Reyes: Reis.
-Reyes magos: Reyis Magus (singular "reyi" para -rey- mago).
-Rezar: Rezal.
-Rico: Capitalista (com. persona que tiene capital, rico).
-Ridículo: Riículu, rediculu.
-Riendo: Riyendu.
-Rige: Rigi/riji.
-Riña: Engazapina, apalinda (riña, gresca, alboroto).
-Riña: Derriza (riña. Tb. destrozo grande).
-Rió: Riú.

-Río: Ríu.

-Risa: Risión, risoriu (situación graciosa o hazmerreír), risina (risa falsa).

-Riscar: Risqueal (cortar el monte. DRAE: riscar; cortar, hender, agrietar).

-Ristra: Ristri.

-Risueño: Riosu (alegre, risueño).

-Rizado: Rifau ("pelu rifau"), pelu grifu, quiqui (tupé o rizo del pelo).

-Rizo: Quiqui (tb. tupé).

-Robar: Urtal, robal, garulal, arrebañál, mangal.

-Robustos: Rebustus.

-Roca: Canchu (un grupo de canchus forman un canchal o canchalera, grupo de rocas o piedras grandes), riscu.

-Rocío: Resenciu (relente, aire fresco y húmedo de la mañana o de la noche).

-Rodada: Roá (señal que deja en el suelo la rueda del carro. DRAE: rodada y roderón).

-Rodar: Roal, roangal (de roanga; juego infantil que consiste en un aro de metal que se hace rodar por el suelo mediante un palo), rutal.

-Rodear: Roeal, arrodeá.

-Rodeo: Ringurrangu (1. rodeo, no ir de frente. "Esti siempri anda con ringurrangus". 2. zig-zag. 3. garabato).

-Rodilla: Ruílla, cotobillu (parte de las patas de los animales correspondiente a la rodilla), corvas (parte de atrás de la rodilla).

-Rodó: Roó.

-Roer: Rañal, royel.

-Roja: Colorá.

-Rojo: Coloráu, bejinu (estar rojo por el calor, por sopor, etc. Se suele decir "estal comu un bejinu" o "ponelsi colorau comu un bejinu". El bejino es una planta de color rojo en forma de bola que se cría entre la jara).

-Rollo: Enreu (1. complicado. 2. perdida de tiempo).

-Romero: Romeru.

-Romper: Farrajal (hacer pedazos, destrozar, romper algo a trozos), faratal/esfaratal (estropear o deshacer una cosa),

escachal, escachinal (hacer añicos), echangal (estropear, romper, averiar), ejarral, escachurral, estrozal (tr. destrozar. Variante fonética. "Que lloren con genio, que estrocen, que chillen"; Luis Chamizo en "El Miajón de los Castúos"), zaleal (romper, destrozar. Tb. zarandear).
-**Romperse:** Esfaratalsi (romperse algo), espiparral (se aplica a las cosas que al caer se deshacen echando fuera su contenido, tb. reventar, extirpar, destripar, etc.).
-**Roncar:** Bufal.
-**Roncha en la piel:** Berronchu.
-**Ronda:** Guripeu (tb. ver, visitar, echar un vistazo).
-**Rondar:** Rutal.
-**Roñica:** Rañosu/a (adj. tacaño/a, roñoso/a, roñica).
-**Roñoso (del lat. AEROGINOSUS):** Rañosu/a (adj. tacaño/a, roñoso/a, roñica).
-**Ropa de vestir:** Vestimenta, jatu (tb. ropa de trabajo), enjalmu/a (exceso de ropa. Tb. de la ropa destrozada. "T´ha puniu comu un enjalmu"; "te ha criticado, te ha puesto como un trapo"), trapajus (prendas de poca calidad).
-**Ropa interior:** Remú (muda).
-**Rostro:** Jeta, filosa.
-**Roto:** Rompíu, farrungau (de farrajal; hacer pedazos, destrozar, romper algo a trozos), carcañu (m. roto del calcetín en la parte del pie. "Vaya un carcañu que t´has jechu". En Zamora se dice: "¡Vaya unus zancajus!"), carcañal (m. como carcañu. "Qué carcañalis más grandis tienis". Badajoz).
-**Rotulo:** Rétulu.
-**Rozadas:** Rozás.
-**Rozados:** Rozáus.
-**Rozadura:** Rozaúra.
-**Rozando:** A renti, respajilón, al rentinu mesmu/al rentininu mesmu (rozando justito).
-**Rozando a:** A renti de.
-**Rozándolo:** Rentisuyu.
-**Rozándome:** Rentimiu.
-**Rozándote:** Rentituyu.
-**Rubí:** Rubin.

-Rubio: Canu (cano).
-Ruborizado: Bejinu/beginu (planta roja en forma de bola que se cría entre la jara. "S´ha poniu colorau comu un bejinu" quiere decir que se ha puesto rojo).
-Rudo: Garrulu.
-Rueda: Rueá, roanga (rueda o aro generalmente de metal de juego infantil que consiste en hacerla rodar por el suelo mediante un palo).
-Ruego: Ruegu.
-Rugido: Rugíu.
-Rugir: Rugil.
-Ruido: Ruíu, estrebejíl/estrebegíl (ruido, alboroto, jaleo), retumbíu (resonar mucho, hacer gran ruido o estruendo una cosa), zumbíu (golpe, ruido sordo, guantazo), castañazu (m. ruido estruendoso), peu (m. ruido estruendoso, explosión), bulla (ruido, follón), "run-run" (tb. en castellano. Puede ser una onomatopeya. Puede referirse al ruido de una moto o un coche o a alguien hablando insistentemente. Puede referirse también a un pronto o idea repentina insistente), charabasqueu (raspajeo, ruido de charabasca; hojas secas, ramas, etc.), charabascal (hacer ruido con charabasca).
-Ruiseñor: Ruinseñol, rinseñol (co, ma. dicc. bable y castellano).
-Ruleo: Bureu (del fr. BUREAU. "Dil de bureu"; "ir de marcha, de diversión").
-Rumiar: Romeal.
-Rumorear: Rumoreal, revullil.
-Ruso: Rusu.

S

-Sábado: Sábau.
-Sabelotodo: Sabijondu (sabelotodo, pedante), raspau/a (sabelotodo, resabiado/a, poca vergüenza. "Esta niña que raspá está!").

-Sabemos: Sabemus, conocemus.
-Sabe: Sabi, conoci.
-Saben: Sabin, conocen.
-Saber: Sabel, conocel, conocencia, enteración (conocimiento).
-Saberlo: Sabelu, conocelu.
-Sabido: Sabíu, conociu.
-Sabiendo: Supiendu.
-Sabio: Bedol/beol.
-Sabiondo: Sabijondu, repipi, enterau.
-Sablazo (estafa): Puyazu, clavá.
-Sabor (del lat. SAPOR, -ORIS): Sabol, desaboriu/esaboriu/saboriu (soso, sin sabor. Tb. figurado).
-Sabrá: Saberá.
-Sacapuntas: Afilalapi.
-Sacar: Sacal.
-Sacaron: Destrujun.
-Saciado: Jartu, jarteti.
-Saco: Morral, talega (f. bolsa de paño que se cierra ajustándola con un cordón, utilizada para llevar la comida).
-Sacrificar: Matachin (persona encargada de sacrificar a los animales).
-Sacudida: Barajustón (sacudida, sobresalto, movimiento involuntario), zocotreu.
-Sacudir: Sacuil, socotreal.
-Sacho: Zachu, azá.
-Sagaz: Asolapau (astuto, malicioso y sagaz).
-Sal: Sal, atasajau (acecinado, salado, no tiene por qué ser malo).
-Salamandra: Salamanquesa.
-Sale (verbo salir): Sal, sali.
-Salero (recipiente de sal): Saleru.
-Salida: Salía, berrinchoncha (salida, excitada sexual. Tb. fruta verde), berrionda (cochina en celo. Excitada sexual).
-Salido: Berrinchonchu (salido, excitado sexual. Tb. fruta verde), berriondu (cochino en celo. Excitado sexual).
-Salir: Salil.
-Salivar: Saliveal.

-Salmantinos: Charrus.
-Salpicadura: Pinta (salpicadura, mancha de pintura o de cal).
-Salpicar: Chalpical.
-Salsa: Mojó.
-Saltamontes: Langostu, cañafoti.
-Saltar: Tirabli (juego infantil. Saltar con piernas abiertas por encima de personas), potreá (intr. saltar o moverse a semejanza de un potro pisoteando y dando patadas estropeando o descolocando algo. "No potreis el sillón").
-Salud (del lat. SALUS, -UTIS): Salús, sanidá (grl. salud).
-Saludo: Salúu.
-Saludó: Saluó.
-Salvado: Salváu.
-Salvaje: Silvestri, salvaji.
-Salvar: Salval.
-Salvo: Salvu.
-Sandia: Asandia, gallu (m. parte del corazón de la sandía que queda en una tajada).
-Sándwich: Sangüi (m. sándwich).
-Sangrar: Jangral, sangral.
-Sangre: Jangri, sangri.
-Sanguijuela: Janguijuela, sambijuel.
-Sanguinario: Sangrinariu.
-Sano/a: Pirongu/a ("ponelsi pirongu/a"; "ponerse bueno/a"), desengueráu/á, remondón/ona.
-Santo: A qué ton (a santo de qué. "Lu, a qué ton vieni esu ahora?"), estampa.
-Sapo: Escuerzu (sapo de gran tamaño).
-Sarampión: Salampión.
-Sarmiento (del lat. SARMENTUM): Sermientu, jarmientu (Hurdes).
-Sarpullido (de or. gall.port.): Zarpullíu.
-Sartén: Perol.
-Sastre: Sastri.
-Satisfacción: Satisfación.
-Sauce (del lat. SALIX, -ICIS): Saus (m.pl. grl).
-Sé (v. saber): Entiendu, catu, "ni peba" (expr. ni idea, no sé, lo

desconozco).
-Sea: Seya, sía, sa.
-Sean: Seyan, sían, san.
-Seca: Enseca.
-Secano: Sicanu.
-Secar: Ensecal (tb. poner a secar), enjugal (poner a secar la
ropa).
-Secarse: Perdési (echarse a perder, secarse).
-Secó: Ensecó.
-Secreto: Secretu/sicretu, desbrunchal (desembuchar; decir lo
que se tiene oculto y callado).
-Secundario: Segundariu.
-Sed (del lat. SITIS): Sedi (conservación de la antigua -e latina).
-Sedal: Codal (sedal. Hilo de pescar).
-Sede: Séi.
-Seducir: Engamonital (seducir o enredar con astucia y buenas
palabras a una persona para que ejecute un acto que de otra
manera no haría).
-Seducirse: Engamonitasi.
-Segadores: Segaoris.
-Según: Sigún, formi ("formi huerun punias las biandas huerun
esapaeciendu").
-Seguida: Seguiá, desiguia (1. adv. m. de seguida,
continuamente. 2. pronto, de inmediato).
-Seguidamente: De seguiu, aluspués (adv. t. después,
seguidamente, luego).
-Seguidilla: Silguerilla.
-Seguidos: Seguíus, retajila (retahila. Muchas cosas que están,
suceden o se mencionan).
-Seguimos: Acontinamus.
-Seguir: Acontinal.
-Seguirla: Siguilla.
-Según (del lat. SECUNDUM): Sijún (tb. en Tenerife y Murcia),
sigún, arregru.
-Segundo: Segunderu.
-Seguramente: Seguramenti, de siguru (loc. adv. m.
seguramente, con seguridad), dehuru (adv. m. seguramente, de

fijo. 2. loc. adv. m. que: Seguro que).

-Seguridad: Segurancia (seguridad, certeza), de siguru (loc. adv. m. seguramente, con seguridad), segureza.

-Seguro: Siguru, de quietu (de fijo; "de fijo nó lo sé"; "de quietu no lo sé"), dehuru (adv. m. seguramente, de fijo. 2. loc. adv. m. que: seguro que).

-Se ha: S´a, s´ha.

-Se han: S'han, s´an.

-Seleccionar: Selecional, escrucal/escurcal/esculcal (tb. "revolver", " rebuscar ", "registrar", etc.), escogollal (Hurdes: escoger, seleccionar).

-Semana: Selmana (del lat. SEPTIMANA, cae la –I y el grupo – PT pasa a –l en leonés).

-Semblante: Semplanti, jeró/jerós/jerol (tener cara de estar enojado o enfadado, de mal humor).

-Semejante: Semejanti, pintiparau (semejante. Igual. Adecuado. Perfecto).

-Semilla: Bago (grano, semilla), peba (pepitas pequeñas. Por ejemplo las pepitas de las uvas, sandia, etc.).

-Se murió: "Dobló la oreja", espichó, "se conformó"…

-Sencillo: Sencillu, hacil/jacil (facil), claridosu (es decir las cosas de forma sencilla, llanamente).

-Sendos: Sendus.

-Seno (pecho, teta): Gasupetu.

-Sensatez: Calapatriciu (sesera, juicio, sensatez, formalidad), talandangu/tarandangu (sentido común, sensatez, formalidad; "que pocu talandangu tieni el joiu!").

-Sensible: Sentiu/a (persona que se ofende, molesta o entristece con facilidad, sensible. "El criu es mu sentiu"; "el niño es muy sensible").

-Sentadero: Asentaeru.

-Sentarse cómodamente: Aparranalsi.

-Sentía: Sintía, barruntaba (sentía, presentía), arreciu (sentir frío. "Estí arreciu"; "tengo mucho frío").

-Sentido: Sentíu, calapatriciu ("tener seso", sentido común, sesera, juicio, sensatez, formalidad), talandangu/tarandangu (sentido común, sensatez, formalidad; "que pocu talandangu

tieni el joiu!").
-Sentimiento: Sentimientu.
-Sentir: Sintil, barruntal (sentir, presentir), arrecíu (sentir frío.
"Estí arreciu"; "tengo mucho frío").
-Sentirmos: Sintilmus.
-Sentirse: Sentilsi.
-Señal: Chitu (mojón de una linde, normalmente de piedra),
enseñalal (marcar, poner una señal), enseñal (dejar señal).
-Señala: Aseñala.
-Señaladas: Aseñalás.
-Señalado: Señalaú.
-Señalar: Aseñalal, endilgal (mostrar, señalar, indicar. Tb.
endosar, colocar, enjaretar, encajar, poner, meter, etc.), amelgal
(señalar mediante surcos, en sembrado, etc.).
-Señor: Siñol/siñó.
-Señora: Señá (f. apócope de señora. "Ayé vinu la señá Paca").
-Sepa (v. saber): Conoza, conocencia ("pal que no tenga
conocencia"; "para el que no lo sepa").
-Separada: Deseserá, será.
-Separado: Deseparáu, desafiáu.
-Separados: Deseparáus/esaparáus.
-Separar: Desfial, desapartal, baleal, desvià (tr. apartar, separar.
"Yo no me desviaba d'él").
-Separarse: Desapartasi (ma. separarse).
-Septiembre: Setiembri.
-Sepulcro: Sepurcru.
-Sepultura: Joyu, joyancu (tb. hoyo grande. La sepultura).
-Sepulturero: Enterraol.
-Sequía: Sequeá.
-Ser: Sel, abel (ser/estar. "Abíamus quatru jermanus en casa";
"eramos cuatro hermanos en casa"].
-Será: Sedrá.
-Serán: Sedrán.
-Seres: Seris.
-Sería: Sedria.
-Seríais: Sedriais.
-Seriamente: A concencia (tb. formalmente, debidamente. "Esta

paré está jecha a concencia, no creas que se cái"), seriaenti.
-Serian: Sedrian.
-Serie: Seríi.
-Seriedad: Seriedá, fangal (poner en una cosa gran afán y seriedad), tranquiju ("lo toma a tranquiju"; "se lo toma en serio", "se lo toma a pecho").
-Series: Seriis.
-Serio: Tranquiju ("lo toma a tranquiju" lo toma en serio. Se lo toma a pecho).
-Serles: Séle.
-Serpiente: Culebra/culebrón (del lat. COLUBRA), bicha.
-Serradilla: Serrailla.
-Serrar: Sajerral, sajal (cortar).
-Servicios: Selvicius.
-Servir: Sirvil.
-Serviría: Sirviria.
-Servilleta: Sirvilleta, colaera.
-Sesera: Calapatriciu (sesera, "tener seso", juicio, sensatez, formalidad, sentido común, etc.), lacha (inteligencia).
-Seso: Sesu, calapatriciu (sentido común, "tener seso", sesera, juicio, sensatez, formalidad, etc.), lacha (inteligencia).
-Seto: Bardu (DRAE: seto o vallado de espinas. Última capa que recubre la paja del chozo).
-Severo: Severu.
-Sevilla: Sivilla.
-Sexo: Sexu, natura (genitales en los animales hembra).
-Sí: Sí, sía/sida (se usa para dar mayor energía al adverbio), ave/avé (interj. expresa afirmación, resignación o interés según la entonación que se le dé), posí (afirmativo; pues sí), antonci/antoncis?/toncis? ("¿entonces?". Tb. sin interrogación. Equivale a "no puede ser de otra manera", "si, claro", "pues claro", etc.), asina ("así es").
-Sido: Siu ("a síu"; "ha sido").
-Siega: Jiega, amanzanáu ("amanzanado", se aplica al pasto cuando va tomando color para la siega).
-Siempre: Siempri, de continu (loc. adv. m. continuamente, siempre).

-Siendo: Ensiendu, juendu (tb. yendu).
-Sienta: Ensienta.
-Siesta (sueño breve): Cabezá (adormecimiento. Sueño breve).
-Siga (verbo seguir): Acontinui ("que no acontinui"; "que no siga").
-Sigo: Acontinúu.
-Siglo: Sigru.
-Significa: Senifica.
-Significado: Senificáu.
-Signos: Sinus.
-Sigue: Acontina.
-Siguen: Acontinan.
-Siguiente: Desotru.
-Silbar: Sirbá, jiblal, sirbeal (hablando sobre todo de serpientes).
-Silbido: Silbiu.
-Silvestre: Silvestri, reboldanu/a (no injertado, refiriéndose a los árboles y por extensión a las personas poco urbanas).
-Silla de burros: Albarda.
-Silla: Taju (1. asiento o taburete pequeño hecho de corcho, de forma cuadrada, usado por los pastores. 2. lugar de trabajo), burrilla (asiento, taburete o banco hecho de madera de tres o cuatro patas), jondón (1. parte inferior de una vasija. 2. asiento de una silla).
-Similar (parecido/a): Autáu, aparecíu/a, paecíu/a, apaiciu/a, aparenti, comparanti, aspéci de (loc. adj. "similar a", "parecido a", "del tipo").
-Simpático: Vivarachu (alegre), lanteru (m. hablador, dicharachero, vivaz, alegre), bullangueru (alegre, juerguista. De bulla).
-Simple: Simpli.
-Simultaneidad: Simultaneiá.
-Sinceridad: Sinceridá.
-Sindicato: Sendicatu.
-Sino: Sinón, sinu.
-Síntoma (del lat. SYMPTOMA): Síntuma, demaución (síntoma de algo).
-Sirva: Rejunda (tb. sacar partido, explotar, obtener).

-**Sirve:** Se gasta, hunciona.
-**Sinvergüenza:** Martés, raspau ("este zagal esta raspau"; "este chico es un sinvergüenza"), perigallu/a (sinvergüenza, golfo/a, callejero/a), prenda (cariñosamente canalla, sinvergüenza, etc. "Estas jechu chicu prenda").
-**Sirviente:** Rapa (persona que esta al servicio de alguien. Criado, mayordomo).
-**Sitio:** Sitiu/jitiu, "a parti dinguna" (a ningún sitio. "No ví a parti dinguna"), andiquiera (en cualquier lugar, en cualquier sitio. Tb. síncope de "dónde quiera").
-**Situación:** Sitación.
-**Situación graciosa:** Risoriu (situación comica, graciosa o hazmerreír).
-**Situada:** Asitiá, asiajá.
-**Sitúan:** Asiajan.
-**Sitúen:** Asiajin, sitúin.
-**Sobado:** Sobau, chuchurríu (ajado, lacio, deslucido), maníu (1. adj. dicho de algo sobado, ajado, manoseado. 2. manido, casi podrido. 3. dicho de una planta ajada, lacia. "Esta maceta está manía". 4. viejo, deslucido.).
-**Sobar:** Sobaqueál, sobal, amamolal (ablandar la fruta con la mano).
-**Sobrar:** Comuelgu (llenar hasta rebosar, llenar mucho, llenar hasta arriba, etc. "Enllenal jata el comuelgu"/"enllenal con comuelgu"; "llenar hasta arriba").
-**Sobras:** Escurrajus/escurriajus/escurrajas (f. escurriduras, restos, sobras. Casi siempre se refiere a la comida. "A mí siempre me tocan las escurrajas". Frecuente en toda la provincia de Badajoz y muy usado también en Zamora), escarpicias (restos de cualquier cosa).
-**Sobre:** Sobri, alreol/arreol ("alreol de/arreol de" loc. prep. "alrededor de", "sobre..." "arreol de la politica no opinu"), "al tantu" ("sobre la politica no opino" ; "al tantu la politica no opinu"), más ("sobre todo").
-**Sobreentendido:** Sobrientendíu.
-**Sobresalir:** Subresalil.
-**Sobresalto:** Barajustón (sacudida, sobresalto, movimiento

involuntario).
-Socarrón: Coscón (hábil para lograr lo que le acomoda o evitar lo que le disgusta).
-Sociales: Socialis/sucialis.
-Socialista: Sucialista.
-Sociedad: Socieá.
-Sofocada: Encalmá ("vengu encalmá". Con sofoco).
-Sofocar: Sofocal.
-Sofocarse: Ajinal, "entral una sofoquina".
-Sofoco: Ajuncu (agobio, asfixia, apuro, desmayo), calorina (f. sofoco, acaloramiento), sofoquina.
-Sofocón: Tartagu (sofocón, indisposición).
-Sofrito: Sofritu.
-Soga (del lat. tardío SOCA): Sogaju (trozo de soga o soga pequeña).
-Sois: Seis, sais.
-Sol: Resolana (solanera, lugar donde da el sol), solajera (solato. "Estal a la solajera"; "estar al sol").
-Solamente: Namás, solu.
-Solana: Soliqui.
-Solanera: Resolana (solanera, lugar donde da el sol).
-Soldado: Soldáus, sordáu.
-Soleado: Recacha (1. lugar soleado resguardado del viento. 2. lugar para tomar el sol).
-Sólido: Soliu.
-Solitario: Solitariu (1. dicho de algo o alguien. 2. aislado, solo, incomunicado).
-Solo: Solu, namás, solitariu (1. dicho de algo o alguien. 2. aislado, solo, incomunicado).
-Soltar: Soltal, dal larga (en el sentido de "soltar" un liquido, un animal, etc. para que ande libre. "Soltamos al perro"; "le dimus larga al perru"), encampal (poner en el suelo lo que se lleva encima, soltar).
-Solución: Arregru.
-Sollozando: Ajimplandu ("me llegó ajimplaina").
-Sollozar: Jimplal, rejimplal.
-Sombrajo: Sombraju, chufardu (refugio ocasional para

protegerse del sol).

-Sombrero: Somberu, chaperu.

-Someramente: Asín poncima (loc. adv. someramente, sin profundizar), "de respajilón" (loc. adv. m. someramente, sin profundizar).

-Somero: Sumeru.

-Someter: Suavi ("ponel suavi"; suavizar o someter el animo), soliviantal (soliviantar. Alterar el ánimo de una persona).

-Somier: Sumiel.

-Somnolencia: Modorra, dormilera.

-Somos: Semus, abimus ("somus muchos"; "abimus muchus").

-Sonido: Soníu, soni, son.

-Sonreír (del lat. SUBRIDERE): Sonríl, sonriyíl, sonreísi ("el criu escominzú a sonreísi"; "el niño empezó a sonreír").

-Sonrojar: Enrosal.

-Sonrojo: Abejinalsi (de bejino. Hongo de color rojo encendido y de forma esférica; se cría en los jarales y breñiles de Extremadura. "Se pusu colorau comu un bejinu").

-Soñar: Soñal (soñar se emplea como pronominal: "anochi me soñé").

-Soñarse: Soñalsi.

-Soplar: Asoplal.

-Sopor: Modorra, dormilera.

-Soporte: Burrilla (asiento, taburete o banco hecho de madera).

-Sorbe: Suerbi ("se sorbía el caldu con tanta lumbri", "no te suerbas los mocus!").

-Sorber: Sorbé.

-Sórbete: Suerbití.

-Sorbo: Buchi.

-Sordomudo: Sordomú.

-Sorprende: Susprendi, d´almiral ("os angu d´almiral"; "es algo que sorprende").

-Sorprendente: D´almiral ("es angu d´almiral"; "es algo sorprendente").

-Sorprender: Susprendel.

-Sorprendido: Almirau.

-Sosegar: Atalantal, acalugal (RAE en Salamanca y Galicia.

sosegar, aliviar).
-Sosegarse: Asosiegasi.
-Sosiego: Asosiegu, atranquiju (tranquilidad, sosiego).
-Soslayo: Soslai (Badajoz: soslayo, lado).
-Soso (del lat. INSULSUS): Desaboríu/esaboriu/saboriu (tb. figurado), papón (abobado, soso), ranciu (rancio, aburrido, soso; aplicado a personas).
-Sospechar: Barruntal, sospechal, presumisi.
-Sospecharse: Sospechalsi ("enjamás poía unu sospechalsi...").
-Sospecho: Barruntu, sospechu, presumu.
-Sospechoso: Enfilau.
-Sostiene: Sustien.
-Soy: So.
-Spray: Flin.
-Stand: Estalachi (tb. chiringuito, quiosco, puesto, etc.).
-Suavidad: Suaviá, suavidés.
-Suavizar: Ensuavecel.
-Subido: Encaramau, endilgau (de endilgar. Lo que se ha colgado, subido, insertado, etc. Por ejemplo en internet "e endilgau un articulinu en el blogui"; "he subido un articulo en el blog". Endilgal es también endosar, colocar, enjaretar, encajar, poner, meter, etc.).
-Subimos: Encaramamus.
-Subir: Subil, encaramal.
-Subirse: Encaramalsi.
-Subjetivo: Sujetivu.
-Subordinado: Suboldináu.
-Substancial: Sustancial.
-Subterráneo (del lat. SUBTERRANEUS): Sotarrañu/soterrañu.
-Sucesión de cosas: Retagíla/retajila.
-Sucio: Pelcudiu/empercudiu/pelcuníu (1. sucio. 2. quemado por el sol), gorringu, farraguas (persona desaliñada), loau (enlodado, untado, sucio, embarrado, embadurnado, rebozado...), cascarriu (dícese del que esta sucio).
-Suciedad: Cochambri, roña, morroña (f. costra que se forma en la piel por estar muy sucia. En Zamora -roña-), cascarria (1. suciedad adherida a la piel. 2. cacharro viejo. 3. moquera), fusca

(1. suciedad de barrer. 2. hojarascas y restos de plantas o
árboles que quedan en el suelo), cienu (suciedad del fondo de
pozos, charcas, lagunas), churretis/churretonis (manchas de
suciedad en la piel o en la ropa), ponzoña (mierda, basura,
suciedad).
-**Sudor:** Suol.
-**Sudores:** Suoris.
-**Suegro:** Suegru.
-**Suelo:** Suelu.
-**Sueltan:** Suertan.
-**Sueño:** Modorra, dormilera.
-**Sueño (breve):** Cabezá (adormecimiento. Sueño breve).
-**Suerte:** Chiripa.
-**Sufrimiento:** Descalientu/escalientu (sufrimiento, disgusto,
preocupación, angustia, agobio, desazón), sufrición,
espenaeru/penaeru (sufrimiento, situación aflictiva).
-**Sufrir:** Descalental, sufril.
-**Sugerencia:** Sugeriencia.
-**Sugerido:** Sujeriu.
-**Sugerir:** Sujeril.
-**Sujetador:** Sujetaol, sostén.
-**Sujetar (del lat. SUBIECTARE):** Entrillal (de entallal, sujetar
con fuerza).
-**Sujeto:** Sujetu.
-**Sulfurar (del lat. SULPHUR, "azufre"):** Sulfalal.
-**Sumándose:** Sumandusi.
-**Sumergir:** Margullil, zamargullil.
-**Sumergirse:** Margullilsi.
-**Sumido:** Somíu.
-**Sumisión:** Achantal (aguantar con resignación).
-**Sumiso:** Achantau.
-**Supe:** Sabí.
-**Superior:** Superiol.
-**Superioridad:** Superioriá.
-**Súplica:** f. Súprica.
-**Suplicar:** Suprical.
-**Suplir:** Suplil.

-Suponer: Suponil.
-Supongo: Supongu.
-Supositorio: Pusitoriu, depositoriu/dipositoriu.
-Suprimir: Suprimil.
-Supuesto: De contau (por supuesto), cadacé/cadacel ("qué he de hacer",
"si, por supuesto", "pues claro!", "claro que si!").
-Sur: Sul.
-Surco (del lat. SULCUS): Almerga/armelga (tb. surco en la tierra).
-Surgido: Surjiu.
-Susceptible: Sucetibli.
-Suspiro: Suspiru.
-Sustento: Gandalla.
-Sustituir: Sustituil.
-Sustituye: Sustituyi.
-Susto: Sustu.
-Suyo: Propiu (muy suyo. "Propiu es el amigu, dejali las sus cosas"; "es muy suyo, no le toques sus cosas").

T

-Tabaco: Tabacu.
-Tábano (del lat. TABANUS): Tábanu.
-Taberna: Tabierna, gangu (m. cantina, taberna. "Se pasa er día metiu nel gangu").
-Tabla: Batieru (tabla de lavar fuerte con ondulaciones sobre el que se bate y se refriega).
-Tablado: Timbirimba.
-Taburete: Taju (1. Asiento o taburete pequeño hecho de corcho de forma cuadrada. 2. Lugar de trabajo), burrilla (asiento, taburete o banco hecho de madera de tres o cuatro patas).
-Tacaño: Gorruñu, otuñu, agarrau, míseru.
-Taciturno: Clisau (taciturno, distraído), amorráu.
-Taco (palabrota): Picardia.
-Táctil: Tátil.
-Tacto: Tastu (tb. gusto).

-**Tajada:** Raja (de chorizo, sandía o melón... y en general de cualquier cosa).
-**Tales:** Talis.
-**Talón:** Zancaju (zancajo. Parte del pie y del zapato), calcañal.
-**Talones:** Cascañalis, zancajus.
-**Tallo:** Bilortu, tallariqui (Hurdes).
-**Tamaño:** Grandoris.
-**Tambalearse:** Bailá (1. tambalearse algo, carecer de estabilidad. 2. vacilar, dudar. "Yo bailo mucho con las palabras"), bailón/á (dicho de algo o alguien, que se tambalea o carece de estabilidad. "Lo bailonas que jacis las letras....").
-**También:** Tamién, tamié, mesmu, itó (adv. cant. pospuesto. Además, también).
-**Tambor:** Tamboril.
-**Tampoco:** Tampocu, tapocu.
-**Tantear:** Tenteal.
-**Tanto:** Tantu, allá bea ("tanto da").
-**Tapadera:** Tapa, tapaera.
-**Tapar (cubrir algo):** Cubril.
-**Tapiz (del fr. TAPIS):** Tapis.
-**Tapón:** Espichu.
-**Taponar:** Entrapal, entapal, entaponal (poner un tapón).
-**Tapujo:** Rebujines (tapujos, líos).
-**Tarabilla:** Aprietajasis (tarabilla común).
-**Tarama:** Entarmal (poner taramas), tarameu (m. gran cantidad de taramas).
-**Tardanza:** Tardancia.
-**Tardar:** Enreíl.
-**Tarde:** Obrijoscu (atardecer), pardeal (luz atardecer).
-**Tarde (mas):** Alugu, endispués, endespué, más tardinu.
-**Tardío:** Zorondu.
-**Tarjeta:** Tajeta.
-**Tartamudear:** Gagueá, gagueal.
-**Tartamudo:** Gagu, tartaja/tartajosu, zarabatu (que tiene dificultad al hablar), gangui/gangosu (gangoso, que tiene dificultad al hablar).
-**Tazón:** Pocillu.

-Te espero: T'esperu.
-Tecla: Botón.
-Teclado: Tecláu.
-Tecnología: Tecnulogía.
-Techado: Techáu.
-Techar: Techal.
-Techo: Techu.
-Tejado: Tejau, cola de vilanu (a cuatro aguas).
-Tejedor: Teceol (cuidado no "tejeol").
-Tejer (del lat. TEXERE): Tecel.
-Teléfono: Telefunu.
-Televisión: Telivisión.
-Tema: Asuntu.
-Tembladera: Temblina (temblor, tembleque o tembladera. Tb. tic).
-Temblar: Tiritar, regilal/rejilal (tiritar o temblar de miedo o de frio).
-Tembleque: Rejilaeru/regilaeru (tembleque o tiritera por miedo o frío), rejilera, temblina (tembleque, temblor o tembladera).
-Temblor: Temblina (tembleque, temblor o tembladera. Tb. tic).
-Temer: Zurrasi (atemorizarse, vulg. "cagarse de miedo").
-Temerario: Espoliqui, belitri.
-Temistes: Temistis.
-Temo: Temu.
-Temor: Temol, grima (temor, miedo).
-Tempestad: Tempestá.
-Temperatura: Calda (f. Temperatura muy elevada. De cálida, como caldo de caldus).
-Temporada (del lat. TEMPUS, -ORIS): Tempurá.
-Temporal: Tempurial, oriya (dícese del temporal. "Está mala la oriya").
-Temporales: Tempurialis.
-Temprano: Tempranu, aína (1. adv. t. temprano, pronto. 2. adv. m. deprisa, con rapidez).
-Tenacillas: Estenacillas.
-Tenazas (del lat. TENACES, pl. de TENAX): Estenazas.
-Tendencia: Pajeu (m. propensión, inclinación, tendencia; "Se le

ve'l pajeu").
-Tendrá: Aberá.
-Tendremos: Tendremus.
-Tenedor: Teneol.
-Tenedores: Teneoris.
-Tenemos: Tenemus, avemus (de avel; tener. "Avemus d'ahuyil daquí").
-Tener: Avel ("podia tener 2 ó 3 metros"; "puia avel 2 ó 3 metrus"), tenel.
-Tenerla: Tenéla.
-Tenernos: Tenelmus.
-Tengo: Tengu.
-Teniendo: Tuviendu.
-Tensada: Estirá.
-Tensar: Estiral.
-Tentemozo: Tentimozu.
-Tenue: Ralu (ralo, claro, tenue, enrarecido, disperso, separado, espaciado, escaso, raro, pobre, desgastado, raído, gastado, fino, delgado, leve).
-Terciar: Tercial.
-Terco: Emperrau, morrúu (morrúo. Terco, obstinado), morrongu (tb. torpe), calabazu (bruto, persona terca e inepta), calabazón, morral, melón ("que melón esta jechu esti zagal!"), cascabullu, modorru (cabezón, terco, etc.), mochuelu (cabezota, testarudo, terco, etc.), "tenel mucha corcha".
-Térmico: Térmicu.
-Terminar: Acabijal/cavial (acabar), aparejal, arrematal.
-Terminando: Dil aparejandu ("ir terminando").
-Término: Acabaizu (final), términu, acaberu (como sustantivo significa arremate, término, final, etc.).
-Ternero: Chotu, novillu (mayor que el chotu).
-Terraplén: Terreplén.
-Terrazgo: Terraju, terralgu.
-Terrón: Terruñu.
-Terror: Ceroti (miedo, terror), cagazu.
-Terso: Estiranti.
-Tertulia: Seranu (tertulia a primera hora de la noche), corrobla

(1. tertulia. 2. reunión de amigos donde se habla, reunión de personas. 2. pandilla o cuadrilla que se van juntos a comer o de juerga).

-Testarudo: Morruó, emperrau, morrongu (tb. torpe), calabazu (bruto, persona terca e inepta), calabazón, cascabullu, morrúu (morruo; ser cabezón, obstinado, etc.), modorru (cabezón, terco, etc.), mochuelu (cabezota, testarudo, terco, etc.).

-Testículos: Cataplines, perendenguis.

-Testimonio: Atestigaeru.

-Testigo: Testigu.

-Testimonio: Testimoñu.

-Testimonian: Testimoñan.

-Teta: Gasupetu.

-Texto: Testu.

-Tibia: Templá.

-Tic: Temblina (tb. temblor).

-Tiempo (del lat. TEMPUS): Tiempu, vagal [("no tengo tiempo"; "No me vaga"), ("no mos vagó"; "no nos dió tiempo"/"no tuvimos tiempo"), ("les vagui"; "les dé tiempo"/"tengan tiempo"), ("no l'aigan vagau"; "no hayan tenido tiempo")], oriya (tiempo climatológico), demuación (cambio de tiempo, aparición de nubes), "de pocu acá" (loc. adv. temp. "de un tiempo a esta parte"), enreal (perder el tiempo), "tiempu á" (hace tiempo), "en el añu catapún" (hace mucho tiempo), "muchiu a..." (hace mucho tiempo).

-Tiene: Tiíni, tieni, tié.

-Tienen: Tiinin, tienin, tién.

-Tienes: Tiés.

-Tienda: Lonja.

-Tierno: Tielnu, blandu, (dim. "blandinu"), blandius, mulleciu (tierno después de estar en remojo), mullecel (poner tierno en remojo).

-Tierra: Secarral (tierra o terreno seco), la senara (cultivo o la tierra cultivada), terreriu/terregueru/terregueriu (polvareda. Montón de polvo o de tierra).

-Tieso/a: Ruchu/a.

-Tijeras: Estijeras.

-Tijereta: Raspacuartus.
-Tímido: Ajiláu (tb. tonto), abejinalsi (sonrojarse. De bejino. Hongo de color rojo encendido y de forma esférica; se cría en los jarales y breñiles de Extremadura. "Se pusu colorau comu un bejinu").
-Tinaja: Cono (m. tinaja grande, de forma cilíndrica, de barro cocido donde se guarda el vino), asáu (puchero grande con asas).
-Tinto: Tintorru, morapiu.
-Tío/tía: Ti, titu/tita (dim. tiita/tiitu).
-Tipo (del): Aspéci de (loc. adj. similar a, parecido a, del tipo).
-Tiquismiquis: Pelilleru/a (1. dicho de una persona que siempre anda metiendo cizaña. 2. que le da importancia a cosas insignificantes).
-Tirachinas: Tiraól.
-Tirado o tumbado de cualquier manera ocupando mucho espacio: Espatarrau, estirancau.
-Tirando (avanzando): Ajilandu/agilandu.
-Tirar: Abiental, jondeal/jundeal (1. alejar, tirar. 2. arrojar algo al vacío. 3. tirar con honda), arrumbal (tirar algo abajo), cael (caer sustituye a tirar. "No m´arrempujis que me caes"; "no me empujes que me tiras").
-Tiritar: Rejilal/regilal (tiritar o temblar de miedo o de frío).
-Tiritera: Rejilera/regilera (tiritera o tembleque por miedo o por frío).
-Tirria: Enterría.
-Titulado: Entituláu.
-Titulo: Entitulu.
-Tiznado: Entisnau, tisnau.
-Tizón: Tizu (trozo de carbón humeante).
-Toalla (del ant. TOBAJA, y éste del germ. THWAHLJÔ): Toballa.
-Toallero: Tobayeru.
-Tobillo (del lat. TUBELLUM, dim. de TUBER, "protuberancia"): Tobillu/tubillu, tuillu.
-Tobogán: Resbalaizu.
-Tocador: Peinaora, tocaol.

-Tocando: A tientu (apalpando).
-Tocante: Tocanti a (loc. prep. tocante a, por lo que respecta a).
-Tocar: Atiental/tiental (tocar, palpar), a tientu (apalpando).
-Tocón: Sobón.
-Toda la: Tola.
-Todas: Toas.
-Todavía: Entobía, entavia, entoavía/entuavía, tuavía.
-Todo (del lat. TOTUS): Tuitu, tó, tou (pierde la –T latina sonorizada), asín i tó (expr. con todo).
-Todo el: Tol.
-Todo a la vez: Ajechu/agechu (todo a la vez, sin discriminar nada; a lo hecho).
-Todo el: T' el.
-Todos: Tos, tous.
-Tomar: Tomal, trincal (tomar o coger lo que no es tuyo), jincal (tomar, beber, comer), chinclal/chinglal (tb. beber o comer rapido o de golpe), dal un trinqui (beber un poco, dar un trago) o dal un trinquerazu (dar un buen trago).
-Tontaina: Calajansu, abombau, agilau/ajilau, bollau, chalau, changau, pajilusu, espasmau, repiau, tirulatu, atontecíu, tontallu, chirichi.
-Tontería: Jangá (algo sin importancia), jodiura, charraná, panochá, cirigoncia/jerigoncias (sust. "Se alejó haciendo cirigoncias". Salto, pirueta graciosa).
-Tonto: Chirichi (estar o ser tonto. "Esti esta chirichi", "esti es chirichi"), agilau/ajilau, jodiu, alelaó (atontado), bojusu, bollau, cutáu (tonto, ignorante, pueril, "pobre hombre", diminutivo: cutainu/cutaitu), pavu ("joiu pavu"), gansu ("joiu gansu"), entontal (poner tonto).
-Tontorrón: Calajansu, abombau, ajilau/agilau, bollau, chalau.
-Tope: Cogüelmu/cogolmu (lleno, en abundancia, colmado, a rebosar, "estar hasta el colmo"; "estal jata el cogolmu").
-Topetazo: Topetón.
-Toque: Toqui, toquíu.
-Torbellino: Tolbellinu, terregueru (levantamiento de polvo).
-Torcer (del lat. TORQUERE): Canteal (torcer, inclinar), canteasi, entortal.

-Torcerse: Torcesi, abangal (torcerse, vencerse o abombarse una rama o algo, normalmente de madera).
-Torcida: Torcia, mancorná, entortal (poner torcida), arringá (torcida, doblada, derrengada o caida por exceso de peso).
-Torcido: Mancornau, arringáu (torcido, doblado, derrengado o caido por exceso de peso), entortau (de entortal, poner torcido), tuertu.
-Tormento (del lat. TORMENTUM): Tormentu, atormentaeru.
-Tormentoso: Atormentau [adj METEOR (dicho del cielo) tormentoso].
-Torno (del lat. TORNUS): Tornu.
-Torpe: Ceporru, morrongu (tb. terco).
-Torpeza: Torpecía.
-Torrarse: Aturrasi (torrarse o tostarse).
-Torrija: Rebaná (gral. torrija).
-Torta redonda: Bolluela.
-Tortazo: Mitra, guantá, soplamacus, gofetá, sopapu.
-Tortícolis: Tortículis, torticolitis.
-Tórtola (del lat. TURTUR, -URIS): Tórtula, rula (port. rola).
-Tortuga: Galapagu (galápago).
-Torvisco: Torvisca.
-Tos (del lat. TUSSIS): Tosi (conservación de la antigua -e latina).
-Tosco: Toscu.
-Toser: Tusil.
-Tostado: Tostáu.
-Tostar (del lat. TOSTARE): Tostal, turral.
-Tostarse: Aturrasi (torrarse o tostarse), churriscasi.
-Total: Totali.
-Totalmente: Talmenti, aciamenti, rondaenti (totalmente, absolutamente, por comploto).
-Toxico: Tosicu.
-Tozuda: Tozúa, morronga, morrua, morral (tb. mochila, zurrón, etc.), melona.
-Tozudo: Tozú, morrúu, calabazu, morrongu, morral (tb. mochila, zurrón, etc.), melón ("que melón esta jechu esti zagal!").
-Trabado: Trabáu.

-Trabajaban: Trebajaban, "que estaban a trebajal", palera (paliza; "m´he dau una palera de trebajal").
-Trabajador: Trebajaol, afanau.
-Trabajando: Trebajandu, labutandu, palera (paliza. "M´he dau una palera de trebajal"), apencandu (trabajando con esfuerzo).
-Trabajar: Labutal (del port. labuto), trebajal, apencal (trabajar con esfuerzo), palera (paliza, darse un hartón de trabajar. "M´he dau una palera de trebajal"), julepi (darse un hartón de trabajar), colocalsi ("quié colocalsi ena habrica"), tuti (tute. "Dalsi el tuti"; "trabajar mucho").
-Trabajo: Trebaju, labutu, trabajera (trabajo fatigoso), gandalla (sustento), canga (tb. yugo), colocación (puesto de trabajo; "no encontraba colocación").
-Tradición: Traición.
-Traducción: Traución, canteu, chambu (cambio; "chambu al ingrés". Traducción al inglés).
-Traducido: Trauciu.
-Traducir: Traucil.
-Trae (v. traer, del lat. TRAHERE): Trai.
-Tráeme (v. traer, del lat. TRAHERE): Trami.
-Traer (v. traer, del lat. TRAHERE): Trael, trajin (traer y llevar cosas continuamente), acarreal.
-Tragando: Embuchandu.
-Tragar: Zampal, trangullal (es tragar de mala manera, sin masticar).
-Trago: Trinqui, tragu, buchi (sorbo de agua que llena la boca).
-Tragón: Mastraga (hambriento y vagabundo, vago y comilón), lambuzu/lambuceru (m. "es un lambucero". El que lambucea todo lo que encuentra), raferu (goloso. Tb. que le gusta picotear).
-Traguito: Buchinu.
-Traía: Traíva.
-Traidor: Traidol, gabachu (traidor, cobarde, persona con malas ideas).
-Traje: Traji, jatu (ropa de vestir), pelele (traje de niño que tiene los pantalones y el cuerpo unidos).
-Traje (verb. traer): Truji ("lo truji yo").

-Trajeron: Trujon.
-Trajo: Truju.
-Tralla: Estallaera (matraca, carraca. Tralla del látigo), estallíu (golpe fuerte y brusco).
-Trama: Jechura/hechura (creación, obra, resultado, producto, composición, formación, configuración, forma, trama, factura, disposición, distribución, complexión, constitución, imagen, figura).
-Trampa: Maturranga (engaño, trampa, maña, mentira, invención), alicantinas (treta, cuentista, "tenel muchias alicantinas"; "tener el pico de oro").
-Trampa en el juego: Tranfulla, fulla.
-Tranquilidad: Atranquiju (tranquilidad, sosiego), dequilati (con calma), pachorra (demasiada calma, demasiada tranquilidad).
-Tranquilizar: Acalugal (RAE en Salamanca y Galicia. Sosegar, aliviar), atalantal (Tb. arreglar, colocar, resolver).
-Tranquilizarse: Asosiegasi.
-Tranquilizó: Asosiegó.
-Tranquilo: Alelau (persona demasiado tranquila).
-Transbordar: Trasbordal.
-Transcriben: Trascribin, cantean.
-Transcribir: Trascribil, canteal.
-Transcurre: Trascurri.
-Transformaciones: Demuacionis.
-Transformador: Trajolmaol.
-Transformar: Trajormal, demual.
-Transgredir: Atiental.
-Transigir: Transigil.
-Transmisión: Trasmisión.
-Transpirar: Traspiral.
-Transporte: Trasporti.
-Trapo: Rodilla/roilla (trapo de cocina), algofifa (trapo o bayeta de fregar el suelo. Viene de aljofifa), pingaju/pingu (1. Trozo de tela rota, vieja y sucia, harapo. 2. vestido mal confeccionado. "Dil jechu un pingaju"; ir mal vestido. Pingu es también persona promiscua), trapaju (trapo o prenda de poca calidad).
-Trasatlántico: Trasatlánticu.

-Trasegar (del lat. *TRANSICARE, de TRANSIRE, "pasar"):
Trasiegal, tresiegal.
-Trasero (culo): Buyati, buyarengui, jopu.
**-Trashumante (del lat. TRANS, "de la otra parte", y HUMUS,
tierra):** Trasumanti.
-Trasiego: Trasiegu.
-Trasladando: Muandu.
-Trasladar: Mual, canteal.
-Trasnochar: Trasnuechal.
-Traspapelar: Trasconejal (perder).
-Traspirar: Traspiral.
-Trasponerse: Trasponel.
-Traspuesto: Clisau.
-Trasquilar: Trasquilal (cortar el pelo o lana a los animales,
pelar).
-Trasquilón: Trasquilón (corte mal hecho en el pelo, desigual,
produciendo una calva).
-Trasto: Trastus, achiperris/alchiperris (trastos viejos e inútiles),
eschangarriu.
-Trata (verbo tratar): Precura, tentea.
-Tratados: Tratáus.
-Tratamiento: Tratamientu.
-Tratar: Tenteal ("tratar un tema"; "tenteal un tema"), precural.
-Tratarlo: Tentealu.
-Trato: Apalabral (hacer un trato), esapalabral (romper un trato).
-Través: Pol mé (a través de)
-Travesura: Facatua, azurdu.
-Travieso: Polalma/polarma (tb. granuja, pillo, bribón, travieso,
gamberro, etc.).
-Trayecto: Trayetu.
-Trayendo: Trajendu/tragendu.
-Trazo: Destraci.
-Trébedes: Estrébedis.
-Tregua: Avau ("no dal avau"; no dar respiro, sin descanso, sin
tregua, sin pausa).
-Treintañero: Trenteñus.
-Tremendo: Es chica! (o "chica" a solas. "Chica la que s´ha

montau": "¡tremendo la que se ha montado!").
-Trenes: Trenis.
-Trepar: Trepal, agateal (apoyándose en las manos y las piernas).
-Treta: Maturranga (engaño, trampa, maña, mentira, invención), alicantina (dicho, historieta, anécdota, picardía, treta, cuento, "tener el pico de oro"; "tenel muchas alicantinas"), martingala (engaño, maña, treta, astucia. "Ganaron al fúgol po las martingalas de l´árbitro").
-Tribunal: Trebunal.
-Triciclo: Tricículu.
-Trigo (del lat. TRITICUM): Trigu, basillu (cáscara del trigo y de la cebada).
-Trillador: Trilliqui.
-Trillar: Trillal.
-Trillo: Trillu.
-Trinchar: Cortal, sajal.
-Tripa (panza, vientre, barriga, estomago): Panderu, andorga, bandú/banduju.
-Triquinosis: Triquina, trichina (Hurdes, Ma).
-Triste: Tristi, laguinosu, moquicaíu, mustiu, mantuju (triste, alicaido).
-Tristeza (del lat. TRISTITIA): Aginaeru, aginación, ajuncu (preocupación, apuro, agobio), descalientu (sufrimiento, disgusto, preocupación, angustia, agobio).
-Triturar: Muelgal (moler. "Alimpii i muelga los tomatis"; "limpia y tritura los tomates").
-Triunfar (del lat. TRIUNFARE): Trunfal.
-Trocito: Cachinu, mijina.
-Trompicones: Trompiconis.
-Tronar (del lat. TONARE, con la R de TRONIDO): Truenal.
-Tronco: Tueru (1. tronco de árbol cortado y limpio de ramas. 2. léño, madero).
-Tronchar: Estronchal, sajal, ejarral (1. desgarrar, tronchar, romper. 2. expéctorar), atarazal.
-Tropezar: Trompezal, dalsi un trompicón.
-Tropezarse: Trompezalsi/trompezasi.

-Tropezón: Trompicón, zaragalla (f . us. más en pl.; trozos de comida que se encuentran en algún plato. "A mí la sopa d'aju me gusta con mucha zaragalla").
-Tropiezo: Trompicón.
-Trote: Troti, jalenqui (trote corto del caballo).
-Trozo: Cachu, mijina (trocito), farrajal (hacer pedazos, destrozar, romper a trozos algo), faratal (estropear o deshacer algo), escachal (romper, hacer trozos), zaragalla (f . us. más en pl.; trozos de comida que se encuentran en algún plato. "A mí la sopa d'aju me gusta con mucha zaragalla").
-Trueno: Troniu.
-Tuberculosis: Tísica.
-Tuberculoso/a: Tísicu/a (dícese de la persona que padece tuberculosis. "Esti ombri esta tísicu").
-Tuerto: A la birulé (con un oju. 1. bizco. 2. con un ojo amoratado).
-Tuétano: Tútanu, miajón (esencia, jugo, tuétano, miga de pan).
-Tumba: Joyancu (tb. la sepultura. "Enfochau" es "metido en un hoyo").
-Tumbado/a de cualquier manera ocupando mucho espacio: Espatarrau/á, estirancau/á.
-Tumbarte: Tumbalti.
-Tumulto: Safarranchu (algarada, tumulto, desorden), tumultu.
-Tunante: Indinu (de mala condición. DRAE: indigno), marté (golfo, tunante, estafador).
-Tupé: Quiqui (tb. un rizo del pelo).
-Turno: Tornas (orig. pasadas de bandejas de dulces en las bodas. "Se han cambiado las tornas, ahora me toca a mi"), turnu (en algunos contextos también "ves"/"vedi"; "quién dá la ves/vedi?"), dúa.
-Tuvieron: Tuvun, tuvierin.

U

-Ubre: Ubri, bragueru (ubre de las vacas).
-Ulcera: Úlsura, úrzura, nubi (ulcera redondeada en la córnea del ojo).

-Ulises: Olisis, Uliesis.
-Ultimátum: Urtimatun.
-Ultimo: Urtimu, acaberu (ultimo, final, extremo; "el día acaberu de la semana").
-Umbral: Lumbral, zagual (zaguán. Entrada de la casa).
-Umbría: Nortizu (umbría. Viento que sopla del norte).
-Un (de un): Dun, d´un.
-Una (verbo unir): Ajunti.
-Uncir: Uñil.
-Únete: Ajuntati.
-Únicamente: Namás, únicamenti, únicaenti, liqueamenti.
-Único: Solu, únicu (dim. uniquitu).
-Unidad: Uniá.
-Unidades: Uniáis.
-Unido: Uniu, apeñusgau.
-Unir: Arrejuntal, apellal, apeñusgal.
-Unirse: Ajuntalsi.
-Uno… otro… otro: Unu… otru… algotru…
-Unos: Unus.
-Untado: Loau (enlodado, untado, sucio, embarrado, embadurnado, rebozado...).
-Untura: Unturia.
-Uñas: Uñias.
-Urdimbre: Urdiembri.
-Urna: Urnia.
-Urraca: Pega, burraca, fulrraca, furraca.
-Usa (verbo usar): Gasta.
-Usado: Usáu, gastau, maniu ("mu maniu"; "muy usado", "muy visto").
-Usamos: Gastamus.
-Usar: Gastal.
-Usarlo: Gastalu, usalu.
-Usarse: Usalsi, gastalsi.
-Uso: Gastaeru, gastu, usíu.
-Usuario: Usuariu.
-Usted: Ustél, vusté.
-Ustedes: Ustelis, vusteis, ustés.

-Útil: Úti.
-Útiles: Utis.
-Utilizado: Utilizau, gastau.
-Utilizar: Utilizal, gastal.
-Utilizando: Utilizandu, gastandu.

V

-Va: Vai.
-Vaciar: Esquilmal (esquilmar).
-Vacío: Vacíu, jorru (libre, desocupado, vacante, vacío).
-Vacilando: Bordeandu.
-Vacile: Bordeu.
-Vacunan: Envacunan.
-Vacunar: Envacunal, vacunal.
-Vado: Vadu/vau.
-Vagabundo: Maltés/martés (golfo y vago), mastraga
(hambriento y vagabundo, vago y comilón).
-Vago: Jarramanta, jaragán (haragán), bordoneru, camastrón
(haragán, vago, perezoso), perritracu (gandul, vago, zángano),
mastraga (hambriento y vagabundo, vago y comilón).
-Vaguear: Embangueal, vangueal.
-Vagueza: Garbana/galbana, desganu (m. de desgana; falta de
animo, cansancio, apatía), modorra, jaragandina, galvana
(desgana, falta de ganas para hacer algo, pereza, aburrimiento),
mogangu (sueño, pereza, desgana, etc. "Que mogangu tengu").

-Vaho: Vajíu (vaho, aliento, vapor, emanación. Nada, ausencia.
"Dejó un vajiu nel mi corazón").
-Vaho matutino: Recenciu/resenciu.
-Vaina: Jerreti (1. vaina de las habas, guisantes, etc. 2. parte de
la vaca, sin hueso. 3. aguijón).
-Vajilla: Loza.
-Vale: Val, vali.
-Valedero: Valeeru.
-Valen: Valin.
-Valentía: Redrañus/reañus.

-Valer: Abeliá/albeliá ("no tié abeliá pá ná"; "no vale para nada"), rejundil (tb. sacar partido, explotar, obtener).
-Valía: Valía.
-Valiéndonos: Valiéndumus.
-Valiente: Arriscau, arriesgau, güebú, arriscu, arrestau, bravu, arrecarcau, arrochau, relanzau, cojonúu, "echau palantri", charnecu.
-Valor (tb. valentia): Redrañus/reañu.
-Valores: Valoris.
-Valla: Cierru (valla, pared o cerco de una finca), cerca.
-Vallase: Váigasi.
-Valle: Cañajón (hondonada entre dos cerros).
-Vámonos: Amunus, dimunus.
-Vamos: Amús, imus, dimus, amus (1. saludo. 2. orden para los animales "amu", "arre", etc. 3. "amus´alla"; dirigirse a un sitio, "vamos allá").
-Vanidad: Vanidá.
-Vanidoso/a: Alabanciosu/a (orgulloso/a, bravucón/a, vanidoso/a, fantoche, jactancioso/a).
-Vapor: Vajíu (vaho, aliento, vapor, emanación. Nada, ausencia. "Dejó un vajiu nel mi corazón").
-Vaquero: Vaqueru, cachera (palo usado por los vaqueros).
-Vara: Berdión (vara larga con la que se ciñe el chozo para atarlo).
-Variedad: Variedá.
-Varios: Varius.
-Váter: Serviciu, vátel, vati.
-Vaya: Vaiga, bu/bo (vaya!. Exclamación. "Bu!, comu esta la cosa…").
-Vayamos: Amus (significa vamos o vayamos; "amus a vel que hacin esus dos").
-Ve (verbo ver): Vei.
-Ve (verbo ir): Vai, andivé (anda y vé).
-Vecero (de VEZ): Veceru.
-Veces: Vecis.
-Vecina: Vicina.
-Vecino (del lat. VICINUS): Vicinu.

-Veia: Via.
-Veiamos: Viamus.
-Veian: Vian.
-Veias: Vias.
-Veleta (ref. a persona): Luneru/a (dicho de una persona que cambia constantemente de parecer, de gustos, preferencias u opiniones).
-Velocidad: Alantroti (corriendo. "Alantroti de tó"; "a toda velocidad").
-Velloso: Vellú.
-Vemos: Vemus.
-Ven: Vein.
-Vencejo común: Avión (pájaro, nombre científico "Apus Apus").
-Vencer: Vencel.
-Vendaval: Vendu (viento huracanado que arrasa las cosechas. Usase en términos de comparación para indicar el colmo de la maldad. Chamizo, "El Miajón de los Castúos").
-Venero (del lat. VENA): Veneriu (venero, manantial).
-Venga: Enga, empareji ("mos empareji bién"; "nos venga bién").
-Venganza: Vengancia.
-Venido: Veníu.
-Venir: Venil.
-Ventaja: Provechu, méritu.
-Ventear: Abental.
-Veo: Diquelu, veu.
-Ver: Diquelal, guípal/guipeal/guipá (dim. guipaina. Tb. calar "ya he calado yo a este"; "ya l´he guipau yo a esti". Tb. curiosear; "jechal una guipaina"; "hechar un vistazo", "vamus a guipal qu ´ha pasau"), columbral (divisar algo que está muy lejos), ave/avé (interj . expresa afirmación, resignación o interés según la entonación que se le dé; "a ver"), "a si..." (a ver si... "A si te jarreu un mamporru pol estalmi aquí jeringandu!"), "a tientas" (sin ver, sólo por el tacto).
-Veracidad: Veraciá.
-Verano (del lat.vulg. VERANUM): Vranu.
-Verbo: Verbu.
-Verdad: Verdá, verá, noverdá (no es verdad).

-Verdadero/a: Verdaeru/a, fetibu/a (fijo/a, continuado/a, verdadero/a),

-Verdades: Verdáis.

-Verde: Verdi, barrinchonchu (adj. "Esta fruta está barrinchoncha". Fruta verde, sin madurar).

-Verderón: Alverderón, verdón.

-Verdura: Verdi ("oi tenemus verdi pá jincal"), verdolaga.

-Veremos: Veremus.

-Vergonzoso: Bocholnosu/bucholnosu (algo vergonzoso, situación vergonzosa), vergonzú/vergonzúa (hombre/ mujer vergonzosa),

-Vergüenza (del lat. VERECUNDIA): Lacha ("esti zagal no tié lacha nenguna"; "este chico no tiene vergüenza ninguna"), abejinaeru/abeginaeru ("que abejinaeru e pasau"), bucholnu, "estal raspau" (no tener vergüenza), abejinalsi (de bejinu. Sonrojo o vergüenza, según el contexto; "ponelsi colorau comu un bejinu". El bejino es un fruto de color rojo).

-Verla: Véla.

-Verle: Velí.

-Verlos: Vélus.

-Versátil: Versáti.

-Versos: Velsus.

-Vértebra: Vertibra.

-Vertedero: Muladal (estercolero).

-Verter: Esparramal (1. ma: verter un líquido. 2. malgastar el dinero. DRAE: desparramar), canteal.

-Vesícula: Visícula.

-Vestíbulo: Zagual (zaguán; entrada de la casa).

-Vestido (del lat. VESTITUS): Vestíu, vistíu, jatu (ropa de vestir o del trabajo).

-Vestirse: Jatealsi (de jatu; ropa de vestir o del trabajo), abialsi (tb. arreglarse, acicalarse).

-Vete: Vai, vaiti.

-Veterinario (del lat. VETERINARIUS): Viterinariu/vitelinariu, vetelinariu/vitelinariu.

-Vez (del lat. VICIS): Ves, veci, alicuandu (significa "alguna vez"; "alicuandu mos tocará la lotería!").

-Vez (de vez de/en vez de): Antigual/manigual (al revés de, antes igual, en vez de, en lugar de, por vez de. "Antigual de curarla"), pol vedi de (loc. prep. En lugar de, en vez de).
-Vez (de vez en cuando): "A ca istanti", "en veci en cuandu" (loc. adv. temp. De vez en cuando).
-Vez (en vez de): De ves de ("de ves de estal estudiandu anda pola calli"; "en ves de estar estudiando esta por la calle"), antigual/manigual (al revés de, antes igual, en vez de, en lugar de, por vez de. "Antigual de curarla"), pol vedi de (loc. prep. En lugar de, en vez de).
-Vez (esta vez): Esti golpi, esti viagi ("esti golpi amus a palral"; "esti viagi se lo vía dicil al tu pairi") .
-Vez (una vez que/en cuanto/cuando): En cuantu/en cuanti.
-Vi: Vidi, guipé.
-Viajar: Viajal.
-Viaje: Viaji.
-Viajeros: Viajerus.
-Víbora (del lat. VIPERA): Bicha, víbura.
-Viceversa: Vicivelsa.
-Viciarse: Empicalsi.
-Vicié: Vicíi.
-Vicio: Empical, cebiqui (obsesión, apego, hábito, afición, vicio. "Comu no dejis el cebiqui del juegu, te vas a arruinal". "Estas encebicau con esa mujel").
-Vida: Vía, bandeal ("buscarse la vida", "buscarse las habichuelas", etc.), pingu (tb. v. pindajo. Persona de vida alegre y/o de vida desordenada).
-Vidente: Veeol/veedol.
-Video: Vídiu.
-Vidriado: Alvedriáu, alvedriu (barniz brillante de los cacharros de barro).
-Vidrioso: Alvidriosu.
-Vieja (mujer): Canduerga.
-Viejo: Vieju, arrengáu (doblado por los años).
-Viene: Víini, vieni, vien.
-Vienen: Viinin, vienin.
-Viento: Airi, ventucinu (aire fuerte), viruji (1. corriente de aire. 2.

frío), resenciu/recenciu (aire fresco y húmedo de la noche, de la madrugada o de la mañana), bocaná (soplo de aire, normalmente molesto), airi solanu (aire caliente africano, de levante).
-Vientre: Bandú (panza, vientre, barriga), panderu, banduju (barriga, tripa, estomago), bandurriu, panderu (vientre de la oveja).
-Viernes: Vienris, viernis.
-Vieron: Vidun.
-Viga: Quitacimbris (vigas cimeras).
-Vigilado: Vejilau/vegilau, enfilau.
-Vigilar (del lat. VIGILARE): Vejilal/vegilal.
-Vinagre: Vinagri.
-Vinculo: Atillu ("atillu" es algo que te vincula, que te une).
-Vinieron: Acuyerun, vinon.
-Vino: Alpisti, morapiu o tintorru (vino tinto), pirriaqui (bebida alcohólica, sobre todo vino), chatu (vaso de vino pequeño), pitarra (vino casero).
-Viñedo: Viñeu, postura (plantación).
-Violencia: Arrepíu (1. movimiento violento, breve e involuntario debido al frío, al miedo, etc. 2. acto violento, breve e inconsciente).
-Violines: Viulinis.
-Virgen: Viljin/vilgin, vigen, manoseau/á (adj. dicho de alguien que no es virgen. Se aplica a la persona que cambia de pareja sexual con frecuencia. Promiscuo/a).
-Virtud: Viltú.
-Vísceras: Entestinus, asaúra (hígado, corazón, pulmones, etc. de los animales).
-Visión: Vesión.
-Visita: Veslta.
-Visitamos: Vesitemus.
-Visitar: Raceal (aparecer, asistir, visitar, frecuentar un lugar).
-Visitó: Vesitó.
-Víspera: Vispira.
-Vistazo: Visoreal (ma: echar un vistazo), visteandulu (ojeándolo), ojiu (vista o aspecto que ofrece la sementera, el

campo), guripeu (tb. ver, visitar, echar un vistazo).
-Vista: "Primera visual" (primera vista, a simple vista), almiración
(vista, perspectiva. "Tenel güena almiración dendi la ventana").
-Visto: Viu, maniu (muy o demasiado visto).
-Vitalidad: Vitaliá.
-Vitrina: Chineru (alacena, mueble de cocina o vitrina
empotrado en la pared para colocar la loza).
-Viudo (del lat. VIDUUS): Viudu.
-Vivacidad: Vivacidá.
-Vivaracho: Vivureju (listo o espabilado), chispoletu (vivaracho,
nervioso, activo).
-Vivaz: Vivás, vivá, vivureju (listo, espabilado).
-Vive: Vivi.
-Viven: Vivin.
-Víveres: Viveris.
-Vivienda: Cuqueru (vivienda muy reducida y pobre), muasi
(mudarse. Cambiarse de ropa o de vivienda).
-Vivir: A tencias ("Estar a tencias". Estar o vivir a merced de
otro).
-Vivo: Vivu.
-Vocear: Gurolleal/grulleal, voceal.
-Vocerío: Voceríu, espallafatu (vocerío, estrépito).
-Voladizo: Salienti.
-Volante: Volanti.
-Volar: Volal.
-Volcar: Embruecal, embrocál (tr. volcar un recipiente para
verter su contenido).
-Voltear: Canteal, golteal.
-Voluntad: Voluntá.
-Voluntario: Voluntariu.
-Volver: Golbel, acuil (ma. regresar, volver a casa. DRAE:
acudir), canteal (1. volver una cosa del otro lado. 2. poner una
cosa de canto o del revés. 3. volverse hacia atrás, mirar hacia
atrás o darse alguien la vuelta, girar; "deque me sintió se canteó
pa salualmi". En sentido figurado se dice "canteal la chaqueta"
para indicar que se varía de parecer u opinión.
-Volverse: Golbelsi, cantealsi.

-Volvió: Tornó, golbíó.
-Vomitar: Gomital, ansias (tb. arcadas), evolvel, bosal, golmal.
-Vomito: Gomitu.
-Vomitó: Gomitó.
-Vomitona: Gomitona (vomitona, vómito grande que sobreviene después de un empacho de comida y/o bebida).
-Vosotros: Vusotrus.
-Votar: Votal.
-Voto: Votu.
-Voy: Vi, vó.
-Voz (del lat. VOX, VOCIS): Voci, vos, "tenel la vos cogia/cojia" (tener ronquera por algún motivo), dequeu (voz baja. Dim. dequeínu).
-Vuelo: Güelu.
-Vuelta: Vuerta, güelta, garbeu ("dal un garbeu"; "dar una vuelta"), canteal (1. volver una cosa del otro lado, darle la vuelta. 2. poner una cosa de canto o del revés. 3. volverse hacia atrás, mirar hacia atrás o darse alguien la vuelta, girar; "deque me sintió se canteó pa salualmi". En sentido figurado se dice "canteal la chaqueta" para indicar que se varía de parecer u opinión), repial/arrepial (dar vueltas, girar).
-Vuelto: Güeltu, vuertu, canteal (1. volver una cosa del otro lado, darle la vuelta. 2. poner una cosa de canto o del revés. 3. volverse hacia atrás, mirar hacia atrás o darse alguien la vuelta, girar; "deque me sintió se canteó pa salualmi". En sentido figurado se dice "canteal la chaqueta" para indicar que se varía de parecer u opinión).
-Vuelve: Güelbi.
-Vuestro: Vuestru.
-Vulnerar: Atiental.
W

-Whisky: Güisqui.
-Wáter: Vati, vatel.

X

-**Xenofilia:** Senofilia.
-**Xenofobia:** Senofobia.

Y

-**Y (interjección):** I.
-**Yanquis:** Yanquisis.
-**Yegua joven:** Potra.
-**Yeísmo:** Yeismu.
-**Yema de huevo:** Moru.
-**Yema vegetal (en el sentido de "brote"):** Yemeru, yema, gromu.
-**Yendo:** Diendu.
-**Yéndose:** Diendusi.
-**Yerbabuena:** Presta, yerbagüena/yelbagüena.
-**Yerno (del lat. GENER, GENERI):** Gielnu/giernu.
-**Yeso (del lat. GYPSUM):** Yesu.
-**Yugo:** Canga.

Z

-**Zacho:** Zachu, azá.
-**Zafarrancho:** Zafarranchu (algarada, tumulto, desorden).
-**Zaguán:** Zagual (zaguán; entrada de la casa).
-**Zahorí:** Zajori.
-**Zalamero:** Coscón, suavi, papelón.
-**Zalamerías:** Cosconeu, cosconealsi (hacer zalamerías. Tb. contonearse).
-**Zambullir (del lat. SUBBULLIRE):** Zambullil.
-**Zanahoria:** Cenajoria, cenoria.
-**Zángano:** Jarramanta, jaragan, bordoneru, camastrón (haragán, vago, perezoso), perritracu (gandul, vago, zángano).
-**Zángana:** Perritranca (perezosa).
-**Zanja:** Gavia (zanja. Regato seco).
-**Zapatillas:** Babuchas (zapatillas de andar por casa).
-**Zarandear:** Zocotreal (agitar bruscamente), zaleal (tb. romper, destrozar).

-**Zig-zag:** Ringurrangu (tb. garabato y exceso de adornos).
-**Zócalo:** Bajera.
-**Zodiaco:** Zoiacu.
-**Zona:** Lau ("pal mi lau"; "para/en mi zona", "para/en mi pueblo", "para/en mi comarca", etc.).
-**Zumbido:** Zumbiu, zumbaeru (1. zumbido continuo. 2. ruído prolongado y bajo de las abejas).
-**Zumo:** Sugu, jugu.
-**Zurdo:** Chovu ("l´endiñé cona chova un guantazu"; "Le dí con la izquierda un guantazo"), chotu, gachu, tecu.

Números – Numirus

Uno: Unu.
Dos: Dos.
Tres: Tres.
Cuatro: Cuatru.
Cinco: Cincu.
Seis: Seis.
Siete: Sieti.
Ocho: Ochu.
Nueve: Nuevi.
Diez: Dieci.
Once: Onci.
Doce: Doci.
Trece: Treci.
Catorce : Catorci.
Quince : Quinci.
Dieciséis: Deciseis.
Diecisiete: Decisieti.
Dieciocho: Deciochu.
Diecinueve: Decinuebi.
Veinte: Venti.
Veintiuno/a: Ventiunu/a.
Veintidós: Ventidos.
Veintitrés: Ventitres.

Treinta: Trenta.
Treinta y uno: Trenta i unu.
Treinta y dos: Trenta i dos.
Cuarenta: Cuarenta.
Cincuenta: Cincuenta.
Cien/to: Cien/tu.
Doscientos/as: Doscientus/as.
Mil: Mil.
Dos mil: Dos mil.

N. Ordinarios - N. Ordinarius

Primero: Primeru.
Segundo: Segunderu.
Tercero: Terceru.
Cuarto: Cuartu.
Quinto: Quintu.
Sexto: Sestu.
Séptimo: Setimu.
Octavo: Otabu.
Noveno: Nubenu.
Décimo: Decimu.
Onceavo: Oncenu.
Doceavo: Docenu.
Treceavo: Trecenu.
Catorceavo: Catorcenu.
Quinceavo: Quincenu.
Dieciseisavo: Secenu.
Diecisieteavo: Seticenu.
Dieciochoavo: Otucenu.
Diecinueveavo: Nobencenu.
Veinteavo: Vitesimu.

Múltiplos - Múltiplus

Doble: Dobli.
Triple: Tipli.

Cuádruple: Cuadrupi.
Quíntuple: Quintupli.

Meses - Mesis

Enero: Eneru/Jeneru.
Febrero: Febreru/Hebreru/Jebreru.
Marzo: Marzu.
Abril: Abril.
Mayo: Mayu.
Junio: Juniu.
Julio: Juliu.
Agosto: Agostu.
Septiembre: Setiembri.
Octubre: Otubri.
Noviembre: Noviembri.
Diciembre: Diciembri/Iciembri.

Semana – Semana

Lunes: Lunis.
Martes: Martis.
Miércoles: Miercolis.
Jueves: Juevis.
Viernes: Viernis.
Sábado: Sabadu.
Domingo: Domingu.